불곰의 주식투자 불패공식

불곰은 불곰주식연구소(www.bulgom.co.kr) 대표이다. 그가 곰처럼 우직한 장기 가치투자에 눈을 뜨게 된 것은 종합상사에서의 경험 때문이다. 연세대학교 경영학과를 졸업하고 1992년 삼성물산 상사부문에 입사한 후 해외 거래선들을 보니 술수가 뛰어나고 계산이 빠른 여우들이었다. 처음에는 이런 순발력을 배우려고 애썼으나, 이익을 창출하는 일은 상대를 설득하고 배려해야 가능하다는 것을 깨달았다. 그리하여 멍청해 보이는 곰이 되기로 결심한 그는 진정성을 영업의 신조로 삼게 되었다.

그리고 주식투자 역시 곰같이 하자고 마음먹었다. 단기적인 상황 대신 기업의 가치에 초점을 맞추고 종목을 선정했다. 더욱이 늘 해외 출장을 다녀야 했기에 시황분석과 단타매매가 불가능했고, 탁월한 아이템을 보유한 기업의 주식을 저가에 매수해서 기다릴 수밖에 없었다. 자연스럽게 주식투자의 정석이 몸에 스며든 것이다.

1999년 회사를 나온 불곰은 미국 뉴욕필름아카데미(NYFA)에서 영화제작을 공부하고, 2002년 귀국한 뒤 오스크엔터테인먼트(주)를 친구와 공동 설립하여 해외무역과 각종 저작권 관련 사업을 펼치고 있다. 그러는 한편 2009년에 초등학생이던 두 딸에게 주식투자를 가르치기 시작했다. 딸들이 안정적인 투자 수익을 통해 자본에서 해방되면 꿈을 마음껏 펼칠 수 있겠다는 생각에서였다. 딸들에게서 좋은 반응을 얻은 불곰은 2010년 8월 불곰주식연구소를 열고 동영상 주식투자 강의를 시작했다.

불곰주식연구소는 '회사의 재무제표 확인 → 아이템 숙지 → 히스토리 분석 → 직접 접촉과 탐방 → 최종 투자 결정'이라는 '5단계 투자기업 탐색 전략'을 통해 추천 종목을 선정한다. 2016년 6월 현재, 71개월간 94개 종목을 추천하여 평균 수익률 36퍼센트를 기록 중이며, 그중 60개 종목을 매도하여 종목당 평균 수익률 62퍼센트(배당수익 포함)를 달성했다.

박선목은 불곰의 제자이자 이 책의 필자이며, 시인이다. 인도네시아에서 초·중·고등학교 과정을 마치고, 고려대학교 국제학부를 졸업했다. 시 쓰기를 좋아해서 2011년 계간 『예술가』를 통해 등단하여 활동 중이다. 어느 날 불곰을 소개받은 술자리에서 대뜸 주식투자를 가르쳐 달라고 부탁했고, 불곰은 그 대신 강의 내용을 책으로 쓰라고 제안했다. 그리하여 불곰의 주식투자 이론과 케이스 스터디 강의를 이렇게 글로 기록하게 되었다.

2016년 7월 29일 초판 1쇄 발행 | 2016년 8월 23일 초판 7쇄 발행

지은이 불곰&박선목 | 펴낸곳 부키(주) | 펴낸이 박윤우 | 등록일 2012년 9월 27일 | 등록번호 제312-2012-000045호 | 주소 03785 서울 서대문구 신촌로3길 15 산성빌딩 6층 | 전화 02) 325-0846 | 팩스 02) 3141-4066 | 홈페이지 www.bookie.co.kr | 이메일 webmaster@bookie.co.kr | 제작대행 올인피앤비 bobys1@nate.com | ISBN 978-89-6051-552-9 13320

책값은 뒤표지에 있습니다. 잘못된 책은 구입하신 서점에서 바꿔 드립니다.

60개 매도종목 평균 수익률 62%

불곰의 주식투자 불패공식

불곰 & 박선목 지음

부·키

For Nikki, Allie and Annie

불곰

훌륭한 급우가 되어 주신

불곰주식연구소 회원님들, 이승원, 박종관 형님께

박선목

이 책의 독자 또는 투자자에게

이 책은 주식투자의 장기적인 '불패' 전략을 보여 드립니다.

　세상 어디에도 무조건 수익이 보장되는 투자란 없습니다. 그럼에도 불구하고 이 책의 제목을 '불곰의 주식투자 불패공식'으로 지은 것은 불곰이 전하는 가치투자법을 자신의 방식으로 체득한다면 장기적으로는 반드시 수익을 얻을 수 있기 때문입니다. 불곰주식연구소의 평균 수익률이 바로 그 증거입니다.

　불곰은 주식투자를 하면서 IMF 구제금융, 9·11 테러, 리먼 브러더스 사태 등 이른바 '초대형 악재'를 모두 겪었습니다. 하지만 이런 사건들도 가치투자자의 눈에는 한낱 지나가는 바람일 뿐이었습니다. 불곰주식연구소를 시작한 2010년부터도 연평도 포격, 그리스 경제위기, 유가 폭락 등 숱한 위기가 있었습니다. 어찌 보면 우리는 항상 이런 위기 속에 있습니다. 하지만 일시적 상황에 얽매이지 않고 기업의 가치에 집중하는 투자자에게는 이런 위기가 오히려 기회가 됩니다.

이 책은 불곰의 '가치투자'를 이야기합니다.

　불곰이 생각하는 가치투자란 말 그대로 가치(value)가 있는 곳에 투자(investment)를 하는 것입니다. 회사의 진정한 가치는 과거 가치, 현재 가치, 미래 가치 등 세 가지를 바탕으로 투자자 스스로가 판단해야 합니다. 다시 말해, 과거 공시와 뉴스를 살펴보면서 기업의 과거 가치인 히스토리(history)를 파악하고, 재무제표를 통해 현재 가치를 가늠하면서 우량주 여부를 판단하며, 기업의 주요 아이템을 조사하여 미래 가치인 성장성을 예측하는 것입니다.

　이렇게 하여 가치 있는 기업을 선별했다면, 이 기업이 주식시장에서 저평가되어 있는 상태인지를 파악하여 가능한 한 최저가 시점에 매수하고, 그 주식이 제 가치를 회복할 때까지 참을성 있게 기다리는 것, 이것이 진정한 가치투자입니다.

가치투자란 한마디로 '저위험, 고수익(Low risk, high return)'을 노리는 투자법입니다.

이 책은 주식투자 초보자, 자식에게 주식투자를 가르치려는 부모, 초심으로 돌아가려는 투자자들을 위한 안내서입니다.

주식투자는 어릴 때 배울수록 좋습니다. 나쁜 습관이나 잘못된 주식 상식이 없으니, 진정한 가치투자의 의미며 끈질기게 기다리는 법을 쉽게 배울 수 있기 때문입니다. 그렇다고 서둘러 시작할 필요는 없으니, 이 책을 다 읽기 전에는 주식투자를 하지 말 것을 권합니다. 투자는 개인의 선택이지만, 자신과 주위 사람들을 위해서라도 제대로 하는 법을 반드시 익혀야 합니다. 땀 한 방울 흘리지 않고 이익을 얻으려는 '불로소득'의 관점으로 주식투자에 접근하면 안 됩니다.

이 책은 불곰과 필자가 대화를 나누는 형식으로 구성되어 있습니다.

1부 '불곰의 가치투자 이론'을 건너뛰지 마세요. 가치투자의 원리와 의미를 알기 쉽게 설명하는 부분이기 때문에 이곳을 읽어야 2부 '불곰의 가치투자 케이스 스터디'를 효과적으로 이해할 수 있습니다. 2부는 사실상 1부에서 말한 가치투자가 실전에서 어떤 성과를 거두었는지 보여 주는 마당입니다.

이 책 속의 대화는 결코 가상의 상황이 아닙니다. 가치투자에 대한 일대일 현장 강의를 고스란히 옮겨 놓은 것입니다. 그러니 여러분이 불곰 앞에 앉아 강의를 듣는 기분으로 따라오시면 됩니다. 자, 이제 시작해 볼까요?

차 례

부 불곰의 가치투자 이론
― 지금까지 알았던 모든 투자 상식을 버려라

1	주식투자, 망하고 싶으면 이렇게 해라	19
2	왜 주식을 해야 하는지 아는 게 먼저	25
3	주식을 도박으로 보는 사람들의 특징	30
4	증권사의 장삿속을 파악하라	34
5	매매 수수료를 우습게 보지 마라	42
6	전업투자는 패가망신의 지름길	49
7	대학생 주식투자대회는 타짜 만들기 프로젝트	55
8	주식시장의 사술, 기술적 분석	61
9	경제신문, 읽지 않는 것이 이득?	69
10	펀드의 실체	75
11	증권사의 엉터리 목표주가	82
12	주식의 '언어'를 알아야 실패하지 않는다	90
13	악마의 상품, ELS	97
14	약정영업―한강은 '증권맨'들의 눈물로 채워져 있다	107
15	흔한 거짓말, 원금보장	113
16	고위험, 고수익?	123
17	주식투자를 잘하려면 본업에 충실하라	130
18	길을 잃지 않는 법	142
19	기업의 배신	151
20	세상에서 가장 쉬운 재무제표 강의	158

2부 불곰의 가치투자 케이스 스터디

불곰의 5단계 투자기업 탐색 전략	**200**
1 | 매도 1호 와이솔	**203**
2 | 매도 2호 무림P&P	**221**
3 | 매도 3호 엘엠에스	**230**
4 | 매도 4호 유비벨록스	**239**
5 | 매도 5호 뷰웍스	**247**
6 | 매도 6호 게임빌	**257**
7 | 매도 7호 멜파스	**265**
8 | 매도 8호 윌비스	**278**
9 | 매도 9호 인터로조	**290**
10 | 매도 10호 알에프세미	**299**
11 | 매도 11호 대성파인텍	**311**
12 | 매도 12호 메디톡스	**323**
13 | 매도 13호 화진	**333**
14 | 매도 14호 쎌바이오텍	**350**
15 | 매도 15호 빅솔론	**359**

- 이 책의 독자 또는 투자자에게 **6**   ● 프롤로그 주식은 도박이 아니다 **11**
- 에필로그 가장 확실한 투자, 교육 **369**

| 프롤로그 |

주식은 도박이 아니다

"주식, 도박이죠?"

주식하는 사람이라면 한 번쯤은 이름을 들어 봤을 불곰한테 던진 첫 질문이었다. 사실 주식에 관해 아는 것이 전혀 없었음에도, 이런저런 뉴스 탓인지 나도 모르게 부정적인 시각을 가지고 있었던 것 같다. 불곰을 소개해준 후배가 나와 불곰을 번갈아 쳐다보더니 살짝 미간을 찌푸리며 큰 소리로 술을 주문했다. "이모, 여기 소주 한 병요!" 어서 화제를 돌리려는 눈치였다. 눈치 없는 나는 호기심 가득한 눈으로 불곰을 바라봤다.

불곰은 호탕한 웃음으로 포문을 열며 여유롭게 대답했다. "주식을 도박으로 접근하면 도박이지. 주식으로 접근하면 주식이고. 물을 주전자에 따르면 주전자 모양이 되고, 호리병에 따르면 호리병 모양이 되지. 결국 자신의 선택에 달린 문제야. 내가 보기에 주식시장은 도박판이 아니라 노다지판이야."

그의 대답에 술이 확 깼다. "흔들리는 깃발을 가리키면서 움직이는 것이 바람인지 깃발인지를 놓고 옥신각신하던 두 스님을 향해 '흔들리는 건 너희의 마음이다'라고 일깨운 선승의 이야기와 비슷한 맥락인가요?" 이제야 후배는 조금 여유로운 마음으로 안주를 먹기 시작했다.

그는 끄덕이면서 이야기를 이어 나갔다. "프로는 결코 도박하지 않는다. 미국 프로 포커 선수들조차 포커를 도박으로 생각하지 않는다. 이때 중요한 건 바로 도박을 하지 않겠다는 태도야. 그런 태도 덕분에 확률, 상대방의 성향과 마음 등 여러 가지가 보이는 거야. 그러니까 프로 포커 선수로서 돈을 벌 수 있지."

"그러네요…." 나는 머리를 끄덕일 수밖에 없었다.

"다른 예를 들어 볼게. 타율이 3할 3푼 3리인 야구 선수가 있다고 해 보자. 세 번에 한 번꼴로 안타를 친다는 얘기인데, 이게 아무 생각 없이 방망이만 계속 휘두른다고 되는 일일까? 확률만 믿고 배트를 휘두르지는 않겠지. 운동선수라면 요행이 아니라 연습을 믿겠지. '아까 쳤으니까 지금은 못 치겠네'라고 생각하면 3할 타자가 될 수 있겠냐? 타격 연습을 꾸준히 하고, 상대 투수를 분석해야겠지. 그리고 타석에 들어서서는 날아오는 공이 변화구인지 직구인지, 스트라이크 존에 들어올지 말지도 간파해야 하잖아. 그렇게 매번 최선을 다하다가 안타를 치는 거지." 그의 말이 내 머리를 강하게 후려쳤다. 깨끗한 안타였다.

"주식을 권하십니까?"

"내 딸들한테도 가르치고 있는데, 설마 자식한테 도박을 가르치겠냐? 네 질문에 답하자면 '예스'야. 하지만 도박으로 접근하면 안 된다. 전업투자도 안 되고."

그의 대답에 주식이라는 게 뭔지 너무나 궁금해졌다.

"형님 뇌에 빨대 좀 꽂아도 되겠습니까?"

"무슨 소리야?"

"좀 가르쳐 달라는 말입니다."

"그럼 가르쳐 주는 대신에 기록해라."

"네?"

"책으로 쓰라고."

"책은 갑자기 왜요?"

"사실 오래전부터 주식 책을 쓰고 싶었어. 생각해 보면 불곰주식연구소도 딸들한테 주식투자를 가르치다가 개설했던 건데, 책은 그 주식 강의의 연장선상에 있는 셈이지. 근데 책을 쓰자니 어떻게 이야기를 풀어 가면 딸한테 가르치듯이 알기 쉽게 설명할 수 있을까 고민이 됐거든. 마침 글 쓰는 재주가 있는 네가 주식을 배우고 싶다고 하니, 내가 가르쳐 주는 내용을 네가 정리하면 되잖아. 너는 나한테 주식을 배우고, 나는 네 덕분에 책을 내고… 서로 '윈윈' 아니겠어?"

"아, 좋은 생각인데요. 그럼 하나 더 묻겠습니다. 왜 딸들에게 주식투자를 가르쳐 주기 시작했나요?"

"자연스럽게 경제 공부가 되잖아. 게다가 내가 늘 말하는 가치투자를 제대로 할 줄 알게 되면 경제적인 이득도 얻을 수 있으니까."

"'가치투자'라는 것을 하면 성공이 보장되나요?"

"주식시장에서 보장된 건 없어. 하지만 난 나만의 가치투자를 통해 돈을 벌었고, 그 방법을 딸들에게 알려 주려는 것뿐이야."

"그러면 딸들에게만 가르치면 되지, 불곰주식연구소까지 만들 필요가 있었나요?"

"반응이 좋았거든. 이왕 딸들한테 가르치는 거, 돈 벌면서 한 번 더 가르치는 거지. 나 장사꾼이야."

"주식으로 돈 버는 노하우를 남들한테 공개하면 손해 아니에요? 그냥 혼자 버는 게 낫잖아요?"

"남들이 내 방법을 안다고 해서 내가 손해를 보는 건 아니야. 주식투자는 경쟁이 아니거든. 그리고 노하우가 있다면, 그것을 알려 주고 돈을 받는 것도 능력을 잘 활용하는 일 아닐까?"

"그렇겠군요…." 의구심이 사라지니, 이제는 책을 써야 한다는 책임감이 부담으로 다가왔다. 그래서 또 물었다.

"근데 저는 이런 글을 써 본 적이 없어요. 시만 써 봤다고요."

"그럼 더 잘됐다. 들은 그대로, 있는 그대로만 쓰면 되잖아."

"하지만 더 결정적인 문제가 있어요. 저는 주식이고 경제고 완전히 문외한이란 말이에요."

"네가 지금 말한 단점들 있잖아, 그게 이 책을 쓰는 데 오히려 장점이 될 거야. 난 우리나라에서 가장 이해하기 쉬운 주식 책을 쓰고 싶어. 그러니 이런 책을 전혀 써 보지 않았고, 또 주식의 '주' 자도 모르는 네가 이해할 수 있는 수준으로 이야기를 풀어 간다면 누구나 쉽게 알 수 있지 않겠어? 만일 네가 주식에 대해 좀 안다면, 너도 모르는 사이에 네 잘못된 편견이나 생각을 집어넣게 될 거야. 하지만 넌 정말 아무것도 모르니 그럴 위험이 없지."

"나쁜 습관 같은 걸 말하는 건가요?"

"바로 그거야. 차차 배우면서 알게 되겠지만, 주식투자를 하는 사람들 중 안 좋은 습관을 가지고 있는 사람이 너무나 많아. 넌 그런 게 전혀 없잖아. 그리고 네가 아무것도 모르니, 너를 이해시키려면 나도 쉽게 가르쳐 줄 수밖에 없잖아."

"그럼 형님의 현장 강의를 있는 그대로 옮겨 놓으면 되겠네요?"

"내 말이 그 말이야! 이해가 안 되는 부분은 다시 물어봐. 이해될 때까지 가르쳐 줄게. 초등학생 딸들도 이해했는데 설마 네가 못 알아듣겠냐? 어때?"

"쓰겠습니다."

"좋아, 월요일부터 회사로 나와."

1부

불곰의 가치투자 이론

지금까지 알았던 모든 투자 상식을 버려라

01

주식투자,
망하고 싶으면 이렇게 해라

월요일, 불곰의 사무실로 갔다.

선목 주식 강의 첫 수업이네요. 무엇부터 배워야 하나요?

불곰 우선… 주식투자를 하면 95퍼센트는 돈을 잃어.

선목 예? 첫 수업부터 무슨 말씀인가요? 주식투자를 권한다면서요.

불곰 돈 버는 5퍼센트처럼 하면 되잖아? 생각보다 단순해. 95퍼센트가 거의 비슷하게 망하거든. 하나같이 거의 똑같은 여섯 단계를 거치게 돼. 신기하리만큼 비슷해. 주식 초보들이 망해 가는 '기승전결'이 있단 말이야.

선목 주식 초보라면 어떤 사람들을 말하는 건가요? 이제 시작하는 사람들?

불곰 주식을 10년 했어도 제대로 알지 못하면 초보야.

자, 그럼 1단계. 대부분 지인의 소개로, 공부도 별로 하지 않은 채 주식을 시작하게 돼. 그냥 친구가 돈 벌었다고 하니까 소규모로 시작해 보는 거야. 사실 사회생활을 하면서 주식을 안 하기도 힘들어. 친구들끼리도 주식 이야기를 하게 되는 경우가 많으니 저절로 관심을 가질 수밖에 없지. 별 생각이 없었는데 회사에서 주식을 줘서 하게 되는 경우도 있고. 아무래도 소액으로 시작해도 되니까 부담이 없는 것 같아. 이런 식의 첫 소규모 투자가 성공할 수도 있고 실패할 수도 있는데, 어느 경우든 결국 같은 길을 가게 돼. 처음에 실패하면 바로 2단계로 가고, 성공하면 계속하다가 실패해서 2단계로 가지.

선목 소규모 투자라도 잃게 되면 원금은 찾고 싶어질 것 같은데요? 누구한테나 본전 심리는 있으니까요.

불곰 그래, 그게 2단계의 시작이야. 사람들이 그 심리로 주식 공부를 시작하지.

'어설픈 가치투자' 실패가 '단타매매'를 부른다

선목 공부해서 투자하겠다는 건데, 왜 잘못된 건가요?

불곰 공부하는 것 자체에는 아무런 문제가 없어. 처음에는 다들 정석 투자를 믿고 가치투자를 공부해. 기업의 가치와 주가를 제대로 평가해 투자하려는 거지. 가치투자를 공부하는 건 분명히 좋은 일이야. 문제는 공부를 한다고 해도 대부분 성공하지 못한다는 데 있어.

선목 왜죠?

불곰 그만큼 주식이 어렵다는 얘기야. 운도 따라야 하고. 공부하고 현실은 다른 법이잖아. 게다가 가치투자를 제대로 공부하는 사람들이 생각보다 별로 없어. 설령 제대로 공부했다 하더라도 실천에 옮기는 사람이 많지 않고. 마음은 급한데 주가는 오르지 않으니까 점점 답답해져. 그러다 보면 자꾸 다른 방법을 시도하지. 놀라운 점은 사람들이 대부분 자신의 '어설픈 가치투자'를 '정석 가치투자'로 여긴다는 거야. 이런 사람들이 '자신만의 가치투자'에 실패하면, 그다음부터는 당연히 가치투자를 못 믿게 되겠지?

선목 다른 주식들은 다 오르는 것 같은데, 나름 가치투자를 한다고 생각한 자신만 실패를 거듭한다면 당연히 그런 마음이 들겠죠.

불곰 그래서 3단계가 바로 '가치투자 포기'야. 가치투자에 대한 불신이 깊어진 거지. 여기까지, 즉 1~3단계가 '서론'이야.

선목 4단계부터가 나락인가요? 드라마에서처럼 집 안에 딱지 붙고, 뭐 그런 거요?

불곰 너무 앞서가지는 말고. 가치투자를 포기한 사람들이 하는 게 바로 차트와 소문을 이용한 '단타매매'야. 이게 4단계야. 치고 빠지는 식으로 주식을 하는 거지. 이 단계에 들어선 사람들에게는 두 가지 특징이 있어. 첫 번째는 주식 용어를 많이 사용한다는 거고, 두 번째는 자신감이 좀 붙은 탓인지 스스로 중급 투자자라고 믿는다는 거야. 영어 단어를 줄곧 섞어 가면서 이야기를 하고, '골든 크로스'니 '데드 크로스'니 주식을 해 보지 않은 사람들은 전혀 모를 용어들을 쏟아 내기 시작해.

선목 단타매매 기술이 좀 늘면서 돈을 좀 버니까 입이 근질근질해지는 건가요?

불곰　단타매매를 하다 보면 1~2퍼센트 정도 벌 수 있거든. 그래서 자신감이 생기는 거야. 친구들이랑 주식 이야기를 할 때도 목소리에 힘을 줘 가며 얼마나 벌었는지 자랑하게 되지.

선목　뭐 어쨌든 성과를 거뒀다면 나쁜 건 아니잖아요?

불곰　이게 사실은 보이지 않는 늪이야. 이제는 자신감이 붙다 보니 이런 생각을 하게 되지. '지금보다 훨씬 많이 사고팔면 비록 1~2퍼센트 수익이라도 꽤 큰 돈이 될 텐데.' 이때부터 신용매수를 하게 되지.

선목　신용매수가 뭔가요?

불곰　돈을 빌려서 주식을 사는 거야. 지금 1~2퍼센트씩 이득을 거두고 있으니, 돈을 빌려서 더 크게 투자하면 더 큰 돈을 벌 수 있다고 생각하는 거지. 산술적으로만 계산하면 그런 생각이 드는 건 당연해. 그리고 여기서 거의 100퍼센트 실패를 해.

선목　아, '거의'라면 이 4단계가 끝이 아니군요?

주식을 도박으로 보다가는 '깡통' 신세

불곰　4단계를 지나면 둘로 나뉘어. 하나는 원금이고 뭐고 다 날리는 거야. 전문용어로 '깡통' 차는 거지. 다른 하나는 그나마 10~20퍼센트라도 건지는 사람들이야. 근데 이 정도로는 원금을 회복하기가 불가능에 가까워. 아니, 아예 불가능하다고 보면 돼.

선목　10~20퍼센트 남은 사람들은 그럼 뭘 하죠? 다시 단타매매를 하나요?

불곰　아니, 단타매매로는 이제 안 되는 단계지. 여기서 5단계가 나와. 바

	로 '선물 옵션'★이야.
선목	'선물 옵션'이 뭔가요? 들어는 봤는데.
불곰	몰라도 돼. 하지 마. 지금 너한테 말해 줄 수 있는 건 이거 하나다. 주변에 '선물 옵션'을 한다는 사람 있으면 절대 만나지 마라. 밥 사 준다고 해도 나가지 마. 내가 더 맛있는 거 사 줄게.
선목	하하, 감사합니다.
불곰	농담이 아니야. 절대로 만나지 마.

처음으로 불곰이 단호하게 말했다.

선물 옵션

미래에 어떤 상품(금융상품이든 현물자산이든)을 사고(Call) 팔(Put) 수 있는 권리를 거래하는 것. 손익에 제한이 없고 불확실성이 크다. 투자라기보다는 도박에 가깝다.

불곰	선물 옵션은 진짜 도박이야. '선물 옵션'에 누군가 1000만원 투자해서 100억 원 벌었다는 식의 이야기가 도니 사람들이 말 그대로 혹하는 거야. 그 사람들에게는 이제 이것 말고 남은 게 없거든.
선목	도박이든 뭐든 돈 벌었으면 좋은 것 아닌가요?
불곰	정말 극소수 말고는 다 망한다는 게 문제지. 로또 1등 당첨자 매주 나오지? 근데 '꽝'이 훨씬 많잖아. 똑같아. 어딘가에는 있는데 내 주위에는 한 명도 없는 거야. 그러니 아예 없다고 보면 돼. 그리고 '선물 옵션'에 손댄 사람들은 주식을 못하게 돼. 기다리지를 못하니까. 돈만 잃는 게 아니라 삶 자체가 피곤해지지. 진짜 망하는 지름길, 아니 고속도로야. 가장 빨리 망하는 방법이야.
선목	그럼 이제 그들을 기다리는 마지막 6단계는 무엇인가요?
불곰	깡통을 차거나, 설사 깡통을 차지 않더라도 결국 '주식 불신론자'가 되지. 주식이 아주 깊은 상처로 남는 거야. 주식 이야기만 나와

선목   도 치를 떨고, 만일 자식이 주식한다고 하면 뜯어말리는 정도가 아니라 다 큰 어른을 때릴 지경이 되지.

선목   그럼, 1단계에서 6단계로 가는 데 얼마나 걸리나요?

불곰   보통 7~8년이라고 하는데, 3년 만에 그렇게 되는 사람도 있고, 심지어 더 짧은 사람도 있겠지.

선목   얘기를 들을수록 주식하기 싫어지네요. 패가망신하는 길 같아요.

불곰   우선 어떻게 하면 망하는지를 알아야 피해 갈 것 아니냐. 너무 겁먹을 필요 없어. 주식은 제대로만 하면 평생 할 만한 최고의 재테크야. 남는 장사라고.

불곰의 첫 번째 강의가 끝났다. 과연 나는 5퍼센트에 속할 수 있을까?

불곰의 가치투자 레슨

주식투자에서 망하는 여섯 단계

- **1단계** 지인 소개로, 아무런 공부 없이 소규모 투자
- **2단계** 약간의 실패를 겪고 나서 가치투자를 공부
- **3단계** 가치투자에 대한 잘못된 이해를 바탕으로 투자했다가 실패 → 가치투자에 대한 불신과 포기
- **4단계** 차트와 소문을 이용한 단타매매 → 1~2퍼센트 정도 수익 창출 → 더 큰 수익에 대한 욕심으로 돈을 빌려 신용매수 → 돈을 모두 날리고 깡통을 차거나, 겨우 10~20퍼센트 정도만 남음 → 후자의 경우 5단계로 진입
- **5단계** 선물 옵션 시작(선물 옵션은 도박이다!)
- **6단계** 깡통을 차거나, 주식 불신론자가 되거나

02
왜 주식을 해야 하는지
아는 게 먼저

선목   그럼 이제 망하는 길 말고 제대로 된 주식투자 방법을 알아야 할 텐데… 어떤 주식을 사면 되죠?

첫 강의를 들은 뒤, 궁금해서 죽을 지경이었다.

불곰   어휴, 주식 시작하는 사람들이 맨 처음에 물어보는 게 그거야. 그리고 거기서부터 오류에 빠지지. 기본을 알려고는 하지 않고, 누가 주식으로 돈 벌었다고 하면 그 말만 들으려고 하니까. 내가 무슨 주식을 사라고 말하면 넌 그냥 사겠지? 그럼 언제 팔려고? 더 나아가서 왜 주식을 해야 되는지는 아냐? 주식의 장점은?

불곰의 말투에서 나 같은 질문을 던진 사람을 수천 명은 만나 봤다는 걸 알 수 있었다.

선목   어… 알겠습니다. 주식의 장점은 무엇인가요?

불곰   원칙을 잘 이해하고 지키기만 한다면, 사업보다 쉬울 뿐 아니라 좋은 면도 많아. 그렇다고 사업을 하지 말라는 말은 아니고, 전업투자를 하라는 말도 아니야. 제대로만 한다면 다른 일에 비해서 쉽게 자본이득을 얻을 수 있다는 말이야. 사람들이 회사를 그만두면 대개 뭘 하냐? 치킨집 같은 음식점 차리잖아?

선목 아무래도 진입장벽이 낮으니까요. 그러다 보니 경쟁도 치열하죠.

기본을 알아야 주식이 보인다

불곰 주식은 그런 일에 비하면 '상대적'으로 쉬워. 그렇다고 해도 무작정 쉬운 것은 아니지. 주식의 가장 큰 장점은 바로 경쟁이 없다는 거야. 쉽게 말해 네가 산 주식을 남이 산다고 해서 문제 될 게 전혀 없어. 다른 비즈니스들은 안 그렇다. 네가 하는 일을 남들이 똑같이 할수록 경쟁이 치열해지지. 이것만으로도 상대적으로 엄청나게 쉬운 거야.

선목 듣고 보니 그러네요.

불곰 치킨집 얘기 좀 더 해 볼까? 퇴직금 1억 원에 은행에서 빌린 돈 1억 원을 합쳐서 2억 원으로 꿈에 부풀어 치킨집을 연다고 해 보자.

선목 하지만 대부분이 망하죠.

불곰 그래도 기적은 있지. 치킨집을 창업해서 대박을 터뜨려 프랜차이즈 기업으로 성장한 곳이 있다고 하자. 증권거래소와 금융감독위원회는 그런 회사 중, 일정 기간 이익을 냈고 발전 가능성도 있는 곳을 엄격하게 선별해 주식시장에 합류하도록 허락해 줘. 그럼 바로 상장회사★가 되는 거야.

선목 아, 그렇게 해서 우리가 주식에 투자할 수 있는 상장회사가 되는

	군요. 그런데 갑자기 한 가지 궁금한 것이 있는데, 증권거래소와 금융감독위원회에서 인정한 회사들이 왜 망하는 걸까요?
불곰	기업이 망하는 이유야 세세하게 살펴보면 너무나 많겠지. 하지만 굴지의 대기업도 순식간에 망하는 판에 중소 규모의 프랜차이즈 기업이 사라지는 거야 이상할 일이 없잖아. 무한경쟁 자본주의 사회라는 게 그런 거야.
선목	하긴 그러네요. 실패할 가능성과 성공할 가능성이 모두 열려 있는 경쟁 시스템, 그게 자본주의죠.
불곰	이제 좀 알아듣는 것 같네. 그런데… 잠깐, 자본과 자산의 차이는 알아?
선목	글쎄요.
불곰	음… 잘 들어 봐. 아까 치킨집 창업 이야기할 때 퇴직금, 그러니까 자기 돈을 얼마나 들였다고 했지?
선목	1억 원요.
불곰	그게 자본이야.
선목	자산은요?
불곰	자산은 자신의 돈 1억 원과 은행에서 빌린 1억 원까지 합친 2억 원이야.
선목	그 얘기는… 우리가 흔히 말하는 '자산가'라고 해 봐야 실은 자기

상장회사

상장이란 특정 기업이 발행한 주식을 증권거래소에서 자유롭게 매매할 수 있도록 거래와 관리를 위탁하는 것을 말한다. 한국증권거래소의 상장 요건을 통과해야 한다. 이에 비해 기업공개란 개인이나 가족 등 소수의 인물들이 가지고 있던 주식을 일반에 공개해 다른 투자자들이 매매할 수 있게끔 하는 것을 말한다.

돈 한 푼 없는 거지일 수도 있다는 말이네요?

불곰 걱정했던 것보다 똑똑하네? 그래, 진짜 부자한테는 '자본가'라고 하는 게 맞다. 자산은 많은데 자기 돈이 없는 사람이 바로 깡통 부자야.

선목 그런데 아까 은행에서 돈을 빌렸다고 했잖아요? 만약 개인한테 돈을 빌리면요? 그것도 자산에 속하나요?

불곰 응. 둘 다 자산의 일부이고, 둘 다 빌린 돈이지. 근데 당연히 차이가 있겠지? 은행에서 빌리면 금융권 부채, 개인한테 빌리면 사채야. 이해했지?

'한 방'만 노리면 눈앞의 정보도 놓친다

선목 네. 그런데 제 궁금증 때문에 얘기가 옆으로 샜네요. 아까 그 치킨집… 상장회사가 됐으니 이제 누구나 그 회사의 주식을 살 수 있게 되는 거죠?

불곰 그렇지. 그리고 주식을 사면 그 회사의 주주가 돼. 어떤 회사든 마찬가지야. 얼마를 사든지 간에 다 주주가 되지.

선목 단 한 주만 사도요?

불곰 응. 심지어 단 한 주만 가지고 주주총회에서 난동을 피우는 '총회꾼'도 있어. 자기도 회사 주인이니 당연한 권리라는 건데, 사실 돈을 뜯어내기 위해 생떼를 부리는 경우가 대부분이야. 아무튼, 주식을 보유하면 주주, 그러니까 그 회사의 주인이 돼. 주주들이 회사의 주인이라면, 회사 측에서는 자신의 정보를 주주들에게 알려 줄 의

무가 있겠지? 그걸 '공시'라고 해. 회사가 어떻게 굴러가고 있고, 어떤 소송을 진행 중이며, 어떠한 어려움을 겪고 있는지 등 중요한 정보들을 모두 주주에게 알려 주게 되어 있어.

선목 그렇게 중요한 정보들을 다 '오픈'한다면 해당 기업의 상황이 좋은지 나쁜지 다 알 수 있잖아요. 그럼 주식투자로 돈을 잃을 일이 없는 것 아닌가요?

불곰 네게 처음에 해 준 얘기로 돌아가는 거지. 주식을 '투자'가 아니라 일확천금을 얻을 '도박'으로 바라보는 사람들이 생각보다 많다는 게 문제야. 그런 사람들은 '한 방'을 노리기 때문에 눈앞에 버젓이 보이는 정보들도 무시하기 일쑤야. 다른 사람은 다 잃어도 자기는 분명 한몫 잡을 수 있을 거라 생각해. 도박판에서 흔히 볼 수 있는 풍경이지. 나는 그런 사람들을 '왕바보'라고 생각해. 그런데 그런 왕바보들 때문에 주식을 '투자'로 보는 사람들이 좀 더 수월하게 돈을 벌 수 있기도 해.

불곰의 가치투자 레슨

주식투자의 최대 장점

경쟁이 없다. 내가 투자한 곳에 다른 사람들이 투자한다고 해서 경쟁이 붙거나 손해를 보는 게 아니다.

주식투자의 목표

투자를 통한 자본이득. 정석 가치투자를 한다면 이 목표를 이룰 확률이 높아진다. 한 방을 노리는 도박이 아니라는 걸 명심하라.

03
주식을 도박으로 보는
사람들의 특징

선목 주식을 도박으로 보는 왕바보들의 특징은 무엇인가요?

불곰 크게 보면 두 가지야. 첫째, 욕심이 많다는 것. 둘째, 기다리지 못한다는 것.

선목 욕심이라면….

불곰 남보다 빨리 벌려고 하는 것.

선목 그래서 주식을 하는 것 아닌가요? 월급으로는 부족하니까 더 빨리 돈을 모으려고.

불곰 아니, 그 정도가 아니라 주식을 하는 사람들 중에서도 남들보다 더 빨리 벌려고 하는 사람을 말하는 거야.

선목 그러면, 기다리지 못한다는 것은요? 주식은 타이밍이 굉장히 중요하지 않나요? 사야 할 때와 팔아야 할 때를 정확히 알아채고 재빨리 일을 처리해야 하잖아요.

불곰	살 때 사고, 팔 때 파는 것을 천천히 하라는 말이 아니야. 주가가 오르고 있으면 계속 오를 거라 생각하고, 내려가고 있으면 계속 내려갈 거라 생각하는 사람들이 많아. 그러다 보니 오르기 시작한 후에 분석도 안 하고 사고, 내려가기 시작하면 더 내려갈까 봐 손해를 보더라도 파는 식이야. 차분히 기다리지를 못하지. '석불가난(席不暇暖)'이라는 말 알아?
선목	당연히 모르죠.
불곰	이곳저곳 분주하게 돌아다니느라 한곳에 머물지 못하니 앉은 자리가 따뜻해질 새가 없다는 말이야. 하루아침에 갑자기 급등하는 주식도 분명히 있어. 하지만 그건 복권 당첨과 비슷한 거야. 물론 여러 회사를 분석하다 보면 그런 주식을 만나게 될 수도 있겠지. 하지만 애초에 그런 것만 노릴 수는 없어. 주식이라는 게 결국 투자잖아. 투자라는 것은 시간을 두고 기다려야 해. 자식 키우기하고 비슷해. 자식을 낳으면 적어도 고등학교 졸업할 때까지는 교육을 시켜야겠지?

기다릴 줄 모르면 투자자가 아니다

선목	그 교육이 투자인 거죠?
불곰	그래. 아이가 성인이 될 때까지는 차분히 시간을 투자해 교육을 시키는 게 당연하잖아. 그런데 주식투자 왕바보는 초등학생 자녀를 바로 서울대에 넣으려고 하는 거야. 어떤 결과가 나올지는 뻔하잖아?

선목   참 답답한 사람들이네요.

불곰   그래도 너무 안 좋게 말하지 마라. 전에 이야기했듯이 그런 사람들이 있어서 주식시장에서 돈을 벌기가 더 쉬운 거야.

선목   어떤 면에서 그런가요?

불곰   기다릴 줄 모르는 사람들은 주가가 떨어질 때 더 떨어질까 봐 '손절매'를 해 버려. 손해를 감수하고서라도 생각 없이 그냥 다 팔아 버리는 거지. 그런 사람들이 많을수록 그 주식 가격은 더 떨어지겠지? 이때 정석으로 투자하는 사람들은 저평가된 우량주를 낮은 가격에 살 수 있는 거야.

선목   반대 경우도 마찬가지겠네요?

도박꾼들에게 휩쓸리지 않으려면

불곰   그렇지. 왕바보들에게는 '달리는 말에 올라타라'는 신념이 있어. 오르기 시작한 주식을 막 사들이는 거야. 그러면 아까와는 정반대로 점점 주식 가격이 오르겠지? 이때 정석으로 투자하는 사람들은 최고의 수익률을 챙기면서 팔 수 있지.

선목   생각보다 너무 단순한데요?

불곰   이론은 단순하지. '실무'도 복잡한 게 아니야. 하지만 절대로 쉬운 건 아니다. 왕바보가 안 되려면 그들이 무엇을 하고 있는지 알아야 돼. 그래야 휩쓸려 가지 않지. 그걸 모르면 결국 네가 왕바보가 되는 거야.

선목   예전에 도박 영화에서 나왔던 말이랑 비슷하네요. "도박판에서 10

분 안에 호구가 보이지 않는다면 당신이 호구다."

불곰   도박 영화에서 나오는 대사를 여기다 써먹는다는 게 좀 그렇긴 하다만, 틀린 말은 아닌 것 같다. 주식시장의 왕바보들은 투자자라기보다 도박꾼이기 때문이지.

불곰의 가치투자 레슨

주식으로 한몫 잡으려는 '욕심'이 많다면,
주가 등락에 일희일비하며 기다리지 못한다면,
'달리는 말에 올라타라'는 잘못된 주식 격언을 철석같이 믿는다면,
당신은 '주식을 도박으로 보는 왕바보'.

불곰이 제안하는 새로운 주식 격언

'풀 뜯는 말에 올라타서 달리기를 기다려라.'

04
증권사의 장삿속을 파악하라

선목 주식투자를 '제대로 하기'로 마음먹었으니, 이제 뭘 해야 하나요? 실질적으로 해야 하는 일요.

불곰 당연히… 증권사에 가서 계좌를 만들어야지.

선목 아… 그렇겠네요. 괜한 질문이었네요. 그럼 증권사는 어떤 곳인가요?

불곰 네가 보기에 증권사의 가장 큰 목적은 무엇일 것 같아?

선목 고객들이 주식투자를 잘할 수 있도록 도와주는 곳?

불곰 틀린 말은 아닌데 그게 가장 큰 목적은 아니야. 결국 증권사도 돈을 벌어야 하는 곳이잖아. 자선사업체가 아니라 수익을 창출해야 하는 회사라고. 그렇다면 고객의 돈을 먼저 생각해 줄 리는 없겠지?

선목 그래도 증권사의 정보에 기댈 수밖에 없지 않나요? 개인이 구할 수 있는 정보에는 한계가 있으니까요. 아무래도 전문가들이 모인 증권사를 믿는 편이 더 안전하지 않겠어요?

증권사는 고객의 손실을 책임지지 않는다

불곰 문제는 방금 말했듯 증권사의 가장 큰 목적이 자신의 수익을 창출하는 것이라는 점이야. 그 수익 중에서 가장 큰 비중을 차지하는 게 바로 '수수료'야. 그러니 뭐가 최우선 과제겠어? 당연히 고객의 재테크를 도와주는 게 아니라 매매 수수료를 더 많이 챙기는 거야. 그러자면 고객의 원금을 가지고 사고팔고를 계속 반복해야겠지. 매매 회전율을 높인다는 말이 바로 그거야.

예나 지금이나 주식에 대해 공부하지도 않고 시작하는 사람들이 정말 많아. 대개 이런 사람들이 증권사만 믿다가 돈을 잃지. 하지만 증권사는 고객의 손실에 대해 책임을 지지 않아. 그러면 고객은 당연히 화가 나겠지? 이렇게 손해를 본 개인투자자들이 공부하여 직접 투자한 자금을 바로 '앵그리 머니(angry money)'라고 불러.

선목 그런 개인투자자들이 많아질수록 증권사는 점점 힘들어지겠네요?

불곰 요즘 실제로 그래. 개인투자자들이 증권사의 조언을 점점 믿지 않게 되고, 이 때문에 매매 회전율이 줄면서 구조조정을 할 수밖에 없게 된 거지. 사양 산업, 즉 발전 속도가 느려지고 퇴보하는 산업이 되고 있어. 그렇다고 증권사를 불쌍하게 볼 필요는 없어. 자업자득이니까.

선목 어쨌든 계좌는 증권사에서만 만들 수 있는 거죠?

불곰 응, 구조적으로 그래. 요즘은 은행에서도 만들어 주는데, 너는 직접 증권회사에 가서 만들어 봐.

선목 지금요?

불곰 그래, 지금.

증권사로 걸어가는 길에 불곰의 말이 계속 생각났다. 충격이었다. 자본주의라는 게 이런 건가? 증권사가 잘못된 건 아니다. 하지만 도박판에서 말하는 하우스와 굉장히 비슷한 것 같다. 카지노에서는 술도 주고, 돈도 빌려준다. 예전에 라스베이거스에서는 담배도 공짜로 줬다고 한다. 그 모든 것이 손님들로 하여금 도박을 더 오래, 더 많이 하게 만드는 마케팅 전략이었다.

증권사도 비슷하다. 술 대신에 차트를 주고, 가끔은 법도 바꿔 주고, 새로운 기술도 개발하고, 구미가 당기는 이벤트도 제공한다. 이 모든 게 매매 회전율을 높이기 위한 마케팅 전략인 셈이다. 꼬리에 꼬리를 물며 이런저런 생각을 하다 보니 증권사에 도착했다.

선목 주식 계좌를 만들려고 합니다.

직원 예, 안녕하세요. 신분증 주시고요. 이 서류들에서 표시된 부분들만 작성하시면 돼요.

주식 계좌 만들기는 은행 통장 만들기만큼이나 쉽다. 질문만 조금 더 많을 뿐이다. 모든 서류의 작성을 마치고 증권사 직원에게 건넸다. 직원은 빛의 속도로 내 정보를 컴퓨터에 넣다가 멈칫하더니 물었다.

직원 '미수'하실 건가요?

선목 네? '미수'가 뭔가요?

직원 아, '미수'라는 건 단순하게 말씀을 드리자면, 지금 돈이 없다고 하더라도 3일 뒤에 생길 돈까지 계산해서 주식을 사는 겁니다.

선목 돈이 없어도 주식을 살 수 있다는 건가요?

직원 예, '미수' 체크해 드릴까요?

선목 예, 해 주세요. 그럼 '신용'은 뭔가요? 미수하고 다른 건가요?

직원 신용은 일반적인 신용이라고 생각하시면 됩니다. 돈을 빌려서 주식을 사는 겁니다.

직원은 대답이 끝나기가 무섭게 다시 키보드를 두드리기 시작했다.

직원 고객님, 여기 체크가 안 되어 있으시네요?

그녀의 손가락이 가리키는 곳을 보니, 소득에 관한 질문이 있었다.

고객님과 고객님의 가족을 포함해서 현재와 미래의 소득수준을 가장 잘 표현한 것은 어느 것입니까?

1. 현재 안정적인 소득(급여, 금융소득 등)이 발생하고 있으며, 향후 현재 소득수준의 유지 혹은 증가 예상
2. 현재 안정적인 소득(급여, 금융소득 등)이 발생하고 있으며, 향후 현재 소득수준의 감소 예상
3. 현재나 미래에 일정한 소득(급여, 금융소득 등)을 통한 여유자금의 마련이 어려울 것으로 예상

선목 지금은 수입이 없고, 앞으로는 어떻게 될지 모르는데요?
직원 고객님, 그러면 안 되는데….
선목 네? 그럼 계좌를 못 만드나요? 제가 지금 돈이 없는 건 아닌데요?
직원 계좌는 만드실 수 있는데… 잠시만요. 미래에 지금보다 수입이 증가할 거라 예상하실 수는 있지 않나요?
선목 뭐, 지금 수입이 하나도 없으니 단돈 1원이라도 무조건 늘지 않을까요?

직원 예, 고객님, 그럼 1번으로 체크해 드릴게요.

선목 아… ㄴ….

"네"라고 채 답하기도 전에 직원이 끼어들었다.

직원 그리고 고객님, 투자지식 수준을 '전혀 없음'으로 체크하셨는데… 여기서 '전혀 없음'은 보통 연세가 아주 많으신 분들이 체크하시는 거예요. '높음'이나 '아주 높음'으로 체크해 드릴까요?

선목 근데 정말로 잘 모르거든요.

직원 고객님, 이 질문들은 그저 고객님의 성향을 확인하는 거예요.

선목 전 제가 '초저위험투자형'이라고 생각하는데, 아닌가요?

직원 고객님, '고위험투자형'이라고 해도 전혀 문제 될 건 없고, 돈이 더 들어가는 일도 전혀 없습니다. 그리고 초저위험투자형은 상담도 못 받고 '미수'도 못하세요.

선목 그럼 저같이 잘 모르는 사람은 오히려 고위험투자형이 맞겠네요?

직원 그럼요.

직원은 방금 전보다 훨씬 밝아진 표정으로 서류 일부를 내게 다시 건넸다. 공격적인 투자 성향으로 다시 체크했다. 상담 직원의 표정이 밝아지니 나 역시 덩달아 기분이 좋아졌다. 주식계좌 개설을 마친 나는 들뜬 마음으로 불곰에게 돌아갔다.

선목 형님, 제가 드디어 계좌를 만들었습니다.

불곰 그래, 수고했다. 한번 보자.

선목 예.

주식계좌를 개설하며 받은 카드를 자랑스럽게 내밀었다.

불곰 그거 말고 계좌개설확인서가 있을 텐데. 아, 그냥 받은 종이 다 줘

봐.

서류를 다 건네고 나서 반응을 기다리는데, 불곰의 표정이 좋지 않았다.

불곰 네 투자지식이 왜 '높음'이야? 그리고 왜 '고위험투자형'이야?

선목 그래야지 상담도 받고 '미수'도 할 수 있대요.

불곰 미수? 앉아 봐.

선목 예!

증권사가 노리는 '고위험투자형' 고객

불곰 2009년도 자본시장통합법에 따르면 투자 성향이 어느 정도 공격적으로 나와야만 증권사가 고객에게 조언을 해 줄 수 있어. '표준투자권유준칙'에 따라 고객이 계좌를 개설할 때 증권사는 투자 성향별로 고객의 유형을 나누고 그 성향에 맞춰 고객을 대하는 거지. 네 말대로 '초저위험투자형'이 나오면 추천하는 데 제한이 있어. '고위험투자형'이 나오면 증권사가 파생상품, 신용거래, ELW 같은 걸 마음껏 추천할 수 있고.

선목 그런데요?

불곰 상담을 왜 하는 것 같아? 조언을 왜 해 주는 것 같아?

선목 어쨌든 제가 전혀 아는 게 없으니 도움을 주는 거잖아요.

불곰 물론 그런 면도 있지. 하지만 더 중요한 이유는 고객과 상담을 해야 증권사도 '영업'을 할 수 있기 때문이야.

불곰이 다시 서류를 들춰 보더니 말을 이었다.

불곰 무슨 말인지 알겠지? 증권사가 잘못됐다는 게 아니라, 그들의 장삿

	속, 영업 방법을 이해해야 한다는 거야. 그래야 나중에 손해를 보지 않아. 그리고 '미수'는 하지 마라.
선목	왜요? 확실한 주식이면 돈을 빌려서라도 사야죠.
불곰	신용이든 미수든 빌린 돈으로 주식을 사는 순간, 심리 싸움에서 밀리는 거야. 그런 건 절대로 하지 마라. 고위험투자자가 아니라, 고(高)공부, 고(高)분석 투자자가 돼야 해. 증권사에서 너를 교육시킬 의무는 없어. 증권사 직원에게 상담을 받는 것 자체가 잘못됐다는 것도 아니야. 하지만 아무것도 모른 채 상담을 받으면 계속 증권사 말만 믿을 수밖에 없어. 그러다 보면 직원을 통해 매매를 하게 되겠지. 사람 심리가 그래. 너는 아무것도 모르고, 그쪽은 전문가이니 그들 말을 따라가게 돼. 특히 돈이 걸려 있는 상황에서는 더욱 그렇지.
선목	그래도 증권사 직원을 통해서 투자하면 약간의 안전벨트가 있는 셈 아닌가요?

빌린 돈으로 주식을 사면 심리 싸움에서 밀린다

불곰	안전벨트가 아니라 '액셀'이 되겠지. 그냥 자주 사고 자주 팔게 될 가능성이 커진다는 말이야. 네가 지금 직원을 안전벨트로 여기는 이유는 그 사람들이 너보다 훨씬 많이 알기 때문이겠지? 아무래도 전문가 의견을 듣는 게 좋으니까.
선목	그렇죠. 무언가를 할 때 스스로 빨리 배우는 것도 좋지만, 나보다 더 잘하는 사람을 찾는 것도 중요하지 않나요?
불곰	자기 돈은 자기가 지켜야 하는 법이야. 나보다 더 잘하는 사람을

찾는 것도 중요하지만, 그러자면 자신도 공부를 많이 해야 돼. 그래야지 나보다 더 잘하는 사람이 누구인지 알아볼 수 있어. 그리고 그래야 그 사람을 '무조건 따라 하는' 것이 아니라 그 사람으로부터 '배울 수' 있지. 참고로 그 존재가 증권사가 될 수는 없어. 그들의 장삿속을 이해하면 증권사에 가서 물어볼 게 없거든. 그리고 증권사 직원을 통해 주식을 하지 말아야 할 이유가 하나 더 있어. 직원을 통해 매매하면 수수료가 더 비싸. 자, 오늘 여기까지 듣고 네가 느낀 점은?

선목 증권사에 가서는 주식계좌만 만들고 나오면 된다.

불곰 강력한 결론이네. 그런 자세도 굉장히 중요해. 우선 그 마인드로 시작해.

알면 알수록 한편으로는 증권사가 이해가 갔다. 이 산업 구조에서는 고객들을 공격적인 투자자로, 아니, 성격 급한 투자자로 만들 수밖에 없다. 현실이 이렇다면 굳이 증권사의 잘못을 따질 필요가 있을까? 어쩌면 이 현실을 제대로 알려 하지 않는 사람들의 책임인지도 모른다.

불곰의 가치투자 레슨

증권사의 장삿속을 이해하라

1. 증권사는 매매 수수료가 주 수입원이다. 고객이 주식을 자주 사고 자주 팔수록 돈을 많이 벌 수 있다는 뜻이다.
2. 증권사는 회사의 수익을 최우선으로 하는 주식회사다. 고객의 수익보다 매매 수수료에 관심을 가질 수밖에 없다.

05
매매 수수료를
우습게 보지 마라

선목   수수료 얘기를 계속하셨는데, 안 낼 방법은 없나요?

불곰   어떻게 안 내. 당연히 내긴 내야지. 하지만 자신이 내야 할 수수료가 얼마인지는 정확하게 계산해야겠지. 아, 수수료를 덜 내는 방법은 있어. 여기서 질문. 누구를 통해서 매매하면 수수료가 비싸진다고 했지?

선목   증권사 직원요.

불곰   그럼 정리를 한번 해 보자. 너한테 1억 원이 있다고 가정하자.

선목   1억 원? 생각만 해도 기분 좋은데요.

불곰   어쨌든 네게 1억 원이 있는데, 주식을 잘 몰라서 혼자 하기에는 불안하니까 증권사 직원을 통해서 매매한다고 상상해 봐. 그럼 이제 수수료를 계산해 보자. 어제 갔다 온 증권사 일반매매 수수료가 얼마지?

선목   증권사 직원을 통해서 5000만 원 미만 매매했을 때, 0.4972….

불곰   그러면 계산하기 편하게 0.5퍼센트쯤 된다고 하자. 매수 수수료 0.5퍼센트 더하기 매도 수수료 0.5퍼센트 더하기 거래세 0.3퍼센트. 총 합은?

선목   1.3퍼센트요. 별로 크지는 않은 것 같은데.

불곰   티끌 모아 태산이야. 1년이 몇 주?

선목   52주.

불곰   네가 가진 돈은 1억 원. 매수 수수료, 매도 수수료, 거래세를 합치면 1.3퍼센트. 1년은 52주. 여기서 오늘의 질문. 네가 1년 동안 수익과 손실 없이 동일 가격에 매주 거래를 하게 됐어. 1년 후 얼마가 남아 있을 것 같아?

선목   형님, 저 이런 계산에는 젬병이에요.

불곰   1억 원이 절반 정도로 줄어.

선목   네?

불곰   절반으로 준다고. 5000만 원 조금 넘게 남을 거야. 1.3퍼센트, 크지?

선목   네….

불곰의 전화벨이 울렸다.

불곰   잠시만, 중요한 전화니까 다른 것 좀 하고 있어.

선목   네.

수수료만으로 원금이 절반으로 줄다

대답을 하자마자 얼른 자리에 앉았다. 한번 계산을 해 봐야 할 것 같았다.

절반 가까이 없어진다는 게 말이 되나? 그냥 증발하는 수준인데? 불곰을 의심하는 건 아니지만, 혹시 실수한 것일 수도 있겠다 싶어 엑셀 프로그램을 열었다. 계산을 해 보니… 52주 후에는 50,639,795원이 된다. 53째 주에는 5000만 원 아래로 떨어진다. 불곰이 맞았다.

주	원금	수수료(1.3%)	남은 돈
1	100,000,000	1,300,000	98,700,000
2	98,700,000	1,283,100	97,416,900
3	97,416,900	1,266,420	96,150,480
4	96,150,480	1,249,956	94,900,524
5	94,900,524	1,233,707	93,666,817
6	93,666,817	1,217,669	92,449,149
7	92,449,149	1,201,839	91,247,310
8	91,247,310	1,186,215	90,061,095
9	90,061,095	1,170,794	88,890,300
10	88,890,300	1,155,574	87,734,727
11	87,734,727	1,140,551	86,594,175
12	86,594,175	1,125,724	85,468,451
13	85,468,451	1,111,090	84,357,361
14	84,357,361	1,096,646	83,260,715
15	83,260,715	1,082,389	82,178,326
16	82,178,326	1,068,318	81,110,008
17	81,110,008	1,054,430	80,055,578
18	80,055,578	1,040,723	79,014,855
19	79,014,855	1,027,193	77,987,662
20	77,987,662	1,013,840	76,973,822
21	76,973,822	1,000,660	75,973,163
22	75,973,163	987,651	74,985,512

23	74,985,512	974,812	74,010,700
24	74,010,700	962,139	73,048,561
25	73,048,561	949,631	72,098,930
26	72,098,930	937,286	71,161,643
27	71,161,643	925,101	70,236,542
28	70,236,542	913,075	69,323,467
29	69,323,467	901,205	68,422,262
30	68,422,262	889,489	67,532,773
31	67,532,773	877,926	66,654,847
32	66,654,847	866,513	65,788,334
33	65,788,334	855,248	64,933,085
34	64,933,085	844,130	64,088,955
35	64,088,955	833,156	63,255,799
36	63,255,799	822,325	62,433,473
37	62,433,473	811,635	61,621,838
38	61,621,838	801,084	60,820,754
39	60,820,754	790,670	60,030,084
40	60,030,084	780,391	59,249,693
41	59,249,693	770,246	58,479,447
42	58,479,447	760,233	57,719,214
43	57,719,214	750,350	56,968,865
44	56,968,865	740,595	56,228,269
45	56,228,269	730,968	55,497,302
46	55,497,302	721,465	54,775,837
47	54,775,837	712,086	54,063,751
48	54,063,751	702,829	53,360,922
49	53,360,922	693,692	52,667,230
50	52,667,230	684,674	51,982,556
51	51,982,556	675,773	51,306,783

52	51,306,783	666,988	50,639,795
53	50,639,795	658,317	49,981,478
54	49,981,478	649,759	49,331,718

불곰   어 그래, 그렇게 표로 만들어서 책에 넣으면 좋겠다.

어느새 통화가 끝난 불곰이 나를 보고 있었다.

선목   이런 경우라면 매매수익을 50퍼센트나 거둬야 원금을 지킬 수 있는 건가요?

불곰   너 많이 똑똑해졌다. 이래서 증권사를 통하지 말고 'HTS'로 해야 하는 거야.

선목   HTS가 뭔가요?

불곰   홈 트레이딩 시스템(Home Trading System). 쉽게 말하면 집에서 인터넷으로 거래하는 거지. 요즘은 휴대폰으로도 가능하고.

휴대폰? 세상 많이 편리해졌다. 휴대폰으로 하는 것이 가장 편리할 듯하다. 얼른 모바일 수수료를 확인해 보았다. 그런데 100만 원 이상을 기준으로 볼 때, 컴퓨터로 매매하는 것보다 수수료가 비쌌다. 아, 이래서 항상 뭐든 직접 확인하라는 말이었구나. 증권사마다 조금씩 차이가 있다.

선목   증권사마다 수수료가 조금씩 다르던데 가장 저렴한 곳에서 매매하는 게 좋지 않나요?

불곰   그거야 오십보백보고. 그리고 증권사를 통하지 않는 것보다 수수료를 더 줄이는 방법이 있어.

선목   아, HTS가 끝이 아니에요?

불곰   더 중요한 건, 전에 이야기했던 '석불가난' 기억나지?

선목   분주하게 돌아다니다 보면 돈만 샌다?

곰처럼 기다려야 돈이 새지 않는다

불곰   그래. 왕바보처럼 계속 사고팔고 사고팔고 하지 않으면 돼. 진득하게 해야 돼. 투자는 자식 교육 같은 거야. 단타를 노리지 말고 길게 봐야 되고.

선목   진득하게?

불곰   그렇지. 곰처럼 진득하게 해야 돼. 계속 사고팔면 수수료를 많이 내게 돼. 게다가 더 중요한 문제가 있어. 계속 사고판다는 것은 결국 그만큼 온 정신을 주식에 쏟고 있다는 뜻이야. 삶이 너무 피폐해지지 않겠니? 말 그대로 주식 폐인이 되는 거지. 그래서 전업투자를 해서는 안 된다는 말이야. 전업투자에 대해서는 나중에 더 자세히 알려 줄게.

선목   그럼 주식을 사 놓고 진득하게 기다리기만 하면 되겠네요?

불곰   오를 만한 주식을 사 놓고 기다려야지. 생각 없이 아무 주식이나 사서 기다리다가는 거지 되는 거고. 주식투자를 너무 쉽게 생각하지 마. 공부를 제대로 한 다음에 확신이 서는 주식을 사야 해. 그래야만 도중에 조금 떨어지더라도 기다릴 수 있어. 그런데 이게 말처럼 쉽지가 않아.

선목   공부하고 분석한 다음 오를 만한 주식을 사 놓는 것, 그게 전부인가요?

불곰   그래. 이론은 언제나 단순해. 하지만 그 이론을 네가 현실에 적용할 때는 굉장히 많은 변수가 나타나겠지. 그래도 걱정할 필요는 없어. 내가 가르쳐 주려는 게 그거니까.

불곰의 가치투자 레슨

HTS 간단 사용 설명서

1. 증권사에 가서 계좌를 만든다. HTS 프로그램 사용법 설명을 간단하게 듣는다.
2. 집에 돌아와서 HTS 프로그램을 다운로드한다.
3. 프로그램을 다운로드하고 설치하면서 잘 모르는 부분이 생기면 증권사에 전화로 물어본다.
4. 버튼이 많아서 우주선에 탄 기분이 들겠지만, 대부분 쓸 필요가 없다. 기본적으로 아래 도구들만 알고 있으면 된다.
   - 검색: 관심 있는 주식이 있다면 검색하여 찾는다.
   - 관심: 눈여겨볼 것들을 '관심'에 추가해 둔다.
   - 매수: 주식을 사는 것.
   - 매도: 보유한 주식을 파는 것.
   - 그래프: 저가 매수를 위해 가격이 올랐는지 내렸는지만 확인하면 된다.

06
전업투자는
패가망신의 지름길

선목 왜 이리 출근을 늦게 하세요?

불곰 일찍 일어나기도 힘들고, 운동도 해야 해서… 왜? 너도 내 덕에 늦게 나와도 되고 좋잖아?

나름 진지하게 물었는데, 그는 농담으로 받아쳤다.

선목 진지하게 물어본 거예요. 주식시장이 오전 9시부터 오후 3시까지 열리는데, 그 시간 동안에는 모니터에 눈을 붙이고 있어야 하는 것 아닌가요?

불곰 전혀.

이번에는 짧지만 진지하게 답했다.

선목 잠시만요. 전업투자하는 사람들을 보면, 9시부터 3시는 정말 기본이던데요? 주식으로 돈을 벌려면 그 정도는 당연한 것 아닌가요?

불곰 잠깐, 무슨 투자?

불곰의 표정이 한층 진지해졌다.

선목   전업투자요.

불곰   내가 첫날부터 전업투자는 안 된다고 하지 않았나? 어제도 이야기 했잖아.

모니터에는 주식의 '가치'가 나오지 않는다

선목   아, 그랬죠. 그럼… 여기서 질문 두 가지. 우선 형님이 왜 늦게 출근 하는지 아직 말해 주지 않으셨고요. 두 번째, 전업투자는 왜 안 되는 건가요? 형님도 주식으로 돈을 많이 버셨잖아요.

불곰   늦게 출근해도 주식하는 데는 전혀 문제없어. 모니터에는 주식의 가격만 나오지, 가치가 나오지는 않는다. 그 시간이면 전화 돌리고, 발로 뛰고, 본업에 집중하는 게 나아. 두 번째, 전업투자? 오케이. 오늘 강의 주제는 왜 전업투자를 하면 안 되는지로 하자. 먼저 너한테 물어볼게. 전업투자가 직업일까?

선목   직장은 아니지만, 직업일 수는 있지 않을까요?

불곰   질문을 살짝 바꿔 볼게. 직업이라는 게 뭘까?

선목   일정한 수입을 얻을 수 있는 일?

불곰   그럼 다시 물어볼게. 전업투자자는 일정한 수입이 있나?

선목   일정하지는 않죠. 많이 불안정하죠.

불곰   그럼 너는 왜 전업투자를 직업으로 생각하는 거야? 자, 다시 정의를 내려 보자. 직업이란 일정한 노동의 대가로 일정한 수입을 얻는 일이지?

선목 예, 그렇긴 한데, 전업투자라는 말이 돈 문제를 떠나 '투자를 완전히 직업으로 삼는다'는 뜻 아닌가요?

불곰 그건 단어 자체의 뜻이지, 현실이 아니잖아. 방금 전에 내가 말한 직업의 정의에 전업투자가 속할까?

선목 아니죠.

불곰 바로 그거야. 단어 뜻 그대로 보자면 투자를 업으로 삼겠다, 그러니까 투자로 번 돈을 수입으로 삼겠다는 말이지만, 실상을 보면 일정한 수익이 생기지를 않아. 수익은커녕 손실로 끝나는 경우가 대부분이야.

선목 그럼 왜 사람들이 전업투자를 하는 걸까요?

불곰 달리 할 일이 없어서 하는 사람들도 있어. 진입장벽이 제로에 가깝잖아. 집에 컴퓨터 있고, 돈 좀 있으면 하는 사람들이 많아.

선목 그건 좀 이상한 경우 같고요. 정상적인 이유로 하는 사람들도 있지 않나요?

불곰 자신이 주식투자에 특별한 능력이 있어서 전업투자를 하면 돈을 많이 벌 거라고 믿는 사람들도 있지. 대학생 주식투자대회 같은 데서 우승한 사람들이 좋은 예일 거야.

선목 그래도 할 일이 없어서 하는 사람들보다는 승률이 좀 높을 것 같은데요?

불곰 무슨 소리야. 이유야 어떻든 전업투자는 안 된다니까.

선목 아니, 그래도 좀 잘하는 사람이 있기는 있지 않겠어요?

불곰 있을 수야 있지. 길 가다가 1억 주운 사람도 있는 것처럼. 하지만 지금까지 내 주위에서 전업투자를 하겠다는 사람을 적어도 100명

	은 봤는데 단 한 사람도 성공하지 못했어.
선목	그 사람들은 요즘 뭐해요?
불곰	연락 두절.

투자의 상식을 모르는 투자자?

선목	전업투자를 할 정도라면 어느 정도 자신도 있고, 머리도 좋고, 전략도 있고, 철학도 있을 텐데, 왜 실패하는 걸까요?
불곰	전형적으로 필히 실패하는 전략을 사용하거든. 수익률이 1~5퍼센트만 돼도 팔고, 손실이 3~5퍼센트만 생겨도 손절매를 해 버려.
선목	예? 단타쟁이가 된다고요? 설마….
불곰	농담이 아니야. 단순하게 생각해 봐. 전업투자자는 매달 주식으로 수입을 얻어야 하잖아. 그래서 기다리지를 않아. 아니, 못해. 쉽게 말해서 '스캘퍼(scalper)'야.
선목	뭐라고요? 전혀 쉽지 않은데요.

무안한 웃음이 나왔다.

불곰	초, 분 단위로 초단타매매를 하는 사람들을 스캘퍼라고 불러. 초보투자자의 기본 상식인 "주가는 상승과 하락을 반복한다"는 것조차 잊어버린 사람들이야.
선목	주식에 '올인'하는 방식이 고작 초단타매매라니.
불곰	옆에서 보고 있으면 정말 어이가 없어. '석불가난'의 전형이야. 기다리지를 못하다 보니 그들 역시 경험상 가서는 안 되는 길이라는 걸 알면서도 그냥 가는 거지.

선목 그 길로 가다 보면 어떤 일들이 벌어지나요?

불곰 우선 금전적인 손실을 보겠지. 게다가 주가 등락에 온 정신을 빼앗기다 보니 정신적으로도 피폐해져. 매일매일의 생활 자체가 엉망이 되어 버리는 거야.

선목 그럴 수밖에 없겠네요.

불곰 하나 더 있어. 9시부터 3시까지 모니터만 뚫어지게 쳐다보며 하루하루를 몽땅 주식에 걸고 사는 삶을 1~2년 계속하다 보면 외톨이가 돼. 인간관계가 모조리 깨지는 거야.

선목 주식이라는 게 이렇게 슬픈 건지 몰랐네요.

불곰 돈 날리는 사람들이 대부분이니까 당연히 슬프지. 예전에 후배 한 명이 회사에서 좀 안 좋은 일이 있었나 봐. 회사를 그만두고 전업투자를 하겠다고 나를 찾아왔는데….

우울한 표정이었다.

선목 지금 제게 가르쳐 주신 대로 설득했으면 되잖아요?

불곰 했지. 내가 어릴 때 제대로 배워야 한다고 말하는 이유가 뭔지 아냐? 젊은 사람들은 그나마 듣는 시늉이라도 하는데, 이미 자기 고집이 생긴 어른들은 설득하기가 굉장히 어려워.

선목 그래서 그 후배는 어떻게 됐어요?

불곰 연락 두절.

선목 네….

불곰 네가 지금은 공부하는 의미로 소액 주식투자를 하고 있지만, 좀 이익을 본다고 해서 전업투자할 생각은 절대 하지 마라. 이렇게까지 말했는데도, 무조건 전업투자를 해야겠다는 마음이 들면, 적어도

	절대 결혼은 하지 마라. 전업투자는 패가망신의 지름길이니까. 네가 망하는 것까지야 어쩔 수 없다만 가족까지 힘들게 하면 안 되잖아.
선목	네, 명심하겠습니다. 절대 전업투자는 하지 않을게요. 저는 시 쓰는 게 더 좋거든요, 하하.

불곰의 가치투자 레슨

전업투자는 패가망신의 지름길

1. 전업투자자는 기다리지를 못하기 때문에 주식투자 심리전에서 필패하게 되어 있다.
2. 전업투자자는 매일의 주가 등락에 목숨을 걸기 때문에 삶이 피폐해진다.
3. 전업투자를 하다 보면 모니터만 끌어안고 사는 외톨이가 되기 십상이다. 모든 인간관계가 망가진다.

07
대학생 주식투자대회는
타짜 만들기 프로젝트

선목 앞서 잠깐 언급하신 '대학생 주식투자대회'가 뭔가요?

불곰이 왜 부정적으로 이야기했는지 잘 이해가 되지 않아 물었다.

불곰 우리가 처음 만났던 자리에서, 주식 문외한인 네가 오히려 주식 책을 더 잘 쓸 수 있을 거라고 내가 이야기해 줬던 것 기억하지?

선목 실은 아직도 완전히 납득이 가진 않습니다. 그래도 주식을 조금이라도 아는 사람이 쓰면 더 나을 텐데요.

불곰 그렇지 않아. 내가 쓰고 싶은 건 그 누가 읽어도 이해가 되는 책이야. 주식에 관한 한 완전 백지 상태인 네가 쓴다면 글이 무척 쉬워지겠지? 그러면 우리 딸들도 이해할 수 있는 책이 되지 않겠어?

선목 주식을 조금 안다고 해서 책을 쉽게 쓰지 못할 이유는 없지 않나요?

불곰 주식을 아는 사람이 쓰면 전문용어가 더 많이 들어가게 되고, 자기가 이미 알고 있는 것을 '상식'이라고 생각하며 설명을 생략하게 돼. 게다가 주식에 관한 잘못된 상식이나 습관을 그대로 드러낼 수도 있고. 예를 들어 단타매매로 돈을 번 사람은 그게 '현실적인' 방법이라고 믿기 마련이야. 그럼 책에서도 단타매매를 추천하겠지. 아까 대학생 주식투자대회에 대해 물었지? 그게 잘못된 상식과 습관을 형성하게 만드는 대표적인 예야.

잘못된 투자 상식과 습관의 온상

선목   하고많은 '주식투자대회' 중에서 '대학생 주식투자대회'만 콕 집어 말하시는 이유가 뭔가요?

불곰   어른들은 이미 나쁜 습관이 몸에 배어 있어. 대학생들이라도 살려야지. 대학이라는 곳이 어떤 데냐? 공부하는 곳이자 사회에 나설 준비를 하는 곳이야. 그런 만큼 주식투자에 관해서도 건강하고 올바른 상식을 배워야 하지 않겠냐? 그런데 '주식투자대회'라니. 어른들이 사회에 곧 나오려는 애들한테 나쁜 것부터 알려 주면 되겠냐?

그의 얼굴에는 근심이 가득했다.

선목   저도 어제 조사를 좀 해 봤는데, 대학생 주식투자대회가 엄청 많이 열리더군요. 참가자도 많고요. 2014년 10월 21일 자 한국금융신문을 보니 "S금융투자의 대학생 주식 모의투자대회에 60여 개 주요 대학에서 2850명이 참가했다"고 하더라고요. 이 2850명이 전부 바보는 아니잖아요? 형님 말대로 나쁜 것이라면 음지도 아닌 양지에서 이렇게 참가자가 많을 리가 없지 않을까요? 그리고 모의투자대회니까 진짜 돈이 드는 것도 아닌데, 그렇게 부정적으로 볼 필요는 없지 않나요?

불곰 내가 보기에는 예전에 담배 모양 초콜릿을 애들에게 팔던 행태나 마찬가지야. 네가 찾은 자료들을 보면, 증권사에서 대학생 주식투자대회를 개최하는 이유를 다 '건전한 투자 자세 함양'으로 내세우고 있지?

선목 예, 증권사로서는 인재를 찾는 방법도 되고요.

불곰 그건 공식적인 이유로 표방하는 거고, 진짜 이유는 따로 있다. '수수료 지불 기계 만들기 프로젝트'이자 '노름판 고객 유치용 이벤트', 이 두 가지가 진짜 본모습이야.

선목 헉… 그렇다면 그런 행사에 대학생들이 왜 참가하는 건가요?

불곰 증권사에 입사하려는 대학생들에게는 도전해 볼 만한 이유가 있지. 1차 서류전형을 면제해 준다든가 하는 식으로 특전을 베풀거든. 예전에 K증권에서는 인턴십과 해외 탐방 기회를 제공한다고도 했어. 대학생 입장에서는 달콤한 제안이지. 하지만 대학생 주식투자대회의 진행 방식을 가만히 들여다보면 증권사의 개최 이유를 알 수 있어. 대회 기간이 대개는 한두 달이야. 이건 장기투자가 아니라 무조건 단기투자를 하라는 뜻이야. 도대체 말이 되는 소리냐? 그 기간 내에 급성장할 주식을 사라는 이야기잖아. 결국 대학생 '타짜' 만들기 프로젝트나 다름없어.

그는 너무 흥분한 나머지 얼굴이 미세하게 떨릴 지경이었다.

선목 어른이 대학생에게 시킬 짓은 아니네요.

불곰 그리고 이상한 조항들을 많이 넣는데, 그중에서 자주 나오는 것이

'매매일수 10일 미만은 수상에서 제외'와 '10종목 미만 매매는 수상에서 제외'야. 대회 기간이 한 달일 경우에는 이틀에 한 번꼴로 총 10개 이상의 종목을 사고팔라는 얘기잖아. 이것도 말이 안 되지. 학생들을 수수료 지불 기계로 만드는 거잖아. 두 달이면 20번 이상 매매하라고 하겠지? 그럼 거래세(0.3퍼센트)만 다 합쳐도 6퍼센트야. 수익률 6퍼센트 이상을 무조건 거두라는 이야기지. 그러니 최고의 단타쟁이 선발대회이자, 노름판 고객 유치용 이벤트인 셈이지.

선목 그러네요. 이 대회 때문에 증권계좌를 만든 학생들도 많을 텐데….

불곰 대회가 끝나도 단타매매를 그 증권사를 통해 계속하겠지.

어설픈 '끗발'을 맛보고 노름꾼이 되다

선목 어쨌든 명색이 대회라면 우승자, 준우승자도 있을 텐데, 그 친구들은 어떻게 돈을 번 거죠?

불곰 엄밀히 말하면 그건 돈을 번 게 아니야. 정석으로 돈을 벌어야만 자기 돈이 된다는 것을 꼭 명심해라. 그 친구들은 급등주, 테마주만 거래한 거지.

선목 테마주가 뭔가요?

불곰 테마주란 말 그대로 어떤 테마가 있는 주야. 이를테면 정치 테마, 에볼라 테마, 구제역 테마 같은 것이 있지. 예를 들어 어떤 사업가가 정치인이 되려고 하는데, 성공 가능성이 꽤 높다고 하자. 그럼 그 정치인과 관련된 주식이 뜨는 거야. 제약회사에서 에볼라 신약을 연구 중이라면 그 회사 주식이 오르고. 예전에 돼지 구제역 때문

	에 난리 났던 적 있지? 그럼 구제역과 관련이 있는 주식에 사람들이 관심을 가지는 거지.
선목	아하, 실력이 있어서 우승하는 게 아니라, 1000명 넘게 지원하다 보면 몇 명은 무조건 돈을 벌겠군요.
불곰	그런 셈이지. 그렇다면 이 우승한 학생들은 어떻게 될까?
선목	일단 증권사에 취직하겠죠?
불곰	맞아. 그리고 이 학생들에게 오히려 더 큰 문제가 발생할 수도 있어. 한때 끗발이 좋았던 적이 있기 때문에 자신의 끗발을 믿게 돼. 단타로 돈을 벌었으니 또 단타로 벌려고 하겠지. 하지만 급등주를 노리는 단타매매는 '도박'이야. 입사해서 고객의 투자금을 자신의 노름판 판돈처럼 쓰게 되는 거지.
선목	그다음에는 어떻게 되나요?
불곰	어쩌다 잘되는 경우도 몇 번은 있겠지만, 단타매매하다가 결국 고객들 돈을 날려 먹고 나서야 정신을 차리지. 아니면 짜증을 이기지 못해 회사를 그만두고 전업투자자로 돌아서는 경우도 많아.
선목	그리고 자기 돈을 모조리 말아먹나요?
불곰	주로 그런 시나리오로 흘러가지.

주식투자대회의 최종 피해자는 바로 증권사 자신

선목	그렇다면 장기적으로는 증권사에도 손해 아닌가요?
불곰	당연히 손해지. 단타쟁이 선발대회에서 최고의 단타쟁이를 뽑아 고객 돈을 관리하게 하니 당연히 고객이 돈을 잃게 되겠지. 그러면 화

가 난 고객들이 직접 투자하는 방안을 찾겠지. 이렇게 앵그리 머니가 많아질수록 증권사의 이익은 줄겠지. 그리고 이런 식으로 계속 흘러간다면, 결국 증권사는 구조조정을 할 수 밖에 없어. 자업자득이지. 악순환의 반복이고. 지난번에 증권사에 대해 이야기했을 때와 결론이 비슷하지?

선목 예, 그렇다면 오늘의 결론은 "대학생 주식투자대회에 참가하지 말자"인가요?

불곰 대학생들이 대학생 주식투자대회에 참가하는 것보다 더 잘못된 것은 증권사에서 단타매매를 유도하는 대학생 주식투자대회를 개최하는 거다. 그러니 오늘 결론은 "단타매매를 조장하는 대학생 주식투자대회를 폐지하자!"야.

불곰의 가치투자 레슨

대학생 주식투자대회가 '타짜' 만들기 프로젝트인 이유

1. 최고의 단타쟁이 선발대회: 한두 달의 대회 기간은 단기간에 급성장할 주식을 노리는 단기투자만을 하라는 뜻이다.
2. 수수료 지불 기계 만들기 프로젝트: 과다한 매매 일수와 종목 수를 지정함으로써 잦은 매매를 유도한다.
3. 노름판 고객 유치용 이벤트: 급등주, 테마주 중심의 도박성 투자에만 열중하게 만든다.

지금까지 증권사들이 이 프로젝트를 대단히 성공적으로 진행하고 있다는 것이 더 큰 문제!

08
주식시장의 사슬, 기술적 분석

선목   며칠 제가 배운 바로는 주식투자를 시작하기 전에 우선 주식 공부를 제대로 해야 한다는 것이 결론인데, 추천하시는 주식 입문서가 있나요?

불곰은 한참을 생각하더니… 아무 말도 안 했다. 정지된 화면처럼 가만히 내 눈만 주시했다. 답답해서 내가 그냥 말을 이어 갔다.

선목   회사를 분석하는 것이 중요하다고 말하셨는데, 그 기술적 분석인가 뭐라 하는 것과 관련된 책부터 읽어 보면 될까요?

'기술적 분석'이라는 말을 듣자마자 그가 입을 열었다.

불곰   그거 하지 마라. 기술적 분석은 회사를 분석하는 게 아니야. 그래프만 연구하는 거야. 회사의 가치가 아니라 주식 가격만 들여다보는 엉터리지. 책이라… 정말 추천해 줄 만한 주식 입문 책이 없다. 제대로 된 주식 초보자용 책이 있다면, 너한테 책을 써 보라는 이야기도 하

	지 않았을 거야. 이미 있다면 왜 힘들게 써? 그냥 그 책 읽으면 되지.
선목	그래도 기술적 분석을 다루는 책이 많다는 것은 어느 정도는 신뢰할 만하다는 뜻 아닌가요?
불곰	그럼 네 논리에 내가 재미있는 반증을 들어 줄게. 기술적 분석에 대한 책이 많이 있지?
선목	책뿐만 아니라 증권 방송이나 증권 전문가들도 많이 이야기하던데요?
불곰	공부할 때 그렇게 여러 가지를 찾아보는 것도 좋은 습관이야. 그럼 증권회사 애널리스트들이 쓴 리포트도 좀 찾아봤어?
선목	아뇨.
불곰	내가 애널리스트들이 직접 작성한 기업 리포트들을 수도 없이 읽어 봤거든. 그런데 주식시장에 넘쳐흐르는 기술적 분석을 이용해서 기업을 평가하거나 주식 매매 방식을 추천한 리포트는 본 적이 없어.
선목	한 번도요?
불곰	단 한 번도. 정작 그 사람들은 기술적 분석을 믿지 않아.
선목	그럼 이 '쓸모없는' 기술적 분석이란 것이 도대체 뭔가요?

기술적 분석? 헛공부하지 마라

불곰	그럼 오늘 강의 주제는 기술적 분석으로 하자. 주식 공부를 마치 고시 공부처럼 하는 사람들이 많아. 읽어 본 책만 쌓아도 높이가 몇 미터씩은 될 거야. 그런데 아무 준비도 없이 뛰어드는 '묻지 마' 식 투자가도 많지만, 열심히 헛공부하는 사람들도 많지. 그 헛공부 중 하나가 바로 기술적 분석이야. 기술적 분석은 가만히 살펴보면

	전혀 앞뒤가 맞지 않는 소리야. 영어로는 'technical analysis'라고 해서 이름만 그럴싸하지. 오늘 내 설명을 들으면 왜 증권사 애널리스트들도 기술적 분석을 안 하는지 알게 될 거야.
선목	소위 '왕바보' 개미투자자들만 한다는 말이죠?
불곰	응. 기술적 분석은 쉽게 말해서 그저께 주가, 어제 주가, 오늘 주가를 보고 내일 주가를 예상하는 방법이야. 어제 비가 왔네, 오늘도 비가 왔네… 그럼 내일 비가 올까, 안 올까 추측하는 식이지.
선목	에이, 그것보다는 좀 복잡하지 않아요?
불곰	물론 이것보다는 조금 복잡하겠지. 근데 핵심은 다를 바가 없어. 네가 이보다는 복잡한 것을 바라니 다른 예를 들어 줄게. 그래프 분석 도구 중 이동평균선이라는 것이 있어. 일정 기간 주가 흐름의 평균을 내는 방식이지. 보통 5일(일주일), 20일(한 달), 60일(분기), 120일(반기), 240일(일 년)씩으로 잡아.
선목	좀 단순하게 설명해 주세요. 어렵게 말하면 글로 못 써요.
불곰	알았다. 네가 어떤 주식의 평균 가격을 5일 단위와 20일 단위로 계산 중이라고 가정하자. 계산하기 쉽게 주말과 공휴일이 없다고 치고, 예를 들어 오늘이 11월 4일이니 10월 31일부터 11월 4일까지가 5일 단위야. 20일 단위는 어떻겠어?
선목	쉬는 날이 없다고 생각하고… 오늘이 11월 4일이니까 10월 16일부터 11월 4일까지?
불곰	맞아. 자, 처음에는 20일 단위의 평균 가격이 5일 단위보다 높았다고 하자. 그러다가 점점 5일 단위가 20일 단위를 따라잡기 시작했어. 이게 무슨 뜻인 것 같아?

선목	주가가 오르고 있다는 뜻이겠죠?
불곰	그렇지. 5일 단위가 점점 따라오고 있었으니까, 그래프를 그리면 두 선이 만나는 지점이 있겠지? 그것을 골든 크로스(golden cross)라고 해. 이때쯤이면 개미들은 호들갑을 떨지. 사는 거야, 오르고 있으니까.
선목	반대의 경우는 뭐라고 부르나요? 5일 단위 평균 가격이 20일 단위보다 더 높았다가 떨어지기 시작해서 두 선이 만나게 되는 경우요.
불곰	데드 크로스(dead cross). 개미들은 또 이때는 떨어지고 있으니까 파는 거야. 이런 식으로 예상하는 게 기술적 분석의 핵심이야.
선목	그게 핵심이라고요?

분석할 것은 패턴이 아니라 가치다

불곰	그래. "이번 주에 주가가 상승했으니 다음 주에도 상승할 가능성이 높다. 이번 주에 주가가 하락했으니 다음 주에도 하락할 가능성이 높다." 이게 얼마나 어이가 없는 논리냐? 선무당식 점괘 투자에 불과해. 이것을 믿는 대중들을 보면 너무 안타까워.
선목	정말 어이없는 논리네요.
불곰	더 웃긴 건 뭔 줄 알아? "오르면 사고 떨어지면 팔아라!" 이게 말이 되냐? 가격이 올랐으면 사지 말고, 무조건 낮은 가격에 사야지. 오르고 내리는 패턴을 분석할 것이 아니라 적정 가치를 예상하고 투자해야지.
선목	그렇죠. 이동평균선을 가지고 하는 기술적 분석이 잘못된 것이라는 말은 이제 이해가 되는데, 다른 선이라든가 요소를 이용한 분석은

없나요? 그 수많은 기술적 분석 책들이 이동평균선 하나만 이야기 하지는 않을 것 같은데.

불곰 물론 기술적 분석에도 여러 가지 요소와 유형이 있어. 지금 설명한 이동평균선은 저항선, 지지선과 함께 추세 분석에 속하고, 캔들을 보고 해머형, 망치형, 유성형, 먹구름형, 역망치형, 까마귀형 등을 파악하는 캔들 차트 분석이라는 것도 있고….

선목 알 필요 없는 것들이죠?

불곰 이딴 것들 몰라도 돼. 나중에라도 정 궁금하면 따로 설명해 줄게.

선목 근데 아무리 기술적 분석이 쓰레기라고 하더라도 사람들이 많이 쓴다면 이것도 더 발전하지 않을까요?

불곰 이미 발전된 버전이 있어. 특히 대학생들한테 인기 있는 보조지표들이 있지. 이동평균선과 표준편차를 이용하는 볼린저 밴드(Bollinger Bands), 14일간의 변동 폭을 이용하는 상대강도지수(RSI), 과거 5일간의 최고점과 최저점을 매매에 활용하는 지표인 스토캐스틱, 단기 이동평균값과 장기 이동평균값의 차이를 이용하는 MACD….

선목 오, 역시 좀 배운 애들이라 남다르네요.

불곰 다르기는 뭐가 다르겠냐? 다 거기서 거기지. 기술적 분석이라는 것 자체가 시발점이 잘못된 방법이야. 중요한 건 가격이 아니라 가치라니까. 가격은 가치를 따라오게 되어 있어. 그래프가 아니라 회사를 분석해야지.

선목 그래도 예전 것과 좀 차이가 나지 않나요?

불곰 내가 아까 날씨 예측에 비유했잖아. 그러니까 이동평균선만 보고 분석하는 것이 어제 비가 100밀리미터 왔고 오늘 80밀리가 왔으니 내일은 어떨 거라고 예상하는 식이라면, 여기에 표준편차를 더 동원해 분석하는 것은 어제 오전에 비가 50밀리, 오후에 50밀리, 오늘 오전에 비가 30밀리, 오후에 50밀리 왔으니 내일은 어떨 거라고 예상하는 방법인 셈이야. 더 자세한 분석이기는 한데, 결국 어디까지나 그래프 분석에 지나지 않아.

선목 듣고 보니 기술적 분석은 정말 쓸데없는 건데, 왜 수많은 사람들이 하나요?

불곰 첫째, 아직도 잘 몰라서. 둘째, 단타매매하는 사람들이 많은데 바로 그들이 사용하기 때문이지.

선목 그럼 아예 쓸모없는 건 아니겠네요?

불곰 단타매매 자체가 쓸데없는 짓이지.

선목 아… 그렇죠. 수수료만 나가고, 시간만 소모하고, 돈도 못 번다는 단타….

불곰 오늘 많이 배웠네! 어서 글로 써.

"예"라는 대답과 함께 자리에 앉아서 쓰라는 글은 쓰지 않고 HTS 프로그램을 열었다. 확인해 보고 싶은 것이 많았다. 내 기억에는 분명히 증권사에서 주식하는 사람들에게 수많은 보조지표, 이동평균선 같은 기술적 분석 도구들을 제공한다. 심지어 불곰도 예전에 그런 말을 해 준 적이 있다.

어라? 내가 맞았다. 불곰이 틀렸다. 역시 증권사에서는 기술적 분석에 필요한 모든 도구들을 제공한다. 더구나 보기도 좋게 꾸며 놓았다. 각 유형에 대한 설명도 읽을 수 있고, 선 색깔도 바꿀 수 있다. 투철한 서비스 정신이다.

선목 증권사에서 기술적 분석에 필요한 모든 도구들을 제공하는데요?

조심스럽게 물어봤다.

불곰 그래. 그런데 갑자기 왜? 예전에도 제공한다고 이야기 해 줬는데?

선목 증권사는 기술적 분석을 하지 않는다고 말하지 않으셨나요?

불곰 아, 네가 크게 착각했구나. 그래서 갑자기 어울리지 않게 조심스레 물어본 거야?

선목 …예.

불곰 증권사 애널리스트들은 기술적 분석을 안 쓴다고 했잖아.

선목 증권사 애널리스트들이 안 쓰는데, 증권사는 왜 개미투자자들한테 그런 것을 제공해 주나요? 모순 아닌가요?

불곰 응, 모순이야. 근데 왜 제공할까?

선목 잘못된 것임을 알면서도 원하는 사람들이 있으니까?

불곰 넌 이미 답을 알고 있어. 네 머릿속에 있는 답을 내가 찾아 줄게. 누가 기술적 분석을 사용하지?

선목 단타매매하는 사람들.

불곰 그 사람들이 원하는 정보를 증권사에서 왜 주지?

선목 서비스?

불곰 생각을 한 번만 더 해 봐. 전에 알려 준 거야.

선목 단타매매라… 매매 수수료!

불곰 그렇지. 증권사 애널리스트들이 쓰지도 않는 기술적 분석이 증권사의 최대 수입원인 매매 수수료를 증가시키는 데 아주 큰 역할을 하기 때문이야. 매매 유도를 가장 많이 할 수 있는 게 바로 기술적 분석이기 때문이지.

선목 증권사, 아주 나쁘네요.

요행보다 정면 승부를 택하라

불곰   아니래도. 그 사람들은 장삿속이 그런 것뿐이야. 증권사 잘못이 아니야. 그 장삿속을 네가 알고 있으면 돼. 당연히 주가는 매일 오르고 내리는 거야. 그리고 증권사는 이 사실을 가지고 장사를 하는 것뿐이고. 전혀 이상한 게 아니야. 네가 알아야 할 것은 단타매매를 위한 기술적 분석은 사술이고 요행이라는 거야. 그 사실만 항상 염두에 두고 있으면 돼. 주식투자는 그런 사술이나 요행으로 성공할 수 있는 게 아니다.

선목   그러면 어떤 분석 방법이 맞는 건가요?

불곰   정면 승부만 있을 뿐이야. 바로 기본적 분석(fundamental analysis)이지.

선목   그건 뭔가요?

불곰   이론 공부가 끝나면 케이스 스터디를 할 텐데, 그때가 되면 자연스럽게 기본적 분석에 대해서 알게 될 거다.

불곰의 가치투자 레슨

기술적 분석은 '쓰레기'다
1. 과거의 주가가 내일의 주가를 말해 주지 않는다.
2. 그래프 분석할 시간이 있으면, 회사를 분석하라. 중요한 것은 주식의 가격이 아니라 가치이다.
3. 증권사에서 기술적 분석에 필요한 도구들을 제공하지만, 정작 증권사 애널리스트들도 기술적 분석을 사용하지 않는다.
4. 기술적 분석은 단타쟁이를 위한 것이다. 매매 유도를 많이 함으로써 증권사의 최대 수입원인 매매 수수료를 증가시키는 역할을 한다.

09
경제신문,
읽지 않는 것이 이득?

선목   여기 사무실에는 왜 경제신문이 없죠?

읽을 만한 주식 입문서가 없다고 하니 사무실에서 경제신문을 찾아봤는데 없었다. 주식 연구소에 경제신문이 없다는 점이 신기했다.

불곰   경제신문?

불곰의 눈이 휘둥그레졌다. 마치 내가 해서는 안 될 말을 했다는 표정이었다.

선목   저도 공부 좀 해야 되지 않겠어요? 집에서 보는 걸 가져오셔도 좋고요.

불곰이 무엇을 먹고, 어떻게 자고, 뭐하며 놀고, 어디서 정보를 얻는지, 모든 것이 궁금했다.

불곰   경제신문 보니?

선목   아뇨. 이제부터 보려고요.

불곰   그럼 우선은 보지 마라. 경제신문은 어설프게 보면 안 돼. 준비가

선목   되고 나서 제대로 봐야 해. 네가 주식투자를 잘 모를 때 경제신문을 안 보는 것만 해도 다른 사람들보다 얼마나 앞서가는 셈인 줄 알아?

선목   제 게으름이 또 저를 살렸군요, 하하. 그런데 왜죠?

불곰   제대로 볼 줄 모르면 독이거든. 경제신문에는 살아 있는 정보가 거의 없어. 오히려 펀드 출시, 은행의 금융 신상품 출시, 연금보험 소개 등 금융권 회사들을 위한 홍보성 기사가 너무 많아. 이런 것을 가려낼 줄 알고서 봐야 해.

선목   그래도 정보가 있기는 있지 않나요?

불곰   있기야 있지. 하지만 거기에 있는 정보는, 설령 홍보가 아니라 진짜 기사라 하더라도 이미 늦은 것이 많아. 죽은 정보가 많다고. 그러니 잘 모르고 읽으면 오히려 손해지. 주식투자의 목적은 돈이야. 정보가 돈이라는 말 알지? 돈을 벌려면 좋은 정보를 많이 알아야 해. 반대로 쓰레기 정보를 차단하는 것도 그만큼 중요하지. 너처럼 주식투자 시작할 때 경제신문부터 찾는 사람들이 많아. 예전에 우리 처남도 보고 있길래 내가 그러지 말라고 했지. 그 뒤로는 안 봐. 자신이 준비가 됐을 때 보겠대.

브릭스 펀드와 베트남 펀드를 뒤쫓았더니

선목   안 봐서 득 많이 보셨대요? 비꼬는 게 아니고, 질문입니다.

불곰   알아, 오해 안 해. 한번 생각해 봐. 네가 경제신문을 두 가지 보고 있다고 하자. 두 신문 모두 어떤 펀드가 잘나간다고 하네. 그리고 주위 사람들도 다 같은 이야기를 해. 네가 증권사에 가니 증권사도 같은 이야기를 하고. 그럼 넌 결국 그 펀드를 사게 돼. 네 귀가 얇다는 이야기가 아니라, 내공이 없으면 사람 심리가 자연스레 그렇게 흘러가는 법이거든.

선목 그렇죠. 잘 모르는 사람은 그렇게 되죠.

불곰 그런 의미에서 내 처남은 크게 이득을 봤지.

선목 예를 들면?

불곰 첫째, 브릭스(BRICs) 펀드라고 들어 봤지?

선목 예, 브라질(B), 러시아(R), 인도(I), 중국(C)을 겨냥한 펀드로 유명했잖아요. 2010년쯤에는 남아프리카공화국(S)도 포함되어 's'가 'S'로 바뀌었지만, 그래도 보통은 앞의 네 국가를 말하고요. 방대한 자원에 많은 인구가 있고, 1990년대 말부터 빠른 경제성장을 이뤘다는 공통점이 있죠.

불곰 2008년에 경제신문들이 브릭스 펀드를 엄청나게 홍보했어. 논리적으로 말이 안 됐던 것도 아니야. "성장 가능성이 굉장히 높은 나라들에 분산해서 투자해라. 그리고 그것이 바로 이 브릭스 펀드다." 이런 기사들이 마구 쏟아져 나오고, 경제방송에도 나왔어.

선목 2008년에 제가 대학생일 때 브릭스를 성공 케이스로 공부했어요. 사람도 많고, 자원도 많은 데다가 네 국가 정부들도 기업들을 아낌없이 지원해 줬죠. 그때 관심이 엄청났던 것으로 기억해요.

불곰 그 당시에는 분위기가 그랬어. 신문에서 제시한 자료는 "2007년에 브릭스 펀드가 50퍼센트를 초과하는 수익률을 달성했다"였고, 그래서 나온 결론이 "2008년에도, 그 이후에도 고수익이 이어질 것이

다"였어.

선목 50퍼센트면 대박이기는 하네요.

불곰 그래서 개미투자자들이 부자가 되는 꿈을 꾸면서 '머나먼 나라'의 브릭스 펀드에 투자했지.

선목 결과는?

불곰 참담했지. 2013년 7월 9일 에프앤가이드의 발표에 따르면 국내에 출시된 46개 브릭스 펀드의 5년 평균 수익률은… 얼마였을 것 같아?

선목 한 마이너스 10퍼센트?

불곰 마이너스 24퍼센트. 2008년의 신문기사들은 죄다 뒷북치기 홍보성 기사였던 거야. 죽은 정보였지. 근데 더 재미있는 건 뭔 줄 알아? 2013년에 브릭스 펀드가 그렇게 죽을 쑤니까 나왔던 기사가 "브릭스 펀드를 환매하고 일본 펀드와 같은 선진국 펀드를 사라"는 것이었어. 그 당시에 일본 펀드는 32퍼센트 이상 올랐거든.● 또 뒷북성 기사가 아니었을까 걱정된다.

선목 그럼 처남분은 형님 말을 믿고 경제신문을 안 봐서 브릭스 펀드가 있는지도 몰랐겠네요?

불곰 그랬지. 얼마나 큰 이득이냐!

선목 쓰레기 정보는 피하는 게 정답이군요.

불곰 둘째, 베트남 펀드.

선목 아, 그런 사건이 또 있어요?

불곰 너무 많아. 오늘은 중요한 것 두 가지만 알려 주려는 거야. 베트남

● 조선비즈, 2013년 7월 9일, '미운 오리 된 브릭스 펀드, 수익률 회복은 언제쯤'.

펀드도 똑같아. 경제신문들이 2006년에 베트남에 무한한 성장 가능성이 있다며 "가자! 베트남"을 외쳤어. 이때 증권사들은 "6개월 만에 40퍼센트 수익!"을 외쳤고. 순진한 투자자들은 또 베트남 펀드에 집중적으로 가입했지.

선목 이건 몇 년 뒤 또 얼마나 손해를 봤나요?

불곰 마이너스 50퍼센트. 또 뒷북치기 기사 읽고 손해를 본 거지. 근데 여기에도 더 재미있는 이야기가 있어. 2013년에 베트남 주가지수가 5월까지 26퍼센트 급등했거든. 그때 또 사라고 한 거지.●

선목 아… 경제신문사의 장삿속을 조금은 알 것 같아요. 금융권 회사들과의 관계도 있고, 투자자들이 계속 사고팔아야만 신문을 더 볼 테고….

뒷북치기 정보는 가치가 없다

불곰 오, 장삿속을 먼저 이해하려고 하는 거 좋은 자세야. 결국 이것도 매수·매도 유도에 지나지 않아. 특히, 경제신문에 실리는 시황분석이나 향후 주가 전망은 '보름 뒤에 비가 올지 말지'를 내다보는 격이야. 이건 선무당이 장사하는 방식이잖아. 결국 '주가지수 오르면 사라, 떨어지면 팔라' 식의 정보는 가치가 없다는 말이지.

선목 제 마음이 흔들릴 수 있으니 우선은 경제신문을 안 보겠습니다. 하지만 준비가 된다면, 어떤 식으로 보면 되나요?

● MK 뉴스, 2013년 6월 12일, '미운 오리에서 백조 된 베트남 펀드… 1~5월 수익률 26퍼센트 '빛이 보인다'.

불곰   간단해. 매수와 매도에 상관없이 정보를 확인할 때 보면 돼. 말 그대로 순수한 정보 확인 차원이지. 아니면 차라리 사회면만 보든가. 사실 경제신문이 주식투자할 때 필요한 건 아니야.

불곰의 가치투자 레슨

경제신문, '우선' 읽지 마라
1. 늦은 정보, 죽은 정보가 많다.
2. 금융권 회사의 상품을 소개하는 홍보성 기사가 많다.
3. 쓸데없는 정보를 차단하는 것도 좋은 정보를 구하는 것만큼 중요하다.

경제신문을 읽어도 되는 경우
매수나 매도와 상관없이 정보를 확인할 때. 필요한 정보를 '찾아 듣는 것'과 무방비 상태에서 '들리는 것'은 엄연히 다르다.

10 펀드의 실체

선목   펀드 얘기가 나온 김에, 펀드에 대해서 좀 자세히 알려 주시죠?

경제신문에 대한 이야기를 나누던 중 펀드가 많이 언급되니 자연스레 궁금해졌다.

불곰   펀드에 대해 잘 아는 개미투자자는 어떤 펀드에 드는 줄 알아?

불곰은 의미심장한 미소와 함께 질문을 날렸다.

선목   우선 펀드가 뭔지 알려 주셔야죠.

불곰   크핫! 그러마. 펀드에는 주식형만 있는 게 아니라, 채권 펀드나 부동산 펀드도 있어. 지금은 너한테 주식을 가르쳐 주고 있으니 주식형 펀드만 이야기해 줄게.

선목   벌써 좀 복잡해진 것 같은데요, 하하.

불곰   집중해서 들어 보면 별것 아니야. 주식형 펀드에도 여러 가지가 있어. 뮤추얼 펀드, 헤지 펀드, ETF(exchange-traded fund) 등 종류는 많지만 굳이 알 필요는 없어. 지금 설명해 줘도 네가 이해하지 못할 것이고, 우선 펀드의 핵심만 알면 돼. 자, 본격적인 설명 들어간다. 펀드에 돈을 넣는 다수의 고객이 있겠지? 저축하듯이 매달 얼마씩 내기도 하고, 일 년 치를 먼저 내기도 하고… 여하튼 '펀드'라는 금융상품에 돈을 넣는 고객들 말이야.

선목 네, '상품'을 사는 사람이 있겠죠.

불곰 그럼 당연히 그런 고객들을 모으는 모집책도 있겠지. 이런 역할을 하는 곳이 바로 증권사, 보험사, 은행 같은 데야. 그런데 실제로 고객의 돈을 운용하는 곳은 따로 있어. 이 운용사에서 일하는 사람들이 바로 너도 많이 들어 본 펀드매니저야.

선목 모집책과 운용사는 정확히 어떤 관계죠?

불곰 네가 보기에는 어떤 관계일 것 같아?

선목 음… 방금 전에 말하신 대로 단순히 모집책이 고객들을 모아서 운용사에 넘겨주는 관계 아닌가요?

고객의 수익보다 운용사와 모집책의 이익이 우선

불곰 한 가지 더 있어. 운용사는 모집책이 투자를 한 곳이야. 모집책이 모회사, 운용사가 자회사인 셈이지. 한집안이고 한통속이야. 그렇다면 이 펀드 자금, 즉 고객의 돈을 굴리는 펀드매니저들의 우선순위에서 고객의 수익은 몇 번째일까?

선목 일반적인 증권사와 같지 않을까요? 고객의 수익이 결코 최우선일 리가 없죠.

불곰	맞아. 운용사로서는 자신과 모집책의 이익을 먼저 고려할 수밖에 없으니, 고객의 수익은 뒤로 밀리게 되지. 네가 보기에 운용사는 어떤 사람들이 일하는 곳 같아?
선목	그것도 증권사랑 비슷하지 않을까요?
불곰	최고 엘리트들이야. 명문대 출신에다 학력도 높은 사람들이 많아.

운용 보수 노리고 매매 회전율을 높여

선목	오, 그럼 펀드는 안전한 것 아닌가요?
불곰	전혀. 최고 엘리트들이 모였다고 해서 새로운 수익구조가 생기는 건 아니거든.
선목	무슨 뜻인가요?
불곰	이것이 펀드의 첫 번째 문제인데… 여기에도 단타매매에 집중하는 사람들이 많아. 웃기지? 그 사람들이 그 좋은 학교에서 배운 것 중 하나가 "단타매매는 답이 아니다"인데…. 하지만 수익구조가 그렇거든. 운용 보수를 많이 받기 위해서는 매매 회전율을 높여야 해.
선목	이것도 시스템 문제군요.
불곰	그래야 운용사도 살고, 모집책도 사는 거야. 개미들의 펀드 수수료는 높아지고. 지난번에 증권사 이야기 했을 때와 비슷하지?
선목	예, 완전히 같아 보이네요. 이름만 바뀐 것 같습니다.
불곰	응, 요점은 똑같아. 그리고 개미투자자들한테는 문제가 하나 더 있어. 운용사 입장에서는 일반 개미투자자들은 뜨내기 고객에 지나지 않아. VIP 고객들을 우선시할 수밖에 없어. 국민연금과 같은 연기

	금 위탁 펀드에 큰돈을 맡기는 고객 말이야.
선목	전문용어들이 너무 많습니다.
불곰	알았다. 1조 원을 투자하는 VIP 고객이 있다고 하자. 이 고객이 돈을 빼면 펀드매니저는 잘리는 거야. 펀드매니저의 밥줄을 이런 고객이 잡고 있다고. 그래서 심지어… 펀드매니저가 불법을 저지르는 경우도 생기지.
선목	이를테면?
불곰	뜨내기 고객의 펀드는 흑자가 많이 나고, VIP 고객의 펀드는 적자가 나면… 뜨내기 고객 몰래 종목을 바꿀 수도 있겠지? 뜨내기 고객은 이 사실을 모른 채 어쨌든 흑자라고 생각하며 아무 생각 없이 넘어가겠지.
선목	안 걸리나요?
불곰	걸리지. 하지만 안 걸리는 경우도 많을 거야. 펀드에 돈을 맡기는 고객은 일일이 확인하려 들지 않으니까. 애초에 그런 성향이니 펀드에 드는 것일 테고, 자연히 눈치도 못 채고 넘어가겠지.
선목	모르고 넘어가는 경우가 훨씬 더 많겠네요.
불곰	2014년에 금융감독원이 조사한 결과 펀드매니저들의 불법 행위가 관행화하고 있는 것으로 파악되었다는 보도가 나온 적이 있지.● 물론 이런 기사가 새삼스러운 것도 아니야.
선목	미국 월 스트리트의 화이트칼라 범죄 영화 이야기 같네요. 그런데 투자자 입장에서는 불법 행위도 신경 쓰이겠지만, 결국 수익이 나

● 경향비즈, 2014년 7월 15일, '펀드매니저들, 차명계좌 불법거래 등 관행화'.

느냐 마느냐가 관심사 아닐까요?

불곰 더 정확히 이야기하자면, 시장 수익률보다 높은가, 낮은가가 주된 관심사지.

선목 시장 수익률이라면?

불곰 코스피 수익률. 고객이 펀드에 돈을 맡기는 이유는 시장 수익률보다는 높은 수익률을 보일 거라고 믿어서야. 그보다 낮으면 맡길 이유가 없지.

불곰의 강의를 이해할 듯도 했지만 여전히 머릿속이 조금 뿌옇다. 불곰이 눈치를 챘는지 설명을 덧붙였다.

불곰 네가 모든 주식을 하나씩 다 샀다고 가정해 보자. 그럼 네 수익이 정확히 주가지수를 따라 변하겠지? 그건 아무나 할 수 있는 거잖아? 그냥 다 사기만 하면 되니까.

선목 그렇죠. 그것보다 낮으면 펀드에 들 필요가 없죠.

불곰 그런데!

선목 아, 설마… 그것보다 낮게 나왔어요? 펀드매니저들이 평균보다도 못하다는 것인가요? 그 엘리트들이?

불곰 고객의 이익이 아니라 자기 회사의 이익을 좇는 엘리트니까 그럴 수 있는 거야. 그렇다고 해서 이 사람들이 고객의 이익을 전혀 생각하지 않는다는 말은 아니야. 다만 뒷전이라는 거지….

잠시 깊은 침묵이 방을 채웠다.

선목 아무리 뒷전이라고 해도 그렇지, 어떻게 전문가가 더 못해요?

불곰 펀드를 평가하는 에프앤가이드나 한국증권거래소에 따르면 2014년 11월 현재 국내 주식형 펀드가 총 598개 있었대. 이 중에서 이전

5년 동안 매년 시장 수익률(코스피 수익률)보다 높았던 것은 몇 개였을 것 같아?

선목　그래도… 150개쯤?

불곰　딱 10개야.●

선목　헉…!

불곰　아직 놀라기는 일러. 10개 중에서도 매년 플러스 수익을 낸 건 4개뿐이야.

선목　잠시만요. 시장 수익률보다 낮다고 하더라도 어쨌든 이익이 난 펀드들은 있지 않나요? 이익이 났으면 어쨌든 선방이고요.

3년 펀드 수익 < 1년 은행 이자

불곰　있기야 있지. 그러나 2014년 10월 21일 에프앤가이드에 의하면 설정액 10억 원 이상인 국내 주식형 펀드의 1년간 평균 수익률은 -5.59퍼센트였어. 2년간 평균 수익률은 -1.06퍼센트, 3년간 평균 수익률은 2.9퍼센트였고.●●

선목　오! 그래도 3년간 평균 수익률은 2.9퍼센트였네요.

불곰　야! 은행 이자율이 연 3퍼센트인데! 3년간 펀드를 굴려서 1년 치 은행 이자도 못 번다면 무슨 의미가 있겠냐?

선목　그러면 만약 어떤 사람이 사정상 주식 공부를 못했고, 현재 정보도 없고, 뚜렷한 소신 없이 단타매매만 해 본 개미투자자인데… 펀드

● 한국경제, 2014년 11월 14일, '5년 내내 시장 이긴 '우등생 펀드' 10개뿐'.
●● 연합뉴스, 2014년 10월 21일, '주식·펀드 수익률 은행 예적금 이자만도 못하다'.

	에 무조건 들어야 하는 상황이라면, 어떤 펀드가 좋을까요?
불곰	여기서 '무조건'이 어느 정도의 '무조건'인데?
선목	안 들면 목숨이 위태롭거나, 친구가 펀드매니저인데 생명의 은인이라거나… 어쨌든 그런 상황요.
불곰	정말 그런 상황이라면 '인덱스 펀드'는 가입할 만하지.
선목	인덱스 펀드가 뭔가요?
불곰	아주 단순해. '인덱스(index)'는 '지표'라는 뜻인데, 펀드 수익률을 주식시장의 종합주가지수 변동에 맞춰 놓은 거야. 그나마 공평하다고 할 수 있지. 주가지수대로 움직이니까.
선목	아, 그럼 처음에 형님이 제게 던진 질문 "펀드에 대해 잘 아는 개미투자자는 어떤 펀드에 드는가?"의 답이 인덱스 펀드인가요?
불곰	아니지.
선목	그럼요?
불곰	펀드에 대해 잘 아는 개미투자자라면 펀드에 안 들지. 차라리 제대로 주식 공부를 해서 분산투자를 하겠지. 그게 최고의 펀드야.

불곰의 가치투자 레슨

펀드가 필요 없는 이유

1. 펀드매니저가 추구하는 것은 운용사와 모집책의 이익이며, 고객의 수익은 뒷전이다.
2. 펀드 수익률은 대부분 시장 수익률만도 못하다.

차라리 제대로 주식 공부를 해서 분산투자를 해라. 그것이 최고의 펀드다.

11

증권사의 엉터리 목표주가

선목   그동안 '왕바보 되지 마라', '증권사 믿지 마라', '단타매매하지 마라', '전업투자하지 마라', '주식투자대회 참가하지 마라', '기술적 분석 하지 마라', '경제신문 보지 마라', 그리고 어제는 '펀드 들지 마라'라고 하셨잖아요?

불곰   그랬지.

선목   '기술적 분석 하지 마라'라고 가르쳐 주셨을 때, 증권사 애널리스트들도 기술적 분석을 쓰지 않는다고 말하셨잖아요?

주식시장에서 아무리 믿을 게 없다고 하더라도, 무언가는 믿어야지 안심할 수 있을 것 같아서 물어보았다.

불곰   응.

선목   그럼 애널리스트들이 쓴 종목리포트는 믿어도 되죠?

기술적 분석을 하지 않는다는 애널리스트는 믿어도 되지 않을까 싶어 다시 질문을 던졌다.

불곰   아니, 우선 주식시장에서 믿을 만한 사람이나 정보는 없다고 생각해야 돼. 기술적 분석을 쓰지 않는다고 해서 애널리스트들을 무조건 믿어도 된다는 말은 아니야.

그는 단호했다.

불곰   네가 그렇게 생각하는 것도 어쩌면 당연해. '묻지 마 투자' 하는 사람들 말고, 그나마 조금이라도 주식 공부를 한다는 사람들이 가장 신뢰하는 것이 증권사 애널리스트가 쓴 종목리포트야.

금세 나를 이해한다는 말투로 바뀌었다.

선목   오, 그럼 제가 잘못 본 건 아니군요?
불곰   하하! 항상 장삿속을 알아야 한다고 했지?
선목   예.

주식시장에서 마음 놓고 믿을 정보란 없다

불곰   그럼 우리 천천히 하나하나 짚어 가면서 생각해 보자. 증권사 애널리스트들이니 당연히 증권사 소속이겠지?
선목   예.
불곰   증권사가 원하는 것이 뭐지?
선목   결국 이익 창출이죠.
불곰   이익이 나려면 어떡해야 하지?
선목   사람들이 주식 매수·매도를 많이 해야죠.
불곰   그럼 애널리스트들이 원하는 것은?

선목　증권사와 같겠죠.

불곰　그렇다면 애널리스트들의 종목리포트는 목적이 뭘까?

선목　아… 종목리포트도 결국 매매를 유도하기 위해서 만드는 거겠죠.

불곰　그렇지. 정보가 없는 개미투자자들 입장에서는 믿을 수밖에 없어.

선목　다른 정보가 없다면 당연히 그렇겠죠.

불곰　이 종목리포트에는 굉장히 흥미로운 점이 있는데… 아, 우선 너한테 물어볼게. 종목리포트에 무슨 내용이 들어가 있을 것 같아?

선목　종목에 대한 정보… 그러니까 어떤 종목의 매수나 매도 권유… 이런 것 아니에요?

불곰　그걸로는 사람들을 유혹하기에 좀 뭔가 부족하지 않아?

선목　예… 느낌이 뭔가 확 다가오지는 않네요.

불곰　그래서 종목리포트에는 '목표주가'라는 것이 있어. 이 주식이 얼마까지 오를 거라고 예상 주가를 이야기하는 거야.

선목　유혹이 확 뻗쳐 오는군요!

불곰　그렇지! 막연하게 '이 종목이 오를 것이다'가 아니라 구체적인 수익률이 나오니까… 높은 수익률이 예상되는 경우에는 사람들이 매매하게 되지.

선목　음… 그런데 여러 애널리스트들이 제각기 종목리포트를 내면 사람들이 무엇을 읽어야 할지 모르지 않을까요? 그냥 자기가 가입한 증권회사의 종목리포트를 보는 건가요? 하지만 이 증권사가 이렇게, 저 증권사가 저렇게 말하면 오히려 유혹을 덜 느낄 수도 있겠네요.

불곰　'목표주가 컨센서스(consensus)'라는 게 있어. 예를 들어 A종목에 대

	해 S증권사가 발표한 목표주가가 10,000원, H증권사는 11,000원, D증권사는 12,000원이라면, 목표주가 컨센서스는 11,000원이야.
선목	평균을 내는군요?
불곰	응.
선목	그럼 꽤 정확하겠네요? 모두 틀릴 리는 없잖아요.
불곰	음… 그렇지 않아.
선목	얼마나 틀린데요?
불곰	예전에 에프앤가이드에서 분석을 한 적이 있는데, 애널리스트들이 추천한 157개 종목 중에서 6개월 목표주가 평균 추정치에 도달한 것은… 몇 개일 것 같아?
선목	아무리 못해도 50개는 될 것 같네요.
불곰	7개.
선목	네?
불곰	맞힐 확률이 5퍼센트 이하야.
선목	아… 그래서 주식투자자 95퍼센트 이상은 실패하는 걸까요?
불곰	재미있는 논리인데, 허허. 또 이런 적도 있었어. 어느 유명 증권사 애널리스트가 2013년 3월 25일 GS건설 종목리포트에서 목표주가를 77,500원으로 발표했어.
선목	당시 GS건설 주가가 얼마였는데요?
불곰	50,000원 정도였어. 애널리스트는 매수(buy)를 추천했지. 그러니 사람들이 샀겠지?

● 연합뉴스, 2012년 12월 5일, '증권사들의 실적·주가 예측 적중률 '제로''.

선목　　그랬겠죠.

불곰　　투자자들은 사면서 이렇게 생각했을 거야. '77,500원까지는 안 올라도 된다. 70,000원일 때 팔아야지, 아니 65,000원만 돼도 팔아야지…' 하면서 좀 안심했겠지. '어쨌든 오르기는 오를 거다'라는 확신을 가지고선….

선목　　그래서 어떻게 됐어요?

불곰　　보름 정도 지나 실적 쇼크가 예상된다면서 목표주가를 35,400원으로 낮췄어. 비중축소(reduce)를 제시한 거지.

선목　　이미 산 사람들은 어쩌라는 거죠?

불곰　　내 말이 그 말이야. 더 웃긴 건 2013년 4월 11일에 GS건설의 주가는 예상보다 높은 38,000원이었다는 거지.

선목　　애널리스트들이 왜 그런 건가요?

불곰　　내 말이….

'매도'보다 '비중 축소'?

선목　　아, 잠깐만요! 아까 사는 건 '매수(buy)'인데, 파는 건 왜 '매도(sell)'가 아니라 '비중축소(reduce)'라고 한 건가요?

불곰　　좋은 지적이야. 왜 그럴 것 같아?

선목　　글쎄요… 서로 눈치 보는 건가요?

불곰　　응. 상장된 회사와 증권회사는 서로 비즈니스 관계야. 상장된 회사가 채권을 발행하거나 유상증자를 할 때 증권사를 통하거든. 쉽게 말해서 상장된 회사가 '갑'인 거야. 그런 상황에서 '매도'라는 말을

	쓰면 상장회사가 싫어하잖아. 그러니까 '비중축소'라는 표현을 쓰는 거야.
선목	목표주가가 자주 틀리는 이유도 결국 그건가요? 높게 잡아야 투자자들이 사고, 그래야 주식 가격이 오르니까?
불곰	여러 이유 중 하나라고 볼 수 있지.
선목	다른 원인들은 뭔가요?
불곰	이유는 세 가지로 볼 수 있어. 첫 번째는 처음에 이야기한 종목리포트를 내는 이유 있잖아?
선목	예, 결국 '매매 회전율을 높이려는 것'이다.
불곰	그러니 맞을 확률이 낮겠지. 첫 단추부터 이미 잘못 끼우는 거야. 정확한 분석을 통해서 예상하려는 게 아니라 개미들의 매수·매도를 유도하기 위한 거니까 당연히 틀릴 확률도 높지.
선목	네… 두 번째는 방금 전 말하신 증권사와 상장회사의 유착관계일 테고. 그럼 어떤 독립적인 기업 평가 기관은 없나요?
불곰	내가 운영하는 불곰주식연구소처럼 개인이 운영하는 곳들이 있기는 해. 중요한 건, 본인이 주식에 대해서 조금이라도 알고 있어야지 어떤 '사이트'가 믿을 만한지 알 수 있다는 거야. 독립적이라고 무작정 믿을 수는 없지. 사실상 대부분의 사이트가 믿음이 가지 않지. 홍보 없이도 불곰주식연구소가 성공한 이유는 허튼 환상을 심어 준다거나 목표주가를 설정해 주지 않고 오직 현실만을 이야기하기 때문이야. 너도 알다시피 연구소 회원들 사이에서도 수익률 차이가 나. 각자 운도 조금씩 달랐겠지만, 주식투자 공부를 해 온 내공의 차이 때문이기도 하지.

선목   세 번째는 뭔가요?

불곰   어려워.

선목   아, 원래 어려운 거라고요?

주가는 술에 취한 사람의 걸음걸이와 같다

불곰   그래. 원래 주식시장의 미래를 예측하는 것은 어려운 일이고, 목표 주가를 발표한다는 것 자체가 "거짓말 좀 할게요"라고 말하는 것과 다를 바가 없어. 수많은 주가 예측 이론들이 존재하지만, 다 이론에 불과해.

선목   음… 그중에서 하나는 맞지 않을까요?

불곰   아, 하나 맞는 게 있어. '랜덤 워크 이론(random walk theory)'이야.

선목   설마 무작위라는 말인가요?

불곰   어, 미국 프린스턴대의 버턴 맬킬 교수가 1973년에 주장한 건데, 주가는 '술에 취한 사람의 걸음걸이'와 같다는 이론이야. 네가 말한 대로 무작위, 그러니까 주가는 본질적으로 예측하기가 불가능하다는 말이야. 어제의 주가는 오늘의 주가와 관련이 없고, 오늘의 주가는 내일의 주가와 관련이 없어.

선목   ….

할 말이 없었다.

불곰   심지어 이런 실험도 있었어. 주식 전문가들한테 주가가 오를 종목을 몇 개 골라 보라고 하고, 원숭이들한테는 무작위로 종목을 찍어 보라고 시킨 거야. 시킨 것도 아니겠지, 그냥 원숭이가 아무거나 찍

	은 거야.
선목	결과는 어떻게 됐나요?
불곰	원숭이 승!
선목	진화론이 옳았던 것일까요?
불곰	하하하, 어쨌든 증권사 종목리포트의 목표주가를 믿고 투자하면 안 되는 것만은 확실해.
선목	그럼 도대체 이놈의 주식은 어떻게 해야 하죠?
불곰	제대로 된 정석 투자를 배워야지. 이게 진짜야. 지금까지도 그랬고, 앞으로도 그래. 이론 수업 조금만 더 하면 케이스 스터디 할 테니 마음 조급하게 먹지 마라.
선목	예….

불곰의 가치투자 레슨

증권사의 목표주가 믿지 마라

1. 목표주가도 결국 매매 회전율을 높이려는 미끼에 지나지 않는다.
2. 상장된 회사와 증권사의 유착관계를 생각해 보라.
3. 주가란 원래 맞히기 힘든 것이다.

증권사의 목표는 이익 창출이고, 이익을 내려면 매매 회전율을 높여야 한다. 이건 그들의 장삿속이다. 잘못도 불법도 아니다.

12. 주식의 '언어'를 알아야 실패하지 않는다

선목 형님, 화요일마다 어디 가시는 건가요?

불곰 스페인어 배우러 가.

선목 스페인어는 왜 배우세요?

불곰 재미도 있고, 언어 공부만큼 남는 공부도 없고, 스페인어로 사업할 일 있으면 해 보려고.

선목 한국어, 중국어, 일본어, 영어, 4개 국어로는 부족하신가요?

불곰 언어 공부는 평생 하는 거야.

선목 언어 공부가 재미있다는 것, 언어 공부만큼 남는 공부도 없다는 것까지는 저도 이해하겠는데, 스페인어 공부를 하셔서 사업을 하겠다는 말은 조금 이해하기가 힘드네요.

불곰 왜?

선목 통역사를 쓰면 되지 않나요? 제가 아는 사람들 중에도 스페인이나

	남미에 살았던 사람이 많아요. 소개도 해 드릴 수 있고요.
불곰	사업할 때 통역사 쓰는 거 아니다.
선목	왜요? 통역사를 쓰는 편이 더 안전하지 않나요?
불곰	오늘은 이렇게 주식 공부를 하게 되는구나. 앉아 봐.
선목	네? 설마 남미 주식? 스페인 주식?

직접 부딪치면서 클라이언트와 '펑유'가 되다

불곰	하하하. 자, 오늘 이야기는 내가 삼성물산에 다닐 적부터 시작돼. 어느 날 외국어를 공부하면 학원비를 회사에서 내 주겠다는 공지가 떴어. 그때 우리 사업부 60명 중에서 나만 중국어를 1~2개월 동안 열심히 공부했지.
선목	그런 복지제도가 그때부터 시작됐군요. 요즘은 거의 모든 회사에서 외국어 공부 비용을 대 주거나, 아예 외국어 강사를 초빙하는 경우도 있어요.
불곰	그래? 세상 많이 좋아졌네. 너는 뭐 공부했어?
선목	귀찮아서 안 했어요.
불곰	하하하! 대부분 사람들이 그러는 것 같더라. 반대로 형은 열심히 했어. 그리고 기회가 왔지. 삼성물산이 할 만한 큰 비즈니스가 중국에 생긴 거야. 회사에서 "중국어 할 수 있는 사람?" 하고 물어보니 나만 손을 들었지. 한두 달이라도 배운 내가 사업부에서 중국어 '톱'이었던 거지. 기회는 준비된 사람한테만 오는 거야. 그렇게 중국으로 갔어.

선목 한두 달 공부하고 중국에 가서 비즈니스를 했다고요?

불곰 물론 처음에는 거의 모든 비즈니스를 영어로 했지. 그 와중에도 중국어 공부를 하면서 최대한 중국어를 사용하려고 했고. 영어 못하는 사람 만나면 어설픈 중국어로 비즈니스 하고, 말이 안 통하면 막 종이에 써 가면서 의사소통하고 그랬어.

선목 그 와중에도 통역은 안 쓰고요?

불곰 응, 통역은 안 썼어.

선목 도대체 왜요?

불곰 첫째, 통역을 쓰면 나랑 클라이언트가 친구가 될 수 없어. 중간에 다른 사람이 끼어 있는데 어떻게 친구가 되겠냐? 비즈니스를 할 때 가장 중요한 것이 클라이언트와 친구가 되는 거야. '펑유(朋友)'가 돼야 한다고.

선목 펑유가 무슨 뜻인가요?

불곰 벗 붕에 벗 우 자, 친구라는 뜻이야. 친구가 안 되면 비즈니스도 안 되고, 친구가 되면 비즈니스도 하기 쉬워. 그래서 통역은 절대로 안 쓰지. 둘째, 통역이 있으면 왜곡이 일어나기 딱 좋아. 뉘앙스를 못 읽으니 오해가 생길 확률이 오히려 더 높아.

선목 말이 안 통해서 오해가 생길 확률보다 더요?

불곰 어, 통역은 오히려 투명성을 해쳐. 비즈니스라는 건 서로 깨끗하고 투명하게 해야 돼. 지금까지 해 왔던 비즈니스 경험으로 내린 결론이야.

선목 근데… 지금 주식 이야기 하려다가 삼천포로 빠진 건 아니죠?

불곰 아니야. 집중하고 내 이야기를 잘 따라와 봐. 마지막으로 세 번째,

중국에 진출해서 실패한 한국 기업들을 살펴보면 통역이 끼어 있던 경우가 많아. 예를 들어 처음에는 한국 기업 CEO, 통역사, 중국 기업, 이런 구조로 사업이 진행된다고 하면, 시간이 흐르다 보면 통역사가 비즈니스를 하기 시작해. 그리고 결국 한국 CEO는 뒷전으로 밀려나고 통역사와 중국 기업이 사업을 하는 지경에 이르지. 그러니 통역을 쓴다는 건 굉장히 위험한 일이야. 실제로 그러다가 비즈니스를 다 뺏긴 경우도 허다해.

선목 지금 주식 이야기 하고 있는 거죠? 이 타이밍에서 중국 관련 펀드나 주식 이야기 하나 하셔야 할 것 같아요, 하하.

불곰 아니, 오늘 할 이야기는 펀드가 아니라, '주식투자의 열쇠도 언어'라는 거야.

선목 아!

입에서 감탄사가 절로 나왔다.

주식투자의 열쇠도 결국 '언어'

불곰 우리가 계속 공부하고 있는 기본적 분석이 주식의 언어인 셈이지. 그런 면에서 중국 비즈니스나 주식투자는 같은 맥락이야. 그럼 여기서 통역사가 누구겠냐?

선목 증권사 직원 또 나오나요?

불곰 그렇지. 기본적 분석을 모르면 주식의 언어를 모르는 거나 다름없어. 그런 사람들이 증권사 직원에게 조언을 구하거나 돈을 맡기면, 중국어를 모르는 채 중국 비즈니스를 벌이는 것과 마찬가지지. 방금 전에 말한 세 가지가 그대로 적용돼. 첫째, 주식의 언어를 모르면 말이 안 통하니 주식과 친구가 될 수 없어. 그러면 주식을 하기가 굉장히 어려워지지. 둘째, 주식의 언어인 기본적 분석을 모르면 거짓된 정보와 진실된 정보를 구별하지 못해. 다시 말해 주식의 뉘앙스, '톤 앤 매너(tone and manner)'를 읽지 못하는 거야. 주식이 무엇인지도 모르는 거지. 가장 기본적인 것조차 모른다고.

선목 그래서 주식의 '언어'를 못하는 사람들이 기본적 분석이 아니라 기술적 분석을 하는 거군요?

불곰 바로 그거야. 주식이 어떤 언어를 사용하는지도 모르는 거지. 셋째, 통역사가 자기 비즈니스를 따로 차리듯 증권사 직원도 자기 비즈니스를 하게 되어 있어. 수수료 기억나지? 구조상 증권사 직원은 고객의 돈을 굴릴 때 자기가 손해를 볼 일이 없어. 증권사로서는 무조건 수익을 얻는 거야. 이게 개미투자자들한테는 굉장히 무서운 구조지. 고객의 수익도 중요하지만, 직원이니까 당연히 회사의 수익을 먼저 생각하겠지?

선목 예, 직원의 월급은 회사에서 나오니 어쩔 수 없겠죠.

불곰 이런 내 이야기를 들으면, '과연 누가 증권사 직원에게 돈을 맡길까' 싶지? 네 생각보다도 훨씬 많을 거다. 특히 증권사 직원이 몇 번 흑자를 내 주면 돈을 맡겼던 고객은 그야말로 우수고객이 되지.

선목 우수고객이라면… 무슨 뜻인가요?

불곰 그 고객은 돈을 더 맡기면서 이야기하겠지. "내 돈 좀 알아서 굴려 줘요." 일임매매가 되는 거지. 증권사로서는 이런 사람들이 우수고객이야. 그렇게 맡겼다가 증권사 직원이 그 돈을 잃으면 어떻게 될

선목	까? 고객만 손해를 보는 거야. 증권사는 손해 보는 게 없어.
선목	그래도, 이 일도 서비스업이니 고객의 만족도가 자신들의 이익과 직결되지 않을까요? 고객의 만족도에 따라 수입이 좌우될 테니 증권사들도 고객들이 최대한 돈을 벌 수 있도록 노력하지 않을까요?
불곰	맞아. 증권사 나름대로 회사의 수입과 고객의 만족도 사이에서 균형을 잡도록 노력하겠지. 그래도 불안하기는 마찬가지야.
선목	왜요?
불곰	많은 사람들이 간과하는 점이 있는데, 증권사 직원들이 하루에 상담하는 종목이 20~30개는 돼. 이 말은 상담을 수박 겉핥기식으로 밖에 못한다는 뜻이야. 생각해 봐, 하루에 20~30개 회사에 대해서 깊이 있는 상담을 한다는 것은 물리적으로 불가능해. 물론 증권회사에서 많은 정보들을 직원들한테 주기는 하겠지만, 눈코 뜰 새 없이 바쁜 직원들이 그 많은 정보를 다 공부하겠니? 고객들 전화가 오면 그냥 그대로 읽어 주는 수준에 불과해. 그러니 직원들이 얼마나 깊이 핵심을 파악할 수 있겠어? 너 예전에 마케팅해 봤지? 하루에 20~30개 제품 마케팅할 수 있어?
선목	불가능하죠.

왜 한 달에 한 종목인가

불곰	그게 정상이야. 증권사 직원들도 하루에 20~30개가 넘는 종목을 제대로 다 상담할 수 없어. 제대로 다 알지 못하는 사람한테 돈을 맡긴다고? 이건 투자자들이 찾던 답이 아니야. 불곰주식연구소는

한 달에 한 종목만 발표해. 솔직히 한 달에 한 번 발표하기도 쉽지 않아. 그 회사에 대해 공부하고, 그 시장에 대해 연구하고, 회사에 직접 찾아도 가 보고, 관련 뉴스도 모두 정독하고, 회사 아이템도 연구하고, 심지어 제품도 사서 사용해 보는 등 온갖 일을 다 해 보고 나서 발표하는 거야.

선목 아, 그게 바로 기본적 분석이고 정도(正道)네요.

불곰 요령도 없고, 지름길도 없어. 그리고 '통역'도 없는 거야. '통역'을 쓰는 것 자체가 조금 더 쉽게 하려고 의존하는 것에 지나지 않아. 오늘의 결론, 사업에도 주식에도 '통역'은 절대 쓰지 마라.

불곰의 가치투자 레슨

사업할 때 통역을 쓰면 안 되는 이유
1. 통역을 쓰면 클라이언트와 친구가 될 수 없다.
2. 통역을 거치면 투명성이 저해되어 오해가 생긴다.
3. 통역사가 나를 제치고 클라이언트와 직접 비즈니스를 하게 된다.

주식투자를 할 때도 '언어'를 알아야 한다.
증권사에 자신의 주식투자를 일임하는 것은 통역에게 사업을 의지하는 것과 같다.

13

악마의 상품, ELS

선목 형님, 증권사 믿지 말고, 증권사 금융상품 사지 말라는 것은 이제 알겠는데, ELS 좀 알려 주세요.

사무실에 도착하자마자 가방도 풀기 전에 물었다.

불곰 뭐가 이리 다급해? 설마 ELS 상품 산 거야?

게으른 내가 급하게 물어보니 의외라는 듯 되물었다.

선목 주식 공부에 대한 열정이 넘쳐서죠.

재치 있게 답했다.

불곰 이유를 솔직하게 말하면 알려 줄게.

내 대답이 영 못 미더웠나 보다.

선목 아버지께서 누나한테 좀 알아보라고 하셨거든요. 물론 '하지 마라' 답하시리라는 건 알지만, 그래도 ELS가 어떤 것인지는 누나랑 아버지께 알려 드릴까 해서요.

아버지는 외국에 사시지만 역시 금융권에 종사해서인지 한국의 ELS 이야기를 많이 들으신 것 같았다.

불곰   결론부터 이야기하자면, 응, 하지 마.

불곰은 역시나 단호하게 말했다.

선목   네, 알겠습니다.

대답하자마자 누나에게 ELS를 사지 말라고 메시지를 보냈다. 불곰은 내가 메시지 대화를 끝낼 때까지 기다렸다.

불곰   이건 애초에 알 필요도 없는 건데, 네가 아버지랑 누나한테 말씀드려야 한다니 알려 줄게. 넌 ELS를 아버지 때문에 처음 알게 된 거야?

선목   아니요, 예전에 ELS 광고도 많이 나왔습니다.

불곰   역시 넌 광고를 보고도 관심이 없었다가, 아버지께서 말씀하시니까 나한테 물어보는 거구나? 크… 물론 네 게으름 탓이기는 하지만 광고나 기사에 휘둘리지 않는 태도는 오히려 아주 좋아.

그는 마커를 들고 페이퍼 보드 앞에 섰다.

불곰   ELS, equity linked securities. 번역하면 '주가연계증권'. 수익이 주가 변동과 연계되는 금융파생상품이야.

주식이 아니라 마권을 사는 격

선목   파생상품들은 다 이상해 보여요. 투자라기보다는 도박성이 있는 것 같거든요.

불곰   잘 짚었어. ELS를 하지 말라는 이유도 같아. 이것도 도박성이 있어.

선목　도박 중에서 무엇이랑 비슷한가요?

불곰　경마와 비슷해.

선목　마권에도 종류가 몇 가지 있잖아요. 그중에서 뭐랑 가장 비슷한가요?

불곰　여러 가지가 있지만 간단히 말하면 연승식, 단승식, 쌍승식, 복승식이 있는데, ELS는 이 중에서 복승식과 비슷해.

선목　ELS도 종류가 많고, 마권도 종류가 많군요.

불곰　응, 지금 내 말은 일반적인 ELS가 복승식과 비슷하다는 거야.

선목　복승식이 뭔가요?

불곰　각 경주의 1등과 2등을 맞히는 거야.

선목　예를 들어 1번 말과 3번 말을 찍었는데, 이 두 말이 1등과 2등으로 들어오면 따는 건가요?

불곰　맞아. 순서는 상관없어. 1번 말이 1등이나 2등을 하고 3번 말이 2등이나 1등을 하면 배당을 받지.

선목　그럼 ELS도 두 종목에 돈을 거나요? 하하.

불곰　비슷해.

선목　진짜요?

정말 도박과 비슷하다니… 어이가 없다.

불곰　응, 쉽게 설명해 줄게. 가장 일반적인 ELS가 기간이 3년에, 종목은 2개, 목표 수익률은 8퍼센트야.

선목　뭐 지금까지는 괜찮아 보입니다.

그래도 경마보다는 나아 보였다.

불곰　조건이 붙어. 한 종목이라도 40퍼센트 이상 하락하면 원금 손실이 발생하지. 한 번이라도, 1초 동안이라도 40퍼센트 이상 하락하면 '녹인(knock-in)'인 거야.

선목 '녹인'이 뭔가요?

불곰 예를 들어 10,000원짜리 종목이 6,000원 밑으로 떨어지면 8퍼센트 수익률은 당연히 없어지고 원금도 그만큼 깎이는 거지. 증권사와 ELS 판매자는 원금 보장과 이자 지급을 해 줄 의무가 없고 투자 손실은 ELS 구매자가 100퍼센트 떠안아.

선목 그래도 40퍼센트 이상 하락은 많이 일어나지 않을 것 같은데요? 아직까지는 괜찮아 보입니다.

불곰 다들 그래서 ELS 상품을 사지. 근데 40퍼센트 이상 하락이 발생할 때가 있어. 생각보다 많아.

선목 40퍼센트 하락은 정말 어쩌다 한 번 일어나지 않나요?

불곰 엔씨소프트, OCI, 동국제강, GS건설, 삼성엔지니어링, 롯데케미칼, 현대상선, STX팬오션… 공통점이 뭐야?

선목 대기업?

우선 아는 것부터 답했다.

불곰 또?

선목 음… 상황이 안 좋았던 STX팬오션 말고는 모두 언제나 튼튼한 회사?

불곰 막 던지지 말고.

그는 머리를 좀 쓰라고 요구했다.

선목 하하, 진짜 모르겠어요.

불곰 다 '녹인'됐던 종목들이야.

선목   이 유명 기업들이요?

이름만 들어도 쟁쟁한 회사들인 것 같은데 40퍼센트 이상 하락했다는 것이 믿기지 않았다.

불곰   응, 주식은 모르는 거라니까. 이 종목들의 마권… ELS를 샀던 사람들은 쪽박 찬 거야. 원금을 50퍼센트 이상 날린 거지. 이자는 당연히 없고.

숫자 놀음에 기대는 것은 투자가 아니다

선목   음… 너무 도박 같은데요?

불곰   맞아. 내가 하려는 말이 그거야. ELS는 분명히 도박성이 있어. -39퍼센트와 -40퍼센트… 1퍼센트를 가지고 도박을 하는 거야. 이건 건강한 투자 문화가 아니야. 투자라는 것은 숫자 놀음에 돈을 걸고 기대를 하는 것이 아니라, 그 회사가 잘된 만큼 이익을 얻고 잘되지 않은 만큼 손해를 보는 거야. 그게 정당한 일이고. 투자를 할 거면 투자를 하고, 도박을 할 거면 라스베이거스나 강원랜드에 가서 놀아야지. 왜 실생활에 자꾸 도박을 적용하려고 해? 잘못된 거잖아!

선목   음… 그러네요. 39퍼센트 하락이면 ELS 판매자가 구매자한테 8퍼센트의 수익을 줘야 하고, 40퍼센트 하락이면 8퍼센트 이자도 없고 원금도 깎인다? 단 1퍼센트 차이로? 그럼 판매자 입장에서는 1퍼센트 더 낮추는 게 이익 아닌가요?

이 논리대로라면 판매자는 구매자 편이 아니다.

불곰	당연하지.
선목	아니 그럼… 판매자가 해당 종목을 가지고 있다면, 그 주식을 왕창 팔아 버릴 수도 있잖아요?

생각을 깊이 하면 할수록 '틈'이 많은 상품이다.

불곰	그럼 1퍼센트 이상 하락하겠지? 다시 말하지만, 그러면 판매자는 8퍼센트 이자를 줄 필요도 없고, 원금마저 줄어드는 거지.
선목	그건 판매자가 구매자한테 일부러 손실을 입히는 짓이잖아요.

그런 일이 가능하다는 것 자체가 비정상적인 상품임을 말해 준다.

불곰	사실인지는 모르지만 의혹은 많아. 판매자 입장에서도 변명이나 이유는 댈 수 있겠지. 하지만 많은 사람들이 의심하고 있기는 해. 그래서 이 주가연계증권의 별명이 하나 있어.
선목	뭔데요?
불곰	Equity linked sue.
선목	소송요?
불곰	응, 소송연계증권! ELS와 관련된 집단 소송이 많아. 기사 좀 찾아봐.

인터넷으로 찾아보니 많다. 갑자기 터지기 시작한 것도 아니고 예전부터 많았다. 소송은 물론이고 이런저런 문제가 많은 상품이다. D증권사가 조기상환일에 A주식 90억 원어치를 매도하는 바람에 조기상환이 이뤄지지 않아 투자자들이 소송했다는 기사, H증권의 '만기 기준 산정'에 투자자들이 불만을 품고 소송을 준비한다는 기사, 어떤 증권사가 고의로 주가를 하락시켜서 투자자가 소송을 냈다는 기사, 금융감독원이 C은행에게 ELS의 불건전 판매를 중단하라고 지시했다는 기사… 정말 많다.

선목   장난이 아니네요.

충격을 받았다.

불곰   의심이 가도 소송을 걸지 않고 그냥 넘어간 구매자들도 많을 거야.

불곰은 놀라지도 않은 말투였다.

선목   허다하겠죠. 기사들을 보니 거의 집단 소송이던데, 혼자서만 의심하고 억울해하고 그러다가 그냥 포기하는 사람들도 엄청 많을 것 같아요.

불곰   맞아. 할아버지나 할머니들, 또는 소액을 투자했던 사람들은 대부분 넘어갔을 테지.

선목   누군지는 몰라도 '소송연계증권'이라는 별명을 잘 지었네요.

판매자에게만 일방적으로 유리한 거래

불곰   또 다른 별명이 있어.

선목   뭔가요?

불곰   악마의 상품!

선목   소송이 많아서 악마의 상품이라는 거예요?

불곰   아니, 너무 불공평해서. 구매자들한테 너무 불리하고, 판매자들에게만 유리하게 만들어졌어. 자기네가 만든 거니까 당연하지.

선목   조금 더 설명해 주세요.

불곰   지금까지 한 이야기를 정리해 보면 쉽게 알 수 있어. 3년 동안 돈을 넣어 두는데 수익률은 8퍼센트로 고정되어 있어. 반면에 하락에는 한계가 없어. 여기서부터 벌써 이상하지.

선목   그러니까 8퍼센트 이상 오른 주식을 ELS를 통해 샀다면 8퍼센트밖에 이득을 얻지 못하는데, HTS로 직접 투자했다면 그 이상을 받는다는 거죠? 다시 말해서, 판매자가 '나쁜 통역'이네요.

불곰   어, 주식을 공부해서 혼자 투자하는 편이 더 이득이지.

선목   그 대신 ELS는 투자자의 마음이 조금 더 편하지 않을까요? 큰 이득을 기대하지 않는 경우에는, 40퍼센트 하락만 되지 않으면 8퍼센트 이득이 생기잖아요.

불곰   그렇게 생각할 수도 있지만, 사람들 이야기를 들어 보면 대부분 그 반대야. 두 종목이 다 오르면 별문제가 없는데, 한 종목이라도 떨어지기 시작하면 불안하대. 자기 혼자서 투자하는 거라면 팔지 가지고 있을지 결정할 수 있잖아? ELS는 그게 안 되니 오히려 더 불안하지.

선목   그냥 신경 끄고 있으면 되는 것 아닌가요?

불곰   그런 마인드가 가능한 사람은 ELS를 안 사. 기다릴 줄 아는 사람은 자기가 공부해서 장기투자를 하지.

선목   그렇겠네요. 주식을 배울수록 느끼는 건데, '통역'을 쓰는 사람은 당연히 그만큼 수익이 줄 수밖에 없는 것 같아요.

불곰   그리고 네가 40퍼센트 하락이 일어날 확률이 낮다고 생각하는 것 같은데, 아까 언급했던 종목들도 모두가 아는 유명한 대기업이야. 그런 회사 주식들도 40퍼센트 하락한 적이 있어. 많은 사람들이 '안전한' 주식이라고 생각했던 것들이지. 3년 동안 한 번이라도, 1초 동안이라도, 둘 중 하나라도, 40퍼센트 이상 하락할 확률은 충분히 있어.

선목 게다가 '의혹'까지 있고요.

불곰 응. 경마처럼 복승식이라는 것도 잊지 마. 둘 중 하나가 200퍼센트 오르고 다른 하나가 40퍼센트 이상 떨어져도 손해야. 뭔가 좀 불공평하지 않아? 너 혼자서 투자했다면 이건 이익인 상황이잖아. 그리고 한 종목만 상장폐지돼도 원금은 날아가는 거야.

선목 그러니까 잃을 때 많이 잃고, 딸 때 조금 따는 이상한 상품, 이렇게 문제 많은 금융상품을 사람들이 구매하는 이유가 뭘까요? 설마… '잘 몰라서'? 이건 말이 안 되는 게, 판매자는 모든 위험성을 소비자에게 알려 줘야 하잖아요. 음… 사람들이 그래도 산다? 이건 더 말이 안 되는데….

불곰 불완전 판매가 존재한다는 말이지.

선목 불완전 판매라면?

불곰 고객에게 금융상품을 팔 때 상품 내용, 투자 위험성을 충분히 알려 주지 않는다는 이야기지. 그런 경우가 얼마나 많은지는 모르겠지만 분명히 있어.

선목 네, 그렇지 않다면 ELS에 가입한 사람 수가 지금보다는 적겠죠. 흠… 일반적인 ELS 말고 좀 색다른 건 없나요?

불곰 좀 인기 있는 것 중에서?

선목 예.

불곰 음… 월지급 ELS도 인기가 있지.

선목 오! 매달 돈을 지급해 주는 건가요?

불곰 응, 은퇴에 대비하는 ELS인데, 판매자들이 최적의 노후 상품이라고 말하지. 매달 이자를 지급해 줘.

선목　이건 좀 괜찮아 보이는군요.

불곰　그럴까? 이것도 '녹인'되면 받은 이자까지 다 토해 내야 해. 더 알려 줘?

선목　아니요, 하하. 알 필요 없겠네요. 무슨 ELS든지 그냥 사지 않는 게 답이네요.

불곰　어, 그게 정답이야. 영어로 된, 잘 모르는 금융상품은 일단 사지 마. 그 대표적인 것이 ELS야. 자, 'ELS 사지 마라'가 오늘의 결론이다.

불곰의 가치투자 레슨

ELS 사지 마라

1. 도박성이 강하다.
2. 안전해 보이지만 전혀 그렇지 않다. 소송이 많다는 것은 그만큼 문제가 많은 상품이라는 뜻이다.
3. 벌 때는 조금 벌고, 잃을 때는 크게 잃는다.

14

약정영업 - 한강은 '증권맨'들의 눈물로 채워져 있다

불곰 선목아.

처음으로 불곰이 나를 먼저 불렀다.

선목 …예…

내가 뭔가를 잘못해서 부르는 느낌이었다. 그 짧은 시간에 '술자리에서 말이 너무 많았나?' 하는 생각이 머릿속에서 계속 맴돌았다.

불곰 네가 이제까지 주식을 배우면서 썼던 글을 죽 읽어 봤는데, 네가 오해하고 있는 점이 있어서 정리를 한번 해 줄게.

조심스러운 말투였다.

선목 아, 네….

항상 우렁찼던 내 목소리가 갑자기 기어들었다.

불곰 네가 요즘 증권사 직원들을 너무 안 좋게 보는 것 같아서, 선입견 없이 증권사를 볼 수 있도록 몇 가지 알려 주려고. 형도 이런 이야기를 하기가 조심스럽기는 해.

불곰의 말투는 보통 때로 돌아왔다.

선목 아하, 네!

내 목소리도 기운을 차렸다.

불곰 우선, 2015년부터는 없어졌지만 예전에 증권사에 들어가려면 이른 바 '자격증 3종 세트'가 있어야 했어. 그 세 가지는 증권투자상담사, 파생상품투자상담사, 펀드투자상담사야.

선목 똑똑한 사람들이네요. 한 가지도 아니고 세 가지라면 취득하기에 쉬워 보이지는 않는군요.

불곰 음… 쉬울 수도 있고 어려울 수도 있어. 이 자격증들이 있다고 해서 주식을 남들보다 더 잘한다는 뜻은 아니야. 굳이 비슷한 것을 찾자면 택시운전면허증 같은 거야. 그냥 '자격'이 있다는 '증'일 뿐이지. 택시를 몰면서 손님을 받을 자격이 있다는 것과 마찬가지로 조금 전에 말한 자격증 3종 세트가 있다면 증권사에 입사할 자격이 있다는 말이야. 그 이상의 의미는 없어.

선목 자격증 3종 세트가 있어도 주식을 잘한다는 보장은 없다는 뜻이죠? 그래도 남들보다는 더 잘 알지 않을까요?

불곰 어, 충분히 그럴 수 있지. 근데 그것도 보장된 건 아니라고. '자격'과 '잘하는 것'은 다르다. 이 얘기는 그 사람들도 주식에 대해서 완벽한 사람일 수는 없으니 오히려 네가 마음을 열고 이 사람들을 봐야 한다는 말이야. 이 힘든 자본주의 시스템 속 그 사람들의 처지를 이해해야만 증권사의 영업, 그리고 약정영업을 이해할 수 있어.

그는 전쟁터로 가는 군인이 총알을 확인하듯 자신의 큰 머그잔을 들여다보더니 이내 커피를 가득 채웠다.

선목　증권사 영업? 또 수수료 이야기인가요?

불곰　아니.

선목　그럼… 약정영업은 수수료와 관련 없는 것인가요? 약정영업이 뭔가요?

불곰　물론 수수료와 관련이 있다고 볼 수는 있지. 약정영업이라는 것은 직위별로 할당된 약정금액을 채워야만 영업직원으로서 인정받을 수 있다는 뜻이야. 쉽게 말해, 증권사 영업직원들이 왜 이렇게밖에 될 수 없었는지, 바로 그 이유야.

선목　아, 이제 감 잡았어요. 증권회사에 다니는 월급쟁이들의 심리를 알아야 한다는 거죠? 왜 그들이 그렇게밖에 할 수 없는지?

불곰　오케이. 자격증에 대한 이야기를 머릿속에 넣어 두고 들어 봐.

증권사 직원은 '앵벌이'?

그는 짧고 깊은 생각 속에 잠겼다가, '모든 것이 머릿속에서 정리됐다'는 눈빛과 함께 질문했다.

불곰　회사에서 인재라고 하면 누구를 일컫지?

선목　자기 월급의 세 배는 벌어야 인재죠.

회사에 다닐 때 들었던 말이 생각났다.

불곰　오, 알고 있네?

선목　짧게라도 회사 생활을 하지 않았습니까? 하하하.

불곰　월급의 세 배를 벌면 BEP야.

선목　BEP가 뭔가요?

항상 좀 알 것 같다는 생각이 들면, 곧 모르는 단어가 나온다.

불곰　Break even point. 우리말로 손익분기점. 자기 월급의 세 배는 벌어 줘야 회사가 돌아갈 수 있어. 아니면 회사로서는 손해니까 그만큼은 무조건 벌어야 해. 실적이 곧 인격이다.

선목　좀 강한데요.

불곰　강한 게 아니라 그냥 '팩트'다. 2006년에 어느 증권사 A전무가 영업직원들을 '앵벌이', 대표이사를 '앵벌이 대장'에 비유한 적이 있어. 농담이 아니라 그만큼 힘들다는 거야.

선목　힘들게 자격증 3개 취득해서 더 힘든 생활을 하는 셈이군요.

불곰　응, 맞아. 생각해 보면 증권사 직원들이 힘들 수밖에 없는 구조야. 예를 들어, 어느 사원이 300만 원을 받는다고 가정해 보자. 증권사에 얼마나 벌어 줘야 되지?

선목　세 배니까 900만~1000만 원은 되지 않을까요?

불곰　응, 최소가 900만 원이고 좀 잘한다는 이야기를 들으려면 1000만 원 이상은 돼야겠지. 계산하기 쉽게 1000만 원이라고 치자. B라는 종목이 1억 원이고, 매매 수수료가 0.5퍼센트, 매도 수수료가 0.5퍼센트라고 가정하면, 고객이 한 번 사거나 팔면 50만 원이 떨어지고, 20번이면 수수료가 1000만 원이 되겠지?

선목　예….

불곰　이게 무슨 뜻인 줄 알아? 이 사원이 20억 원어치를 굴려야 1000만 원을 벌어들인다는 거야.

선목　근데 누가 일개 사원한테 20억을 맡겨요?

불곰	안 맡기지. 그래서 여기저기서 모아 자금을 운용하지.
선목	아무래도 사원이 고객 돈 20억 원을 모으기는 좀 무리일 듯싶은데요?
불곰	어, 당연히 무리지. 그래서 집에 돈이 많아야 훨씬 편해.
선목	아… 그런 '게임'이에요?

증권사에서 일하는 친구들 얼굴이 눈앞에 아른거렸다.

'도덕적 해이'를 초래하는 약정영업

불곰	어, 이런 시스템에서는 그런 경우가 생길 수밖에 없어. 심지어 매일 1등부터 꼴등까지 순위도 공개해. 무섭지 않냐? 얼마나 스트레스를 많이 받겠어? 여기서 끝이 아니야. 자격증이 별 의미가 없다는 이야기 기억하지? 당연히 이 사람들도 실수를 하겠지. 20억을 어떻게든 모아서 굴린다고 하더라도, 주식을 잘하지 못하면 고객 돈, 그리고 집안 돈까지 날릴 수도 있다는 말이야. 그 스트레스는 어마어마해.
선목	직급이 올라가면 좀 나아지나요?
불곰	무슨 소리야. 직급이 올라갈수록 연봉이 더 높으니까 약정금액도 더 크겠지. 이번에는 그 사원의 부장 월급이 두 배인 600만 원이라고 생각해 보자. 그러면 당연히 약정금액도 두 배인 40억 원이 돼야 한다는 뜻이야. 스트레스는 위로 올라갈수록 커질 수밖에 없어.
선목	약정영업 스트레스에서 비롯되는 폐해가 엄청나겠는데요? 자기와 주변 사람들 돈을 날렸다고 생각해 보면….

불곰	그 스트레스 때문에 불법인 임의매매도 하게 되고, 또 일임매매를 할 때 지정되지 않은 종목도 불법으로 사는 등 이래저래 법을 어기게 돼.
선목	세상에….
불곰	이 시스템이 그런 식이야. 호랑이가 사슴을 잡아먹는 것이 욕먹을 일은 아니잖아? 증권사 직원도 마찬가지야. 약정금액을 채우기 위해 주변인 돈을 이용하고, 고객의 이익보다는 약정금액을 먼저 고려할 수밖에 없어. 이런 상황에서는 도덕적 해이(moral hazard)가 생길 확률이 무척 커. 괜히 어느 증권사 임원이 "사기 쳐서 약정 올리지 마라" 한 게 아니야. 그 임원도 참고 참다가 자신이 총대 메고 이야기한 거야.
선목	왜 그렇게 수수료에 목을 매고, 고객의 이익을 뒷전으로 미룰 수밖에 없는지 이제 이해되네요. 무서운 시스템이군요.

증권사에 취직했다고 한턱 쐈던 후배한테 밥이라도 한번 사야겠다.

불곰의 가치투자 레슨

증권사 직원의 심리를 이해하라

약정영업은 곧 자기 월급의 세 배를 벌어야 한다는 뜻이다. 그러므로 수수료를 많이 벌기 위해 회전매매에 목을 맬 수밖에 없다.

15

흔한 거짓말,
원금보장

선목 증권사를 믿지 말라는 말은 이제 확실히 마음속에 새겼습니다. 하지만 증권사 지점장이 원금보장 각서를 써 주면 믿을 만하지 않을까요? 종이에 쓴 각서는 법적 효력이 있겠죠?

요즘 주식을 공부한다고 주위 사람들에게 이야기했더니, 나에게 이것저것 물어 왔다. 그중 하나가 원금보장 각서였다. 불곰은 질문을 받자마자 한숨부터 쉰다.

불곰 하… 증권사에 갔을 때 지점장이 그러디? 아니면 친구가? 넌 증권사 지점장이 원금보장 각서를 써 준다면 그 지점장이 어때 보일 것 같아?

이미 내 대답을 알고 있는 눈초리였다. 불곰의 한숨은 뭔가 잘못됐다는 뜻이지만, 나는 생각나는 대로 말했다.

선목 다른 사람도 아닌 지점장이 각서를 쓴다면 믿음이 가고 남자다워 보일 것 같아요. 지점장이라면 어느 정도 높은 사회적 위치에 있을 텐데 그런 사람이 각서를 쓰겠다고 하면 그만한 자신감이 있다는 뜻 아닌가요?

투자란 원래 '원금보장'이 불가능한 것

불곰 결론부터 말하자면 원금보장 각서는 불법이야. 무용지물이지. 원금보장 해 준다고 투자자들을 모으는 사람들은 죄다 사기꾼이야. 어떤 사람의 자신감이 무언가를 보장해 주지는 않아. 자신감은 그저 자신감일 뿐이지.

내가 대답하기 전부터 이 말을 하려고 했던 것 같다.

선목 저… '자신감은 자신감일 뿐'이라는 말은 이해가 되는데, 원금을 보장해 준다는 약속이 왜 불법이죠?

불곰 주식투자에서 원금을 보장한다는 것 자체가 말이 안 되잖아. 주식에는 위험성이 크든 작든 분명히 있어. 증권거래법에는 증권사 임직원이 고객의 손실 일부 혹은 전부를 보전해 주는 행위를 금지한다고 명시되어 있어.

선목 그럼 그 원금보장 각서를 쓰는 지점장은 뭐죠? 지점장도 그 법을 당연히, 고객보다도 훨씬 더 잘 알고 있지 않나요?

불곰 응, 열 배는 더 잘 알겠지. 그런데도 원금보장 각서를 쓰겠다는 것은 그만큼 사정이 급하다는 뜻이야. 왜 이렇게 급한 것 같아? 왜 불법까지 저질러 가면서 자금을 유치하려는 걸까?

선목 혹시 전에 말하셨던 약정영업?

불곰 그렇지! 너를 가르친 보람을 드디어 느끼는구나!

선목 그래도 아직 이해가 안 가는 점이 있는데, 약정영업 때문에 최후의 수단으로 원금보장 각서를 쓴다 해도 결국 불법이니 회사에도 안 좋은 거잖아요? 회사에서 먼저 반대할 것 같은데요?

불곰 회사 이름을 걸고 각서를 쓰는 게 아니라 개인이 약속을 하는 거야. 회사와는 관계없는 일이야. 회사는 각서를 썼는지 안 썼는지 알 수도 없지.

선목 그럼 개인 대 개인의 약속이군요? 근데 실제로 원금보장을 해 주면 아무 문제 없지 않나요?

불곰 신고하는 사람이 없을 테니 문제는 없겠지. 하지만 원금보장이 안 되면 문제가 생기겠지.

선목 그럼 어떻게 되는데요?

불곰 우선 당사자와 합의하려고 하겠지. 합의가 안 될 경우에는 금융투자협회의 분쟁조정제도를 이용하고.

선목 그것도 안 되면요?

불곰 소송이지, 뭐.

선목 그럼 그 지점장은 절벽 위에 서 있는 셈 아닌가요?

불곰 응, 원금보장 각서를 쓴다는 것부터가 벌써 낭떠러지 위에 있다는 뜻이지. 불법인 줄 알면서도 그런 짓을 한다면 상황이 얼마나 절박하겠냐? 그러다가 계속 돈을 날려 먹으면….

"따르릉!" 불곰의 말을 끊는 전화가 왔다. 통화가 생각보다 길어지자, 나는 네이버 검색창에 '증권사 지점장'을 쳐 봤다. '엔터'를 누르기 전 자동완성으로 뜨는 것은 단 하나, '증권사 지점장 자살'이다. 고객 유치를 위해 '원금보장!'을 외친 지점장이 막대한 손실을 내고 가족과 고객들에게 미안하다는 유서를 남기고 자살했다는 기사도 있었다. 이런 기사를 읽을 때마다 우울하다. 주식 책을 쓰고 있지 않다면 이런 기사는 '클릭'도 하기 싫다. 우울한 기사들 속에서 헤어나지 못하고 있는데 불곰의 목소리가 나를 꺼내 줬다.

불곰 그럴 일이야 없겠지만, 지점장이 너한테 원금보장 각서를 써 주겠다고 하면 네가 말려라. 네가 갑자기 왜 원금보장 각서를 물어봤는지는 모르겠다만, 혹시 친구가 그런 제안을 들었다고 하면 받지 말라고 해.

그는 어느새 전화를 끊고 뒤에서 나와 함께 기사를 읽고 있었다.

불곰 그럼 오늘 수업은 여기까지.

답답한 마음에 사무실에서 나가서 친구에게 전화를 걸어 '원금보장 각서'는 불법이라고 전해 줬다. 다시 사무실로 들어가니 불곰이 칠판 앞에서 기다리고 있다.

불곰 '원금보장 각서'에 대해 알려 준 김에 '원금보장'에 대해서도 알려 줄게.

선목 아까 다 말한 것 아니었어요?

불곰 그건 '원금보장 각서'고, '원금보장' 자체를 설명해 줄게. 그럼 처음으로 돌아가 보자. 원금보장이라는 게 뭐지?

선목 그야 당연히… 원래의 금액은 보장이 된다. 즉 100만 원을 투자했다면 아무리 못해도 100만 원은 돌려준다. 이 말 아닌가요?

불곰 보통은 그런 의미지. 네가 올해 어디선가 '원금보장'이라는 말을 듣고 100만 원을 투자했다고 치자. 그리고 내년에 수익은 없었지만 100만 원은 돌려받았어. 이러면 원금보장이 된 건가?

| 선목 | 예. |

뭔가 틀린 것 같기도 했지만, 그래도 사전적으로는 맞는 뜻이기에 자신 있게 답했다.

불곰	그럼 다른 예를 들어 볼게. 네가 1984년에 '원금보장'이라는 말을 듣고 100만 원을 빌려주거나 투자했다고 생각해 보자. 그리고 2015년에 100만 원을 돌려받았어. 이게 원금보장일까?
선목	아닌 것 같은데요?

질문을 바꾸자 방금 전 내 대답이 틀렸음을 알아차렸다.

불곰	왜일까?
선목	돈의 가치가 바뀌었잖아요? 예를 들어 1984년의 배추 100포기 가격과 2015년의 배추 100포기 가격은 다르잖아요. 물가가 오르고 돈의 가치가 변했으니, 31년 전의 100만 원과 현재의 100만 원은 확실히 다르죠.
불곰	올해와 내년도 다르다.
선목	예… 그러네요.

왜 '원금보장'을 사람들이 착각하는가

불곰	그렇다면 원금이라는 건 이를테면 배추 100포기를 계속 살 수 있는 가치를 말하는 것이겠지? 다시 말해 진정한 원금보장은 시간이 지나도 동일한 가치를 보유하는 것일 테지?
선목	네.
불곰	그럼 그 기준은?

선목   물가 아닌가요?

불곰   그렇지. 한국은행이 목표로 하는 소비자 물가 상승률이 3퍼센트야. 그렇게 볼 때 최소한 3퍼센트는 더 돌려줘야 원금보장인 거야.

선목   예, 이건 상식이죠.

불곰   왜 넌 조금 전까지 몰랐지?

선목   상식이 없는 놈이라….

민망하여 유머로 피해 갔다.

불곰   하하하.

그는 웃더니 바로 정색했다.

불곰   아니야. 대부분 사람들이 알면서도 몰라. 물가가 오른다는 것도 알지, 돈의 가치가 떨어진다는 것도 알지, 그런데 금융상품을 소개하면서 원금보장이라고 하면 이상하게도 몰라. 그런 게 사람 심리인 것 같아.

선목   단순한 '원금보장' 말고 '진정한 원금보장'을 '제대로' 인지하고 있는 사람은 극소수일 것 같네요.

불곰   응, 알면서도 모르는 것이 바로 원금보장이지. 그럼 네가 '진정한 원금보장'을 모르는 사람들을 상대로 비즈니스 모델을 만든다고 가정해 보자.

선목   약간 불법적인 걸로요? 하하.

불곰   응, 뭐 어디까지나 가정이니까. 우선 사람들을 모은다. 미끼는 '100퍼센트 원금보장'. 1인당 1억 원씩 투자받고, 목표 수익률은 3년간 100퍼센트! 구미가 확 당기겠지?

선목   사람들이 혹하겠는데요?

불곰   혹하지. 여기서 네가 지켜야 할 조건은 원금보장뿐이잖아? 수익률 100퍼센트는 목표인 거고.

선목   맞습니다.

불곰   그럼 이런 상황에 써먹을 사업 매뉴얼은 아주 간단해. 3년 뒤에 나올 1억 원을 우선 떼어 놓는 거야.

선목   무슨 뜻인가요?

불곰   가장 안전하다는 국공채의 수익률이 2퍼센트 정도일 거야. 나라가 망하지 않는 이상 안전하지. 그럼 간단하게 계산해서 9400만 원을 국공채에 넣어 두면 되겠지?

선목   그렇죠. 그럼 600만 원이 남네요.

불곰   그럼 그 600만 원으로 뭘 해야겠냐?

선목   보통 주식투자하겠죠? 고위험 파생상품이나 선물에 투자할 수도 있고. 그중에서 하나가 성공하면 말 그대로 성공이고, 실패해도 원금은 보장되네요.

이론상으로는 절대로 손해 보지 않으면서 약속을 지킬 수 있는 방법이다.

불곰   그렇지. 근데 좀 이상하지?

선목   이건 뭐… 개인투자자가 600만 원을 거저 준 것이나 다름없잖아요. 고객이 이 사업 매뉴얼을 모른다는 전제하에서는 무조건 남는 장사다.

선목   개인투자자 입장에서는 600만 원만 가지고 스스로 투자하는 편이 낫겠는데요?

불곰   당연하지.

선목   그럼 아까 말하신 대로 증권사의 '원금보장'은 불법이니 증권사는 이런 사업을 못하겠네요?

불곰   음… 법을 교묘하게 피해 갈 수는 있지. 오해하지 마라. 법을 어긴다는 말은 아니니까.

그는 증권사가 불법을 저지르는 것은 아님을 강조했다.

선목   예를 들자면?

주식을 배우면서 느끼는 점 중 하나는 그냥 알고만 있는 것은 죽은 지식이고 사례를 들고 응용을 할 수 있어야 진짜 지식이 된다는 것이다. 그래서 더 자세한 예를 요구했다.

불곰   ELS 기억나지?

선목   예… 그런데 ELS가 원금보장이었어요?

불곰   원금보장형 ELS가 있어.

선목   원금보장은 불법이라고 하지 않으셨나요?

불곰   원금보장이 아니라 원금보장'형'이라니까. 이해되지?

선목   아… 어차피 고객들 눈에는 '원금보장'이라는 말만 들어오겠죠. 그럼 원금보장형 ELS도 조금 전에 제가 가상으로 했던 '원금보장 사업' 같은 건가요?

불곰   그것보다 더 심하지.

선목   왜 그렇죠?

불곰   증권사라서 브랜드 파워가 있으니 모객하기는 너보다 훨씬 쉽겠지?

선목   예.

불곰   똑같이 1인당 1억 원씩 받았다고 가정해 보자.

선목   지금까지는 비슷하네요, 하하.

불곰   돈을 받자마자 달라져. 증권사는 장사하는 곳이잖아. 절대로 손해는 안 봐. 돈을 받으면 맨 먼저 하는 일이 수수료 1~2퍼센트를 떼는 거야. 그리고 나서, 기간도 똑같이 3년이라고 하면, 증권사도 9400만~9500만 원은 수익률이 낮지만 원금은 거의 보장되는 국공채에 넣어 두지.

선목 그럼 300만~400만 원 정도 남네요.

불곰 이 남는 돈을 고위험 파생상품에 투자해. 한마디로 도박하는 거지. 고객들이 이것을 제대로 이해한다면 그런 금융상품은 안 살걸. 최근 에프앤가이드 발표에 따르면, 원금보장형 ELS 2012개 중에서 진짜로 원금만 지급한 ELS가 155개, 약 7퍼센트야.

선목 그냥 은행에 넣는 것보다도 못하죠?

불곰 당연하지.

선목 그럼 2012개의 평균 수익률은 어떤가요? 155개 말고는 이익을 많이 낸 상품도 있지 않을까요?

불곰 있기야 있겠지. 하지만 그런 건 예외에 속하고… 원금보장형 ELS의 기간이 보통 1년 6개월에서 3년인데, 평균 수익률이 2.84퍼센트야.

선목 물가 상승률을 고려한다면 4.5퍼센트에서 9퍼센트는 늘어야 진짜 원금보장만 한 것 아닌가요?

2.84퍼센트라는 수치는 너무 충격적이었다.

불곰 그러니까 평균적으로는 사실상 손해를 입은 셈이지.

선목 명색이 증권사인데 왜 이렇게 주식을 못하나요?

증권사 직원 말을 믿었다가 손해를 본 모든 이들을 위해서 물어봤다.

● 조선비즈, 2013년 10월 9일, '수익률 0퍼센트로 상환된 원금보장 ELS 벌써 155개'.

불곰	못하는 탓도 있겠지만, 더 정확히 말하면 아까 이야기한 그 구조 때문에 그래. 1~2퍼센트 떼고 공채에 넣고 난 나머지 돈을 투자해서 평균적으로 조금 이익을 얻은 거지.
선목	그럼 증권사보다 오히려 아까처럼 가상으로 제가 모객해서 투자하는 편이 더 수익률이 높겠네요? 저는 1~2퍼센트 수수료를 안 떼니까요.
불곰	어.
선목	그럼 사람들이 도대체 원금보장형 ELS를 왜 사는 건가요?
불곰	모르니까!

명쾌하다 못해 경쾌했다.

불곰의 가치투자 레슨

1. 주식투자 상품의 원금보장 약속은 불법이다. 원금보장 각서는 쓰지도 받지도 마라.
2. 진정한 원금보장이란 투자한 돈만큼 돌려주는 것이 아니라, 투자한 가치만큼 돌려주는 것이다.

16 고위험, 고수익?

불곰 너도 이제 나한테서 주식과 경제를 배운 지가 꽤 됐으니 문제를 하나 내마.

불곰이 먼저 제안했다.

선목 시험은 자신 없는데….

불곰 부담 갖지 마, 아주 쉬운 질문이니까. 'High risk, high return'이 무슨 뜻이지?

선목 에이, 이건 제가 주식을 공부하기 전부터 알던 거죠. '고위험, 고수익' 아닙니까?

불곰 비슷한 말로 또 뭐가 있지?

그의 눈빛을 보니 이것이 진짜 질문이었다.

선목 'High risk, high profit'이라는 말도 많이 쓰이죠.

불곰 그거 말고.

그는 조금만 더 생각해 보라는 의미로 검지로 머리를 가리켰다.

선목　음… 'Low risk, low return'인가요?

불곰　그건 반대 상황을 이야기하는 말이고.

그는 내가 상식으로 알고 있어야 하는 문제라는 듯 말했다.

선목　음… 힌트 좀 주세요.

포기도 하려면 빨리 하는 것이 편하다. 그는 컵에 물을 따르더니 몇 모금 마시고는 컵을 가리켰다.

불곰　이게 힌트야.

하지만 내게는 오히려 문제가 더 어려워졌다.

선목　컵에 물을 따르고 마시는 게 힌트라고요?

불곰　응.

그러면서 미소 짓는 것을 보니, 분명히… 굉장히 쉬운 문제다.

선목　다시 한 번 보여 주세요.

그는 조금 전과 같이 컵에 물을 따르고 마셨다.

불곰　아, 투명 컵이 아니어서 안 보이는구나.

그러면서 컵 안을 보여 줬다. 물이 반쯤 남아 있었다.

선목　방금 전에도 다 마시지는 않았던 거군요?

불곰　어, 이제 감이 좀 오지?

선목　조금은… 그래도 긴가민가합니다.

불곰　사실상 같은 뜻인데, 다른 방향에서 바라보면 완전히 달라지는 표현이지. 이 정도면 답을 그냥 보여 준 셈이다.

선목　잠시만요….

물을 마셨다는 것, 다른 방향에서 바라보라는 것… 그렇다면 이건 "컵에 물이 반이나 차 있네"(낙관론)와 "컵에 물이 반밖에 안 남았네"(비관론)라는 두 관점을 의미하는 것이렷다. 'High risk, high return'이 긍정적인 표현이니 내가 맞혀야 하는 답은 똑같은 의미이지만 부정적인 표현이다.

선목 형님!

산삼을 찾은 사람처럼 외쳤다.

불곰 알겠어?

그의 표정에서 '드디어'가 묻어 나왔다.

선목 답은 'High risk, high loss'입니다. 고위험, 고손실.

왠지 모르게 어깨도 쫙 펴졌다.

모험적인 투자자가 큰돈을 번다?

불곰 딩동댕! 주식은 물론이고 네가 어떤 경제 활동을 하더라도 항상 긍정적인 시각과 부정적인 시각 둘 다 가져야 해. 많은 정보도 중요하겠지만, 다양한 시각도 그만큼 중요하지. 자, 그럼 수업을 시작하자. 너 전에 증권사에 가서 증권계좌 개설할 때 설문지 비슷한 것 작성한 적 있지?

선목 예, 제 투자 성향을 조사했죠. 근데 '초저위험투자형'이 나오니 직원이 말하길, 상담을 받으려면 '고위험투자형'이 나와야 된다고 했어요. 저도 주식을 모르니까 어쨌든 상담을 받아야 한다는 생각에 다시 억지로 '고위험투자형'에 맞췄죠. 그때 주식을 잘 안다고 체크했던 것도 기억납니다. 그러고 돌아오자 형님이 증권사는 상담도 가능하고 '유인'도 할 수 있는 '고위험투자형' 고객을 더 선호한다고

불곰	지적하셨죠.
불곰	당연히 위험 회피형은 증권사 입장에서 재미없는 고객이지. 아무래도 고위험형 고객이 증권사가 원하는 공격적인 투자를 하겠지. 증권사의 재테크를 아주 잘해 주는 VIP인 셈이야.
선목	정말 '고위험인' 사람들이네요.
불곰	응, 주식투자의 목적은 증권사의 재테크가 아니라 자신의 재테크여야 하는데, '고위험, 고수익'이라는 환상 속에서 증권사 말만 믿는 거지.
선목	그러니까 '고위험, 고수익'이라는 말에는 방금 전 문제처럼 '고위험, 고손실'이라는 뜻도 있는데, 사람들은 '고수익'만 바라본다는 거죠?
불곰	어, 쉽게 생각해 봐. 네가 사업을 벌인다면 '고위험, 고수익'인 일을 하겠어? 당연히 '저위험, 고수익(Low risk, high return)'인 일을 해야지.
선목	그래야죠!
불곰	이건 언어적 함정이야. '고위험'을 이겨 내면 반드시 '고수익'이 돌아오리라는 착각을 하게 만들잖아? '고손실'이 닥칠 수도 있는데.
선목	교묘한 마케팅 캐치프레이즈 같네요.
불곰	실제로 이 '고위험, 고수익'이라는 말을 가지고 광고도 많이 하지.
선목	대표적으로 어떤 것이 있나요?
불곰	혹시 '레버리지 펀드'라는 것 들어 봤어? '레버리지'의 뜻은 '지렛대', 그렇다면 '레버리지 펀드'는 뭘까?
선목	잘 모르겠네요.
불곰	지렛대 원리와 똑같아. 지렛대를 이용하면 원래 가지고 있는 '힘'보다 더 큰 '힘'을 쓸 수 있잖아?

선목 여기서 '힘'이 주식에서는 '돈'인가요?

불곰 맞아. 예를 들어 네게 자금이 100만 원 있다면 150만 원으로 펀드에 들 수 있는데, 이것을 '1.5레버리지'라고 해.

선목 그럼 제가 200만 원으로 펀드를 산다면 '2레버리지'인가요?

불곰 응, 쉽게 말해서 돈을 빌려 펀드에 가입하는 거야.

선목 많이 위험해 보이네요. 주식은 돈 빌려서 하는 거 아니라고 알려 주셨잖아요.

불곰 응, 그래서 '고위험, 고수익'을 내세우는 거야. 이건 투기성 펀드야. 너무 위험해.

선목 어떤 사람들이 구매했나요?

불곰 증권사에서는 '진취적이고 용감한 투자자들'이라고 이야기했겠지만, 그냥 무지한 사람들이지. 도대체 왜 '고위험, 고수익'을 노리는 거야? '저위험, 고수익'을 찾아야지. 그런 게 바로 투자지.

선목 사람들이 '레버리지 펀드'에는 얼마나 투자했죠?

불곰 2013년도 기준으로 2조 원 이상 투자했대. 엄청나지.

선목 왜 이렇게 많은 사람들이 투자한 걸까요?

불곰 우선 일반 펀드에서 '레버리지 펀드'로 갈아탄 사람들이 많아. 이유는 간단해. 같은 원금으로 1.5~2배의 수익을 얻을 수 있다니까 해 볼 만하다고 생각한 거지.

선목 또 다른 이유는요?

불곰 사람들이 혹할 만큼 광고, 홍보도 잘했어. 일반 펀드에는 환매 수수료라는 것이 있는데, '레버리지 펀드'에는 그 환매 수수료가 없다고 광고했지.

선목   오, 그건 좋네요.

불곰   눈속임이야. 환매 수수료가 없는 대신에 '레버리지'를 쓰기 위한 추가 비용이 들어. 지렛대를 빌리는 비용이지. 당연히 100퍼센트 투자자 부담이고.

선목   단어만 바꾼 건가요?

불곰   그런 셈이지. 어쨌든 비용이 드는 거니까. 결국 '레버리지'를 쓰기 위한 추가 비용은 파생상품에 투자하는 비용이라는 말이지. 환매 수수료나 다름없어.

선목   그럼 여기서 가장 중요한 질문, '레버리지 펀드'의 수익률은 어떻습니까?

불곰   펀드 평가 전문 회사인 '제로인'의 과거 발표에 따르면 26개의 '레버리지 펀드' 중에서 1년간 수익을 낸 펀드는 0개야. 없어.

선목   아예 없다고요?

불곰   응, 없어.

선목   충격적이네요.

불곰   이제 이런 것에 충격 좀 그만 받아.

선목   그래도… 하나도 없다는 것이 너무 신기하잖아요.

불곰   하긴 하나도 없는 게 좀 이상하기는 해. 어쨌든 고객은 남들보다 1.5~2배의 손해를 본 거지. '고위험, 고수익'이 아니라 대규모 '고위험, 고손실'이야.

선목   펀드도 안 되는 마당에 돈 빌려서 펀드를 사면 두 배로 손해 보는 거네요.

불곰   응, 딱 맞아. 안 되는 장사에 돈을 두 배로 넣은 거야.

선목   좀 더 정확하게 말하자면 두 배로 버린 거고요.

불곰   어, 그게 더 맞는 표현이다.

불곰의 가치투자 레슨

고위험, 고수익? = 고위험, 고손실!
올바른 투자의 길은 '저위험, 고수익'을 찾는 것이다.

17

주식투자를 잘하려면
본업에 충실하라

선목   맨날 "이거 하지 마라, 저거 하지 마라"만 이야기하시는데, 그럼 주식을 잘하려면 무엇을 해야 할까요? 뭔가 하기는 해야 하잖아요?

성급한 질문이라는 것은 알았지만, 나로서도 그간 기다릴 만큼 기다렸다. 불곰은 나를 보고 씨익 웃더니 대답했다.

불곰   너무 막연한 질문이네. 그 질문에 "주식투자를 잘하려면 종합상사로 가라"라고 하면 만족스러운 대답이 될까?

막연한 질문에 불가사의한 대답을 내놓았다.

선목   제가 지금 종합상사에 들어가기는 좀 힘들겠죠. 하지만 그 이유를 설명해 주시면, 제가 요점을 잡아서 그 방법을 알 수 있지 않을까요?

불곰   좋은 생각이네. 주식을 하든 안 하든, 지금도 후배들에게 무조건 영업을 추천해. 상대방에 대한 배려, '상대방은 어떻게 생각할까?'를 우선 생각하는 습관, 아이템을 보는 눈, 사람을 판단하는 방법 등을 습득할 수 있기 때문이지. 또한 회사에서 가장 중요한 부서이기도 하고, 회사를 그만두고 나서도 뭔가 할 수 있는 역량을 가장 많이 키워 주는 부서거든.

그의 대답은 주식 잘하는 법이라기보다는 사업을 하기 위한 능력을 기르는 법에 더 가까웠다. 그에게 그 두 가지는 별 차이가 없어 보였다.

여우들 소굴에서 곰이 되기로 결심하다

선목   영업을 추천하시는 이유는 알겠는데, 주식과는 어떤 연관이 있나요?

답을 얻을 때까지 계속 물어볼 참이었다.

불곰   내가 주식투자를 곰처럼 한다는 말을 한 적이 있지? 그러게 된 이유, 그것이 가능했던 것은 바로 종합상사에서의 경험 때문이야. 내 첫 직장은 삼성물산이었어. 해외영업팀에서 첫 '임무'로 일본으로의 섬유 수출을 담당했지! 처음에 어땠을 것 같아?

선목   처음부터 잘하셨을 것 같아요.

불곰   시행착오는 똑같이 겪었어. 막상 들어가 보니 술수가 뛰어나고 계산이 빠른 여우들이 모인 소굴이더라. 그래서 나도 어린 나이에 여우처럼 행동했지. 그때는 그게 '로마에서는 로마법을 따르는 것'이라고 생각했어.

선목   분위기 따라 형님도 여우처럼 행세했다니 어울리지 않네요.

불곰   역시 어울리지 않는 옷을 입는 건 쓸데없는 짓이더군. 그분들은 이미 내공(內功)이 쌓일 만큼 쌓인 사람들이었지. 빠른 원가 계산, 순간적인 판단력, 위기관리 능력을 아무리 흉내 내도 따라갈 수가 없었어. 내가 가진 건 내공이 아니라 '내공(內空)'이었거든.

선목 형님도 그런 시기가 있었군요.

불곰 그럼, 시행착오는 누구나 겪어. 실수도 하고 실패도 하는 거지. 차이점은 실수와 실패를 통해서 배울 수 있느냐 없느냐일 뿐이야.

선목 그래서 어떻게 하셨어요?

불곰 그 술수 뛰어나고 계산 빠른 여우들 소굴에서 멍청해 보이는 곰이 되기로 결심했지. 원가를 공개하고, 내게 필요한 수익률도 굳이 숨기지 않는 등 진정성과 솔직함을 내세웠지! 감동, 신뢰, 배려는 역시 통하더군.

선목 그러기로 결정하신 이유가 여우들 세상에서 여우가 되어서는 도저히 승산이 없었기 때문인가요? 그 이유 하나뿐인가요?

불곰 다른 이유도 있지. 너 정치논리와 경제논리 알아?

선목 당연히 모르죠.

불곰 정치논리의 목적은 정권 쟁취야. 배려가 없어. 한 명이 다 먹는 거지. 대통령이 새로 뽑히면 정부 요직에 있던 사람들도 싹 바뀌잖아?

선목 예, 승자가 모든 것을 갖죠.

불곰 반면에 경제논리의 목적은 이익 창출이야. 이익을 최대로 창출하는 일은 절대로 혼자서 할 수가 없어. 상대방을 설득하고 배려해야 해. 그리고 이것이 영업논리이기도 해. 그것을 이해하는 순간 곰처럼 영업하자는 것이 신조가 됐어. 멍청해 보일 정도로 진정성 있고 솔직

	하게 했어.
선목	그럼 사기당하기에 딱 좋지 않아요?
불곰	사람을 판단하는 능력은 기본으로 깔고 있어야지. 우선 상대방을 파악할 수 있어야 정직한 카드를 꺼낼 수 있어. 아까 말했듯 나도 종합상사에서 이런 능력을 배웠기 때문에 곰처럼 살 수 있었지.
선목	아, 순서가 그렇게 되는군요!
불곰	지금 너 글 쓰기 편하라고 머릿속에서 다 정리해서 순서대로 이야기하고 있어. 이런 것도 조금 전에 말한 배려야. 다시 본론으로 돌아와서, 영업을 곰처럼 했듯이 인생도 '곰'의 길을 가자고 마음먹었어. 그러다 손해를 볼 수도 있지만 괜찮다고 생각했지. '영업도 곰처럼, 인생도 곰처럼'이라고 마음먹었다면 이제 다음 단계가 뭐였을 것 같아?
선목	드디어 주식?
불곰	그렇지! 주식투자도 곰의 길로 가는 거지. 내게는 바늘부터 미사일까지 다 파는 종합상사가 주식투자의 스승이었어. 아이템을 보는 눈과 사업 성장성을 예상할 수 있는 능력을 줬거든.

시황분석과 단타매매를 '못할' 수밖에 없었던 까닭은

선목	그럼 주식투자를 삼성물산에 있을 때도 하셨나요?
불곰	응. 갑자기 왜?
선목	종합상사를 다니면 아이템과 사업 성장성을 보는 눈을 가지게 된다는 것은 이해가 되는데, 그래도 회사 다니면서 주식을 하기에는

시간이 너무 부족하지 않나요?

불곰 내 경우에는 오히려 그 점이 도움이 됐어. 네 말대로 시간이 '부족' 한 것은 사실이지. 1년의 절반은 해외 출장이었으니까. 그래서 오히려 시황분석, 단타거래는 할 수가 없는 상황이었지. 그럴 시간이 물리적으로 없었어. 완벽하지 않아? 자연스럽게 주식투자에 가장 필요한 아이템, 사업 성장성을 보는 눈을 가지게 되면서, 쓸데없는 시황분석과 단타매매는 안 하게 된 거야. 그러니 괜찮은 아이템의 종목을 저가에 매수해서 기다리는 일밖에 할 수가 없었지. 근데 그게 바로 정답이거든. 투자의 정석이 몸에 스며든 거야.

선목 아무리 상황이 그랬다고 하더라도 저절로 그러기가 쉬워 보이지는 않는군요. 종합상사에서 해외영업하면서 주식하는 제 주위 사람들 이야기를 들어 보면, 그런 상황 속에서도 시황분석과 단타매매를 하더라고요. 그 유혹을 피하기가 너무 힘들대요.

불곰 마음속 다짐도 있어야지. 내가 주식투자도 곰처럼 하겠다고 결심했을 때, 첫 번째 다짐이 '재무제표가 좋고, 아이템에 대한 확신이 들면 웬만하면 끝까지 믿고 기다리자'였어. 이 다짐을 계속 지키다 보니 이것이 결국 주식투자의 노하우, 철학이 된 거야.

선목 하지만 아이템을 잘 보는 사람들도 장기투자는 못하는 경우가 굉장히 많거든요? 사실 대부분의 사람들이 그렇잖아요. 어느 기업의 신제품이 대단히 좋다는 것을 알아도 막상 돈을 몇 년간 투자하려면 겁부터 나는 것이 당연하잖아요.

불곰 못한다기보다는 안 하는 거지.

선목 그렇죠. 사람들이 안 하는 이유는 뭘까요? 장기투자에 대한 심리적인 불안감?

불곰 그렇겠지. 그럼 불안감이 왜 클까?

선목 '장기'투자니까요. 그 시간 동안에 어떤 일이 일어날지 모르잖아요.

불곰 맞는 말이기는 한데, 만약 네가 산 주식이 5~10년 후에 10~60배 오른다는 확신이 들면 투자할 것 같지 않아?

선목 하겠죠. 그런데 그런 경우가 너무 적잖아요.

불곰 어, 그래서 사람들이 불안해하지. 주위에 성공 스토리가 없으니 스스로 믿음이 가지 않는 거야. 내 경우에는 '한번 해 보자' 했는데 결과가 좋았어. 그래서 계속 했더니 계속 잘된 거야. 사람은 결국 자신의 경험을 믿게 되어 있어. 개미투자자들이 장기투자를 못하는 이유가 자신이 장기투자를 해 본 적이 없기 때문이야. 나는 '해 보니 되더라'를 경험한 경우고.

선목 이야기가 좀 길어진 듯하니 한번 정리하고 넘어갈게요. 곰처럼 주식한다는 것은 아이템과 사업 성장성을 보고 저평가일 때 투자하고 기다린다는 말이죠?

목표 수익률을 높게 잡아야 종목을 제대로 공부한다

불곰 응, 매번 변하는 시황분석, 시장 흐름, 트렌드, 기술적 분석(그래프)은 주식투자에 필요 없어. 그리고 주식한다면서 늘 모니터만 뚫어져라 쳐다보고 있는 사람들이 많은데 그럴 필요도 없어. 종가 정도만 확인하면서 본업에 충실해야 해. 주식투자가 본업에 영향을 주면 안 돼.

선목 그런데 주식이라는 것은 언제든 폭락하거나 상장폐지가 될 가능성이 있잖아요. 그런 일에 대비하려면 시황분석, 시장 흐름, 트렌드 등에 계속 촉각을 곤두세우고 있어야 하지 않나요?

불곰 그런다고 주가 폭락이 멈추냐? 네 말대로 악재는 분명히 있어. 그러니 운도 분명히 필요해. 근데 곰이 벌통에서 꿀을 먹으려면 벌들에게 몇 방 쏘이는 건 감당해야 하잖아? 주식투자도 마찬가지야. 그리고 시장 흐름이나 트렌드 분석이 모니터를 하루 종일 쳐다본다고 되는 것도 아니야. 차라리 밖을 돌아다니면서 사람들 만나는 편이 나아. 영업할 때도 마찬가지였어. 책상 앞에서 자리만 지키기보다는 여러 사람을 만나는 편이 훨씬 도움이 됐거든.

그는 커피를 한 모금 마시고 다시 이야기를 이어 갔다.

불곰 위기관리를 하지 않는다는 말은 아니야. 분산투자하고, 종목을 더 분석하고, 저가 매수를 해야지.

선목 그렇게 하려면 어떤 마인드가 필요한가요?

불곰 '목표 수익률 100퍼센트' 같은 마음가짐이 필요해. 그렇다고 '무조건 100퍼센트 먹고 떠난다' 혹은 '무조건 100퍼센트가 될 때까지 기다린다'는 뜻은 아니야. 그 전이나 그 후에 팔 수도 있어. 여기서 중요한 건 '숫자'가 아니라 그런 마인드가 필요하다는 거야. 그래야 자연스럽게 단타매매를 안 하고 장기투자를 할 수 있어. 목표를 그렇게 잡아 놔야 종목에 대한 공부도 많이 하게 돼. 반면에 여우 같은 투자자들은 3~5퍼센트 혹은 5~10퍼센트 정도를 생각하면서 단타매매를 해. 그러면 자신이 살 종목에 대한 공부를 결코 많이 할 수가 없지. 유행을 따라가는 식으로 투자하게 돼. '이거 오르고

선목　곰이 보기에 여우는 어떤가요?

불곰　곰이 보기에는 여우가 진짜 멍청이야. 곰은 멍청해 보일 뿐 진짜로 멍청하지는 않아. 여우는 눈앞 3~5퍼센트만을 생각하기 때문에 오히려 손해를 보지. 얼핏 이론적으로는 맞는 말처럼 들리지. 여러 주식으로 계속 3~5퍼센트 정도 이익을 본다면 실패는 아니잖아? 하지만 현실적으로는 불가능에 가까워. 모든 주식이 3~5퍼센트 오르는 건 절대 아니거든. 떨어지는 주식도 많고 상장폐지되는 회사도 많아. 2010~2013년에 상장폐지된 종목이 219개야. 10퍼센트가 넘게 상장폐지됐어.

선목　살벌하네요.

불곰　그러니까 몇 종목에서 3~5퍼센트 이득이 생겨도 다른 주식들이 떨어지고 심지어 상장폐지되기도 한다는 위험을 생각해 보면, 3~5퍼센트는 부족해. 아무리 계산해 봐도 실패할 확률이 큰 장사야.

선목　그러네요. 여우들은 스스로 이길 수 없는 게임을 하고 있군요.

불곰　여우의 방식 말고 곰의 방식을 따르는 불곰주식연구소는 어떨 것 같아?

선목　모르긴 몰라도, 여우보다는 훨씬 낫겠죠?

불곰　그럼! 불곰주식연구소에서 주식 강의를 시작한 지 71개월(2016년 6월 29일 현재)이 지났어. 시장 수익률은 그동안 0.05퍼센트 하락했지. 내가 추천한 94개 종목은 평균 36퍼센트 올랐고, 그중 반이 넘는 60개 종목을 매도했는데 평균 수익률이 62퍼센트야. 주식은 길게 봐야 해. 그런데 이것을 아무리 설명해 줘도 시큰둥한 사람들이 많아.

선목 그 이유는 뭔가요?

불곰 곰의 주식투자 방식이 세련되지 않고 너무 단순하기 때문에? 물론 그렇게 보인다는 것은 나도 누구보다 잘 알고 있어. 정석이긴 하지만 구식 같다는 사람들도 많아. 서점에 가서 주식 코너를 둘러보면 기술적 분석으로, 선물로, 펀드로 돈을 벌었다는 사람들이 쓴 책이 많지. 하지만 실제로 그 사람들은 지금 계속 주식으로 돈을 벌고 있지 않아. 그러니 한탕주의에 가까운 책들이지. 반면에 누구나 알 만한 투자의 귀재에 대한 책들을 보면 투자의 정석만을 이야기해. 그 사람들은 지금 이 순간에도 계속 돈을 벌고 있지.

선목 예를 들자면?

불곰 세상 사람 모두가 아는 워런 버핏. 장기투자, 가치투자, 정석투자의 대표적인 인물이지.

선목 음… 인생도, 주식도 곰처럼 해야 한다는 건 알겠어요. 하지만 제가 막상 실행을 할 수 있을지 모르겠어요.

불곰 계속 주식으로 설명하니까 어려운가? 그럼 음식점으로 설명해 줄게. 맛집들 많잖아. 그 모든 맛집들이 특별한 소스를 개발해서 성공했을까? 아닐걸. 진짜 맛집에는 '비법'이 없어.

선목 저도 TV에서 많이 봤어요. 좋은 재료 아끼지 않고, 편법 쓰지 않고, 그저 원래 방식만 죽 지켜 가면서 3대째 운영하는 음식점들이 많더군요.

불곰 바로 그거야. 지름길은 없어. 선물 같은 걸로 한탕을 노리는 건 로또 당첨을 바라는 심리와 비슷해. 곰의 길, 단순하지만 쉽지는 않

아. 하지만 불가능하지도 않아. 이 사진 한번 봐 봐.
그는 불쑥 사진 한 장을 내 눈앞에 내밀었다.

불곰 한자 쓰인 것 어때 보여?
사진 속에 있는 한자를 한참 동안이나 바라보고 답했다.

선목 서예는 잘 모르지만, 굉장히 잘 쓴 것 같습니다. 어떻게 보면 어린 애가 쓴 것 같지만, 힘이 들어갈 부분에 들어갔고 자유로우면서도 모든 규칙을 지켰습니다.

불곰 제법 잘 아네! 대단히 잘 쓴 글씨야. 봉은사의 '판전'이라고, 추사 김정희 선생이 쓰셨지. 모르는 사람들은 네 말처럼 어린아이가 쓴 것 같다고도 하지. 하지만 좀 아는 사람들은 이 작품을 추사 선생의 최고 수작으로 뽑아. 쓸데없는 기교 없이 정석으로 쓰였으면서도 자신의 색깔이 있어. 대교약졸(大巧若拙), 다시 말해 너무 세련된 기교는 오히려 어설프지.

선목 이해가 좀 더 잘되네요.

본업에 충실하다 보면 관련된 아이템이 보인다

불곰 주식도 마찬가지야. 쓸데없는 기교를 부릴 필요 없어. 인생도 마찬가지고. 내 주위 선후배들만 봐도 곰 같은 사람들이 최후의 승자더군. 나이 먹으면서 보니 그런 사람들이 바로 곰처럼 사는 게 맞다는 걸 보여 주는 산증인이 되어 있더라니까.

선목 하하하, 이제 "주식투자를 잘하려면 종합상사로 가라"는 말이 이해가 되네요. '곰'이 되라는 말이었군요?

불곰 응, 종합상사를 다니는 것이 주식하기에 유리한 이유는 아무래도 많은 아이템을 접하고 여러 사람들을 만날 수 있기 때문이야. 그렇다고 해서 종합상사를 반드시 다녀 봐야만 주식을 잘할 수 있다는 이야기는 아니야. 어떤 직업을 가지고 있든 자신의 본업에 충실하면 주식을 하는 데 도움이 돼. 본업에 충실한 것 자체가 바로 주식 공부야. 그러다 보면 관련된 아이템들이 눈에 들어오고 자연히 시장성도 알게 되니까.

선목 그리고 본업에 충실하면 주식투자는 당연히 곰처럼 하게 되겠네요?

불곰 응, 본업에 충실한 사람은 단타매매하기가 불가능하지. 이제껏 내가 했던 모든 이야기가 이렇게 꼬리에 꼬리를 물면서 연결돼. 참, 너도 식품회사에서 일한 적 있잖아? 열심히 일하면서 관찰하고 공부하면 그 업계를 당연히 잘 알게 되지? 그 업계뿐만 아니라 연관된 모든 업계까지 자연스럽게 알게 돼. 그러면 눈에 띄는 종목이 생길 테고, 그 종목의 재무제표를 보면 살지 말지 판단이 들겠지?

선목 예, 저도 제가 다녔던 회사에 대한 확신이 있었어요. '장사'를 잘하고 있으니 주가도 오르리라는 걸 자연스럽게 알겠더군요. 실제로도 그 후에 가격이 올랐고요.

불곰 네가 만약 더 오랫동안 더 열심히 일했고 재무제표도 볼 줄 알았다면, 더 많은 것이 보였을 거야. 너무 교과서적인 이야기이기는 한데, 열심히 살면 진짜 보여. "열심히 살아라, 곰처럼 투자해라." 누구나 할 수 있는 말인 건 알아. 그리고 쉽지 않다는 것도 알아. 그러나 내가 경험으로 느낀 그대로 이야기하는 것뿐이야.

현실에서는 주식을 하든 뭘 하든 여우처럼 굴고 싶을 때가 많을 거야. 그때는 내가 지금 말한 모든 것들을 무시하고 싶겠지. 순간적으로 기억도 안 날 수도 있어. 기억나더라도 머릿속에서만 맴돌고 행동으로 옮기지 못할 때도 많을 테고. 하지만 상황이 복잡해질수록 단순하게 생각해야 해. 최후에 미소를 짓는 자는 결국 곰이더군.

불곰의 가치투자 레슨

곰처럼 투자하라. 쓸데없는 기교 부리지 마라.
곰처럼 투자하려면 본업에 충실해야 한다.
본업에 충실하면 사람이 보이고, 아이템이 보이고, 투자할 종목이 보인다.

18
길을 잃지 않는 법

선목 등산, 생각보다 힘드네요.

불곰을 따라서 간 첫 등산. 높은 산도 아니었지만 그간 운동을 쉰 탓인지 예상보다 힘들었다.

불곰 앞사람만 서둘러 쫓아가려고 하지 말고 간격을 좀 둔 채 풍경을 즐기면서 가면 훨씬 편해. 그렇게 따라가면 앞사람 엉덩이만 보게 되잖아. 네가 이 풍경의 일부라고 생각하면서 풍경과 함께 움직여 봐. 즐기라니까.

선목 시인 다 되셨네요?

불곰 너랑 있어서 그런가? 허허. 등산을 하면서 정상에 오르는 것만 중요하게 생각하는 사람들이 있어. 하지만 등산은 여정 자체를 누리는 것이지 목적지만이 전부인 활동이 아니야. 그리고 앞사람만 보면서 가다가는 오히려 절벽으로 떨어지거나 길을 잃어버릴 수도 있어. 다른 사람 엉덩이만 쫓던 사람은 길을 익히지 못하니 같은 산조차도 혼자서는 오지 못해.

선목 인생 교훈 같네요.

불곰 등산과 삶이 비슷한 면도 많지. 사람들의 고민이나 질문에 산이 답해 주기도 하거든. 산에서든 삶에서든 남 엉덩이만 따라가선 안 돼. 요즘 젊은 친구들이 고민하는 진로나 꿈도 마찬가지지. 다른 사람 시선에만 신경 쓰고, 사람들이 움직이는 대로 휩쓸려 가다 보면 길을 잃어버리기 쉬워. 어쩌다 운이 좋아서 남 엉덩이만 따라가다 성공을 하더라도 정작 '길'은 모르는 거지.

선목 우리나라는 다들 똑같은 것을 하려고 해서 이렇게 경쟁이 심한 걸까요?

말을 할수록 숨이 찼다.

"Be different!" 남들과 다르게 하라

불곰 똑같은 것을 똑같이 하는 게 문제야. 같은 것도 다르게 해야 돼. 내가 후배들한테 자주 하는 말이 하나 있어. "Be different!" 사람은 우선 다르고 봐야 해. 좋든 나쁘든 달라야 해. 그러지 않으면….

그는 멈추더니 감탄을 내뱉었다.

불곰 와, 경치 좀 봐!

절경이었다. 산을 보고 감동하지 않는 사람이 있을까?

선목 절경이네요. 신은 화가가 분명해요.

몇 분 동안 둘 다 말없이 풍경만 보고 있었다. 그리고 다시 걷기 시작했다.

선목 아까 하시려던 말이 뭐였죠?

이야기도 다시 시작됐다.

불곰 아, "Be different!"에 대해서 이야기하고 있었지? 나는 대학교 3학년일 때 입사가 결정됐어.

선목 그렇게 빨리요?

불곰 그 시절에는 그런 경우가 아주 많았어. 지금처럼 취업이 어렵지는 않아서 회사를 골라 가는 분위기였거든. 하지만 예나 지금이나 비슷한 점도 있지. 사람들이 몰리는 인기 직종은 항상 따로 있었어.

선목 그렇겠죠. '쏠림 현상'은 항상 있으니까요. 그때도 금융권이 인기 많았나요?

불곰 그럼, 종합금융사나 증권사가 인기 많았지. 지금보다도 더 많았던 것 같아. 당시 금융권 초봉이 3000만 원 정도였을걸. 내 초봉은 얼마였을 것 같아?

선목 설마 더 적었나요?

불곰 '설마' 더 적은 게 아니라, '당연히' 더 적었지. 금융권 연봉이 최고였던 반면, 내가 들어간 삼성물산은 1000만 원이 안 됐어.

선목 세 배나 차이 나네요. 그럼 왜 삼성물산으로 가셨나요? "주식투자를 잘하려면 종합상사로 가라"고 하셨을 때도 궁금했습니다. 처음부터 주식을 배우려고 종합상사에 가지는 않았을 테니까요.

불곰 장사꾼이 되고 싶었어. 사업을 하려면 가장 빨리 독립할 수 있는 곳이 삼성물산이라고 해서 간 거야. 돈에는 관심도 없었고.

선목 시작부터 남들과 다르셨네요. 금융권에 갔던 형님 친구들과 비교해 보면 지금은 어떤가요? 1000만 원이 3000만 원을 앞질렀나요?

불곰 앞지르고 말고를 떠나서 길이 다르지. 금융권에 입사한 내 친구들 중 40퍼센트는 지금… 집에 있어. 60퍼센트는 구조조정을 기다리고 있고.

선목 세상 무섭네요.

불곰 세상은 절대로 만만하지 않아. 회사의 부품으로 있으면 언젠가는 새것으로 교체되기 마련이야. 그런 부품은 사라져도 금방 대체돼.

선목 집에 있는 40퍼센트는 다른 회사에 입사하기 힘든가요?

불곰 힘들지. 잘렸거나 스스로 그만둔 회사에서 좋은 부품이었다고 하더라도 다른 회사에서도 좋은 부품이 되리라는 보장은 없으니까. 요즘 젊은 애들 취업하기 힘들다고 하잖아. 그러면 나이 든 사람들은 얼마나 더 힘들겠냐?

선목 그럼 그런 분들은 이제 어떤 일을 하나요?

불곰 퇴직금 가지고 요식업을 하는 경우가 많지.

선목 진입장벽이 낮아서인가요?

불곰 응, 만만하기도 하고, 남들이 하니까 따라가는 거지.

선목 또 휩쓸려 가는군요?

불곰 어, 보기에는 쉬운 듯해도 사실은 힘든 길을 가는 거지. 요식업 폐업률이 얼마인 줄 알아?

선목 75퍼센트 정도?

불곰 94퍼센트. 거의 다 망한다는 얘기지. 특별한 점을 보여 주지 못하면 허무하게 끝나. 주식도… 어라? 선목아, 여기가 정상이다!

선목 생각보다 빨리 왔네요. 경치 죽이네요.

불곰 말대로 경치를 보면서 걷다 보니 덜 힘들었나 보다. 우리는 사진을 찍고 구경을 좀 하다가 올라온 길과는 다른 길로 내려갔다.

선목 아까 하시려던 말이 뭐였죠?

이야기도 길 따라서 다시 진행됐다.

불곰 무슨 이야기를 했지?

아직도 풍경에 젖어 있던 불곰이었다.

선목 요식업 94퍼센트는 망한다고 하고 나서 주식에 대해 뭔가 말하시려고 했습니다.

불곰 맞다. 사람들이 주식투자를 하는 이유도 요식업하는 이유와 비슷해. 그러니까 진입장벽이 낮고….

선목 보기에는 만만하고.

불곰 그리고 친구가 수익을 얻었다고 하니까. 이렇게 시작한 주식투자는 전에 말한 대로 95퍼센트, 다시 말해 거의 모두가 실패해. 사업이나 주식투자나 사람들이 따라 하려고만 하거든.

선목 인생도, 사업도, 주식도 따라 하면 안 되는군요?

불곰 그럼! 어디로 가든, 무엇을 하든 따라 하면 안 돼. 남들과는 다르게 해야 돼. 주식투자도 마찬가지고.

모두가 시황분석에 매달리지만

선목 형님은 무엇을 다르게 하시나요?

불곰 사람들이 가장 많이 하는 두 가지를 안 해. 첫 번째… 전에도 이야기했는데, 뭘 것 같아?

선목 혹시 시황분석?

불곰 응, 오늘은 조금 더 자세히 알려 줄게. 시황분석, 그러니까 '앞으로 오를 것이다, 내릴 것이다' 하는 분석을 안 해. 경제TV, 경제신문, 주식 전문가, 수많은 개미투자자들 모두 그 이야기를 하지만, 난 하지 않아. 가만히 들어 보면, 시황분석은 미래가 아니라 과거만 이야기하지. 예를 들어 리먼 브러더스 사태가 터졌을 때 전문가들은 암담한 폭락 장세라면서 빨리 현금화하라고 했어.

선목 그래서 어떻게 됐어요?

불곰 그 시기가 조금 지나고 나니 리먼 사태 전보다 더 올랐어.

선목 허….

불곰 반대 경우도 마찬가지야. 주가지수가 계속 올라가자 전문가들이 '호황이다'라며 노래를 불러 댔지. 그리고 하락했지.

선목 두 가지 질문이 있습니다. 우선은, 어쨌든 잘 맞히는 전문가도 있지 않을까요? 그리고 또, "역사를 알아야 미래를 알 수 있다"는 말도 있지 않습니까?

불곰 너는 주가가 오른다고, 나는 내린다고 예상했다고 치자. 둘 중 한 명은 무조건 맞겠지? 사람들은 그 한 명이 '천재'라고 착각하는 거지. 그러니 의미 없어. 주식의 역사나 과거를 분석해 보면 내릴 수 있는 결론은 딱 한 가지야. "주가는 올라갈 수도 있고 내려갈 수도 있다." 95퍼센트가 시황분석을 믿기 때문에 내가 주식판을 노다지 판이라고 생각하는 거야.

선목 무슨 뜻인가요?

불곰 혹시 '언더슈팅(undershooting)', '오버슈팅(overshooting)'이라는 말 알아?

선목   알 리가 있겠습니까? 하하.

불곰   언더슈팅은 주식 가격이 '진짜 가치'보다 떨어져도 더 떨어질까 봐 계속 파는 거야. 패닉 상태에 빠진 거지. 반대로 오버슈팅은 주식 가격이 '진짜 가치'보다 올라가도 더 오를 거라 생각해서 계속 사는 거야. 남 따라 하기의 전형이야. 그래서 나 같은 사람은 '진짜 가치'보다 낮을 때 사서 '진짜 가치'보다 비싸게 팔 수 있지. 나로서는 고마울 따름이지.

선목   아, 그렇군요.

오르막길보다 내리막길이 더 위험해서 그런지, 아니면 힘들어서 그런지 둘 다 말이 없었다. 그러다가 다시 잘 포장된 길이 나왔다.

미인주, 주도주보다 소외주를

선목   주식할 때 남들과 다르게 하는 것 두 번째는 뭔가요?

불곰   미인주, 주도주 같은 것은 손대지 않아.

선목   둘 다 무슨 말인지 모릅니다.

불곰   미인주? 글자 그대로 예뻐 보이는 주식, 인기가 많은 주식을 말하지. 주도주라는 것도 말 그대로 주도하는 것, 즉 큰 이슈가 되는 주식이야. 예를 들어 에볼라가 유행하면 에볼라 관련주가 주도주가 되는 식이지.

선목   그런 주식을 사지 않는 이유는 뭔가요?

불곰   이슈가 되는 순간 오버슈팅에 해당되기 때문이지. 증권회사에서 발표하는 리포트에 자주 나오는 '전문가 연일 추천' 같은 말은 사람선목   들한테 환상을 심어 주는 것에 지나지 않아. 그런 건 그냥 다 무시하면 돼.

선목   그럼 형님은 어떤 주식을 사나요? 뭔가 사기는 해야 할 것 아닙니까?

불곰   소외주에 투자하지. 이것도 글자 그대로 사람들한테 소외당한 주식이라는 뜻인데, 사람들이 잘 모르니 저가에 매수할 수 있지. 95퍼센트와는 다르게 투자하니까 수익도 남들과 달리 높더군.

선목   오늘 강의에서는 '삶' 부분과 '주식' 부분이 있었잖아요? 오늘 배운 것을 실행한다고 생각해 보면 저로서는 처음으로 주식이 삶보다 쉽게 느껴지네요.

불곰   둘 다 어렵기는 마찬가지인데, 너야 주식을 아예 모르니 그저 배운 대로만 실천한다면… 그래, 오늘 강의만큼은 주식이 인생보다 쉬울 수 있지. 그렇다면 인생도 남들과 다르게 사는 방법을 쉽게 알려 줄까?

선목   뭔가요?

불곰   그냥 너이기만 하면 돼.

선목   네?

불곰   세상에 너는 단 한 명이잖아. 너랑 같은 사람은 없어. 그 누구도 다른 사람으로 대체될 수 없으니, 그저 자기 자신이기만 하다면 남들과 다른 거야. 세상이 뭐라 하든 너는 세상에 나온 첫 번째이자 마지막 '박선목'이야. 네가 '박선목'으로서는 '오리지널'이라고.

요즘, 아니 오늘 산을 오르기 전까지만 하더라도 무의식중에 나를 괴롭히는 생각들이 있었다. '이 사회에서 내 위치는 어디일까?' '이렇게 살다가 결혼은

할 수 있을까?' 그 모든 생각들이 남들의 시선으로 나를 봄으로써 비롯된 것 같다. 남과 비교하면서 살면, 이 사회가 요구하는 대로만 살면, 남의 인생을 사는 셈이다. 내가 신경 써야 하는 시선은 오직 나를 비추는 '거울'뿐이다. 나는 나 자신일 때 가장 행복하다.

불곰의 가치투자 레슨

인생도 주식도, 남들 따라가기만 하다가는 길을 잃기 십상!

1. 시황분석 믿지 마라. 과거만 이야기할 뿐, 결코 미래를 알려 주지 못한다.
2. 미인주, 주도주에 손대지 마라. 이목이 쏠린 주식은 이미 '오버슈팅' 상태에 있다. 저평가된 소외주를 찾아라.

19
기업의 배신

선목 형님은 얼마를 가지고 사업을 시작하셨어요?

불곰 그건 갑자기 왜?

선목 삼성물산을 왜 가게 됐고, 거기서 어떻게 일하셨는지 알게 되었으니, 이제는 사업을 어떻게 시작하셨는지 궁금해졌거든요.

불곰 하하, 알았다. 3억 5600만 원.

선목 많이 모자랐겠네요?

불곰 넉넉한 돈은 결코 아니었지.

선목 그럼 나중에 돈을 또 빌리셨나요?

불곰 흠… 2002년이었지. 3명이 함께 '불차입 경영'을 선언하면서 사업을 시작했어.

선목 왜 무차입 경영이 아니라 '불차입 경영'인가요?

불곰 당연히 사업자금이 모자라서 은행에서 돈을 차입하고 싶었지. 그런데 모든 은행에서 담보를 요구하더군. 나도 평범한 시민이니 담보로 잡힐 만한 건 집밖에 없었어. 근데 알다시피 사업의 95~99퍼센트는 망해. 그런 통계를 알면서도 내가 사업을 하고 싶다는 이유 하나로 아내와 딸들이 살고 있는 집을 담보로 잡힐 수는 없었어. 결국 자금이 풍부해서 무차입 경영을 한 것이 아니라 차입을 할 수 없는 불차입 경영을 어쩔 수 없이 하게 됐지.

선목 그럼 3억 5600만 원은 어디서 나온 건가요?

불곰 사업을 해 보겠다고 하니까, 여러 삼성물산 선후배들과 일본 거래선, 그리고 지인들이 3억 5600만 원을 자본금으로 투자했어. 그분들이 우리 회사의 주주들이야.

선목 저도 2002년에 형님을 알고 있었다면 100만 원이라도 투자했을 텐데요, 하하하.

불곰 하하, 실제로 그런 경우가 있었어. 절친한 동생 하나가 갑자기 헐레벌떡 뛰어오더니 100만 원을 건네면서 아내 이름으로 투자한다고 했지. 그리고 나한테 지금까지 술을 적어도 몇천만 원어치는 얻어먹었을 거야. 회사 주주인데 사 줘야지 어쩌겠어? 하하.

선목 저도 지금이라도 100만 원을 넣으면 안 되나요?

불곰 안 돼. 개업하는 날 주주들한테 약속했거든.

선목 개업도 남들과는 뭔가 달랐을 것 같은데요?

불곰 음… 다른 것이 있기는 있었지. 대부분은 사업을 조용히 시작하거든. 망하면 창피하니까. 나는 사무실이 꽉 차도록 지인들을 다 불렀어. 미신이기는 하지만, 돼지머리를 놓고 절도 하고, 하하. 사업하면 '미신' 같은 것을 믿지 않더라도 지키는 편이 좋아. 왜냐하면 실

	제로 믿는 사람들도 꽤 많거든. 그런 풍습을 나도 하나의 문화로 받아들여야 미신을 믿는 사람들도 나를 신뢰하게 돼. 이것도 배려인 셈이지. 그런데 내가 왜 사람들을 다 부른 줄 알아?
선목	혹시 그것도 미신 때문인가요?
불곰	아니, 많은 사람들 앞에서 목숨을 걸겠다는 선언인 셈이었지. 그랬는데도 망하면 더 창피하잖아.

주주들과의 약속

선목	멋지네요. 근데 개업식과 지금 제 100만 원을 못 받아 주시는 것은 관계가 없지 않나요? 약속이 뭐였나요?
불곰	주주들한테 "이 사업이 망할 수도 있지만, 절대 자본금 증자는 하지 않겠다!"고 약속했지.
선목	자본금 증자가 뭔가요?
불곰	쉽게 설명하자면, 네가 사업을 하는데 네 돈 5000만 원이 있고, 아버지 친구분이 5000만 원을 투자했다고 하자. 자본이 얼마지?
선목	1억 원요.
불곰	그러다가 사업이 좀 잘되기 시작했어. 그래서 네 친구가 1억을 투자하겠대. 어때?
선목	좋죠.
불곰	그 뜻이 아니라… 그럼 이제 네가 안 갚아도 되는 돈이 얼마지?
선목	2억이죠.
불곰	너는 1억이 더 생기니까 좋잖아?

선목   그렇죠.

불곰   근데 이상하게도 아버지 친구분 표정이 안 좋으셔. 그 이유는?

선목   아! 이제 이해했어요. 아버지 친구분이 회사 지분 50퍼센트를 가지고 있었는데, 친구가 투자함으로써 지분이 25퍼센트로 줄어서 기분이 안 좋으신 거죠?

불곰   그렇지. 이게 자본금 증자야. 주식 가치가 희석되는 거지.

선목   그럼 기존 주주들한테 안 좋은 거군요? 하지만 주주가 회사 주인인데, 주인한테 안 좋은 일을 하는 사람이 있나요? 자본금 증자는 아무도 안 할 것 같은데요?

불곰   그렇지 않아. CEO 마음이거든.

선목   이해가 가지 않네요. 아무리 CEO에게 회사를 경영하는 권한이 있다고 하더라도 주주는 주인이잖아요. 주인을 손해 보게 하는 자본금 증자를 도대체 왜 하는지 모르겠어요.

불곰   음… 네가 보기에는 회사가 주식을 상장하는 이유가 뭘 것 같아?

선목   회사가 잘나가면 상장되는 것 아닌가요?

불곰   그 말도 맞긴 한데, 정확히 말하면 자본금을 조달하기 위해서야.

선목   아, 갚지 않아도 되는 돈이니까요?

불곰   그렇지. 그런데 상장 후에 회사가 힘들어지면 시도하는 것이 바로 자본금 증자야.

선목   조금 전의 경우에는 제 가상의 회사가 잘돼서 친구가 투자한 것 아니었나요?

불곰   회사가 잘돼서 또 투자를 받든, 회사가 힘들어져서 돈을 어딘가에서 받든 결국 자본금 증자인 것은 마찬가지지. 이런 증자로는 보통

유상증자, CB, BW 등이 있어.

선목 오늘 수업은 좀 어렵군요.

불곰 음… CB와 BW가 가장 많으니까 이 두 가지만 알려 줄게. 우선 CB(convertible bond), 즉 전환사채는 자금이 필요한 회사가 돈을 빌려주는 사람에게 주식으로 전환할 권리를 주는 거야. 예를 들어, 지금 주가가 10,000원인 A회사에 네가 1억 원을 빌려줬다고 하자. 그러면 3년 후에 주가가 30,000원이 되더라도, 빌려준 돈 1억 원어치를 10,000원이라는 가격에 A회사 주식으로 전환할 수 있는 선택권이 네게 있는 거야.

선목 이해했습니다. BW는요?

불곰 BW(bond with warrant), 즉 신주인수권부사채는 회사가 돈을 빌려준 사람한테 돈도 갚아 주고, 주식을 살 수 있는 권한도 별도로 주는 거야. 예를 들어 네가 A회사에 1억 원을 빌려줬다고 하자. 그럼 A회사가 너한테 빌린 돈을 갚고, 신주를 계약된 가격에 살 수 있는 권한도 별도로 주는 거지. 그 권한이 바로 신주인수권(warrant)이야. 쉽게 말해 BW는 신주인수권이 붙어 있는 사채야. 그 권한을 네가 나중에 '행사'할 수 있는 거고. 여기까지 이해가 되지?

선목 예, 돈을 빌려주는 사람한테 무조건 유리하네요?

불곰 당연히 그래야 돈을 빌려주겠지. 그리고 여기서 끝이 아니야. CB는 '전환', BW는 권한을 '행사'하는 거라고 했잖아?

선목 예, CB는 A회사에 빌려준 돈만큼 주식으로 '전환'할 선택권, BW는 A회사로부터 빌려준 돈을 받고 신주를 살 수 있는 권한이 있는 거죠? A회사는 돈을 빌려준 사람을 위해서 그만큼 주식을 새로 발행

	해 주는 것이고요.
불곰	그렇지. 여기서 중요한 요소가 하나 더 추가되는데, CB의 전환가액, BW의 행사가액은 조정이 가능해. A회사 주식을 70퍼센트의 가격에 살 수 있지. 예를 들어, 10,000원짜리 주식을 7,000원에 사는 거야.
선목	음… 회사는 자금을 조달할 수 있어서 좋고, 돈을 빌려주는 사람은 돈을 더 벌 기회가 있어서 좋네요.
불곰	기존 주주들은? 아버지 친구분 표정이 좋지 않으시다?
선목	아… 그렇죠.
불곰	아까 이야기한 대로 회사 주식이 희석되는 거야. 주식의 가치가 떨어진다고. 투자자가 자선사업가가 아닌 마당에야 기존 주주들 입장에서 반가운 소식일 리가 없지.
선목	그러면 이건 어떻습니까? 기존 주주들 중에서 금전적인 여유가 있는 사람들한테 CB나 BW를 발행하는 것 정도는 괜찮지 않을까요?
불곰	그런 경우가 거의 없지.
선목	아… 그럼 어떤 경우가 많나요?
불곰	CEO가 지분을 추가로 더 확보할 때, 아니면 상속할 때 많이 쓰는 수법이야.
선목	불법 아닌가요? 어딘가에 걸릴 것 같은데요?
불곰	불법이 아니지. 법을 만드는 장본인이 바로 부자들이니 자기네한테 유리하게 해 놨겠지. 물론… 너무 심한 것은 빼고.
선목	그럼 합당한 이유가 없는 CB나 BW는 기존 주주를 배려하지 않는 것이군요? 실질적으로 주식의 가치를 하락시키니까.

불곰   맞아, 도덕적 해이지. 이래서 주식할 때는 'CEO 리스크'를 반드시 고려해야 해. 나는 그래서 이유 없이 CB나 BW를 발행한다는 회사의 주식은 매도해야 된다고 생각해. 당연히 매수도 금지고! 합당한 CB나 BW를 발행했던 적이 있다면, 그 일이 당시에 어떤 영향을 줬고 아직도 영향이 남아 있는지 확인해야 하고.

선목   그럼 제가 CB나 BW에 직접 '투자'해 보면 어떨까요? 가만 보니 크게 남는 장사인데요?

불곰   그런데 여기에는 큰 함정이 있어. 네가 CB나 BW에 투자할 수 있는 회사들은 위험성이 굉장히 큰 경우가 많아. 정말로 돈이 급하게 필요한 회사들이 대중을 상대로 CB나 BW를 발행하기 때문이지. 그리고 CB나 BW를 발행하지 않아도 되는 우량한 회사가 발행했다면 대주주나 특수 관계인들을 위해 그랬을 가능성이 크다. 이런 회사라면 일반 개미투자자에게는 투자할 기회조차 주지 않는 경우가 대부분이고.

선목   그래서 경영권이 정말 중요하고, 주주들을 위해 경영하는 CEO가 있다는 것도 중요한 투자 포인트가 되겠군요.

불곰   빙고!

불곰의 가치투자 레슨

1. 합당한 이유 없이 주식의 가치를 떨어뜨리는 CB, BW 발행은 주주들을 배신하는 행위다. 이런 주식은 매도하는 것이 상책!
2. 투자하기 전에 반드시 'CEO 리스크'를 확인하라.

20
세상에서 가장 쉬운 재무제표 강의

불곰 드디어 때가 되었다.

불곰이 내 어깨에 손을 얹으며 비장하게 말했다. 기사 작위 수여식 같았다.

선목 드디어 실제 투자 사례를 공부할 시간이 되었군요. 오랫동안 기다렸습니다.

불곰 아직이다! 기본적 분석, 정석 투자, 가치투자를 하려면 우선 재무제표를 볼 줄 알아야 해. 재무제표야말로 기업을 공부할 때 첫 번째로 거쳐야 할 단계지. 경제신문 볼 시간 있으면 차라리 재무제표 한 번 더 보는 게 나아. 여기에 그 회사의 실적이 다 들어 있거든. 어디 좋은 정보 없을까 하면서 두리번거리기보다 우선 재무제표를 봐야 해. 회사 아이템의 시장성을 판단하는 능력은 사람마다 다를 수도 있지만, 재무제표는 공부하면 누구나 볼 수 있어. 물론 재무제표를 읽는 능력도 차이는 있겠지만, 적어도 누구에게나 공평하게 열려 있지. 재무제표를 볼 줄 모르면 주식을 절대로 해서는 안 돼. 마치 수영도 못하면서 바다에 뛰어드는 꼴이야. 자살 행위지.

선목 재무제표라면 회계사들만 볼 줄 아는 것 아닌가요?

불곰 전혀! 복잡해 보이지만 아주 쉬워. 그리고 가장 중요한 자료니까, 설사 복잡하고 어렵더라도 무조건 알아 두어야 해. 재무제표에는 크게 다섯 가지가 있어.

선목 다섯 가지나요?

불곰 이 중에서 세 가지만 이야기할 거야. 실질적으로는 두 가지만 이야기할 테니 겁낼 필요 없어.

선목 마음이 한결 가벼워지는군요.

불곰 다섯 가지란, (연결)재무상태표, (연결)포괄손익계산서, (연결)자본변동표, (연결)현금흐름표, (연결)재무제표주석이다. 여기서 중점적으로 이야기할 두 가지는 연결재무상태표와 연결포괄손익계산서야. 그러고 나서 (연결)현금흐름표를 짧게 설명해 줄게.

선목 예.

불곰 연결재무상태표를 보면 기업의 재무상태를 알 수 있지. 기업에 돈이 많은지 적은지, 부채가 얼마나 있는지가 드러나거든.

선목 그럼, 연결포괄손익계산서를 보면 무엇을 알 수 있나요?

불곰 장사로 돈을 얼마나 벌었는지 알 수 있어. 쉽게 말하자면 이익이 났는지 손실이 났는지를 누구나 알아볼 수 있게 만든 표야.

선목 지금까지는 쉽네요. 현금흐름표는 무엇을 보여 주나요?

불곰 현금흐름표는 영업활동을 통해 들어오고 나가는 돈을 보여 줘. 쉽게 말해 입출금표지. 자본변동표는 자기 자본의 총액이 변하는 내

	역이야. 유상증자, 무상증자, 감자, 잉여금 등을 알려 주지. 재무제표주석은 재무제표를 이해하는 데 필요한 추가 정보를 제시하고.
선목	조금씩 머리가 아프네요.
불곰	지금 네가 이것들을 100퍼센트 알 필요는 없어. 주식투자에 중요한 것은 연결재무상태표와 연결포괄손익계산서니까. 그렇다고 다른 것들이 의미가 없다는 뜻은 아니야. 어쨌든 재무상태표와 포괄손익계산서는 무조건 알아야 해. 이걸 모르고서 주식투자하는 것은 첫돌 지난 아기가 이종격투기 경기에 출전하는 것이나 다름없어.
선목	이해가 확 됩니다. 열심히 공부하겠습니다.
불곰	현금흐름표도 조금 배울 텐데, 이건 핵심만 알면 돼.
선목	예, 그럼 첫 번째 연결재무상태표….
불곰	오랜만에 치킨집 이야기를 다시 해 볼까.
선목	치킨집이라면 자본, 자산 어쩌고 하던 이야기 아닌가요?
불곰	맞아, 그때 치킨집을 차리는 데 2억 원이 든다고 가정했지?

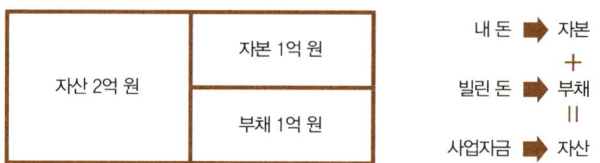

선목	내 돈 1억 원에 빌린 돈 1억 원을 합친 것이 사업자금이고요.
불곰	갚지 않아도 되는 내 돈은 자본, 갚아야 할 타인의 돈이 부채이다.
선목	자본과 부채를 합친 사업자금을 자산이라고 했죠.
불곰	이것이 재무상태표의 공식이다. 쉽지?

선목 치킨집 이야기여서 친숙하네요.

불곰 그럼, 이 치킨집이 사업을 잘해서 돈을 벌었다고 하자. 그렇게 번 돈이 잉여금이야. 이 잉여금은 갚아야 할 돈이 아니니 자본에 속해. 그럼 부채비율이 계속 줄어들겠지?

선목 네, 반대로 사업이 잘되지 않아서 자본이 점점 줄어드는 경우에는 어떻게 되나요?

불곰 부채비율이 늘겠지. 상장회사인 경우 자본이 1억 원이었는데 사업이 잘되지 않는 바람에 자본이 절반으로 줄어서 5000만 원이 되면, 이건 관리종목 지정 사유가 되지.

선목 그러다가 부채만 남으면요?

불곰   완전자본잠식 상태에 이르면 상장폐지가 돼.

선목   형님이 투자 기준으로 삼는 자본과 부채의 비율은 얼마인가요?

불곰   부채비율은 낮을수록 좋지. 내 기준은 보통 부채비율 100퍼센트 이하야. 원래 가지고 있던 돈이 빌린 돈보다는 많아야 된다는 의미지. 자, 이게 바로 재무상태표야. 생각보다 쉽지?

선목   의외로 쉽네요. 근데 '연결재무상태표' 아닌가요? 그냥 '재무상태표'가 아니라.

불곰   치킨집 한 가지만 열었으니 연결된 다른 사업이 없잖아? 그러니 그냥 재무상태표지. 다음은 연결포괄손익계산서. 아, 연결된 것이 없으니 그냥 포괄손익계산서.

선목   전 계산에 약한데… 금융공학 같은 게 나오는 건 아니죠?

불곰   산수 수준이야.

선목   또 믿어 보겠습니다.

```
  매출액
− 매출원가
− 판매관리비
─────────────
= 영업이익(손실)
+ 영업외수익
− 영업외비용
─────────────
= 법인세차감전순이익(손실)
− 법인세비용
─────────────
= 당기순이익(손실)
+/− 기타포괄손익
─────────────
= 총포괄손익
```

불곰 여기서 매출액이 뭐지?

선목 닭 팔아서 들어온 돈요.

불곰 이 매출액에서 매출원가와 판매관리비를 뺀 것이 영업이익이야.

선목 매출원가라고 하면, 치킨집이니까 닭, 기름, 튀김가루, 양념, 무 등을 사는 비용일 테고, 그럼 판매관리비는 뭔가요?

불곰 알바생 월급, 광고, 전기료, 임대료(월세) 같은 거지.

선목 그러면 영업이익이라는 것은 닭 팔고 남은 돈이네요? 다시 말해 영업해서 번 돈.

불곰 그렇게 생각하면 되지.

선목 포괄손익계산서는 여기서 끝인가요?

불곰 아니지, 회사의 영업과 관련 없는 돈이 생기거나 지출되는 경우도 있겠지. 영업외수익, 영업외비용, 법인세/추징세 같은 것들이지.

선목 하나하나 설명이 필요하겠는데요.

불곰 영업외수익은 은행에 저축을 하면 나오는 이자 같은 거야.

선목 영업외비용은 영업외수익의 반대 개념인가요?

불곰 그런 셈이지. 은행에서 돈을 빌린 탓에 지출되는 이자라든가 환율 때문에 생기는 손실 등이 있겠지. 법인세/추징세는 세금이고.
자 그러면,

매출액 − 매출원가 − 판매관리비 = 영업이익

영업이익 + 영업외수익 − 영업외비용 = 법인세차감전순이익

법인세차감전순이익 − 법인세비용 = 당기순이익

당기순이익 +/− 기타포괄손익 = 총포괄손익

이게 전부야. 복잡하지 않지?

선목   그럼, 당기순이익이나 총포괄손익이 가장 중요하겠군요?

불곰   꼭 그렇지는 않아. 회사를 평가할 때 영업이익이 어떤 면에서는 그 두 가지보다 더 중요해.

선목   왜 그렇죠? 결국 '이것저것 다 빼고 얼마나 벌었는가'가 더 중요한 것 아닌가요?

불곰   아니지, 예를 들어 어떤 우량한 회사가 있다고 하자. 그런데 리먼 브러더스 사태 같은 큰 금융위기나 혹은 일본 엔저 현상 때문에 수출이 그다지 잘되지 않고 있어. 그러는 바람에 일시적으로 당기순이익이나 총포괄손익이 줄었다고 해서 이곳이 약한 회사라고 할 수는 없잖아. 우수한 기술력이 있고, 자기 분야에서 사업을 잘하고 있고, 재무상태가 좋다면, 그 시기가 지나가면 다시 일어날 수 있는 회사인 거지.

선목   아… 그러니까 아무도 예상하지 못하는 상황은 '예외'로 봐야 한다는 건가요?

불곰   그런 예외 상황이 있기 때문에 분산투자를 해야 해. 어쨌든 내 말은 당기순이익이나 총포괄손익이 영업이익보다 더 총괄적이지만, 경우에 따라서는 영업이익이 그 두 가지보다 더 중요할 수도 있다는 거지. 여기까지 이해가 돼?

선목   예.

불곰   그리고 정말 중요한 것이 PER야.

선목   이제 영어까지 나오나요?

불곰   별거 아니야. 쉽게 설명할게. 어떤 회사가 상장을 했다고 하자. 그 회사의 시가총액이 500억 원이고, 당기순이익은 50억 원이야. 그럼

PER(price earnings ratio, 주가수익비율)는 10이다.

선목 당기순이익 곱하기 PER가 시가총액이라는 말이네요?

불곰 그렇지!

선목 근데 PER가 무엇을 의미하죠?

불곰 PER가 10이면, 10년 후에 당기순이익만으로 똑같은 회사를 새로 만들 수 있다는 뜻이야.

선목 그럼 형님의 PER 기준은?

불곰 아까 말한 부채비율처럼?

선목 예.

불곰 PER 10 이하! 여기 내가 준비한 '불곰의 PER 계산 시 주의할 점'을 참고해.

불곰의 PER 계산 시 주의할 점

1. CB(전환사채)와 BW(신주인수권부사채) 같은 주식 희석 요인이 있다면, 미전환 상태이더라도 주식으로 전환하여 시가총액을 계산한 후 당기순이익으로 나누어 줘야 정확한 PER를 얻을 수 있다.

불곰의 예측 PER 계산법

(예) A주식 현재가 10,000원, 주식 수 1000만 주, 시가총액 1000억 원, 예상 당기순이익 100억 원

  a. CB/BW가 전혀 없는 경우
   PER = 1000억 ÷ 100억 = 10

  b. 10,000원에 전환될 수 있는 CB 주식이 500만 주 있는 경우
   실질적 시가총액: 현재가 10,000원 × [현 주식 1000만 주 + CB 500만 주] = 1500억 원
   PER = 1500억 ÷ 100억 = 15

c. 미래에 전환될 수 있는 BW 워런트(신주인수권)가 1000만 주 있는 경우
실질적 시가총액: 현재가 10,000원 × [현 주식 1000만 주 + 워런트 1000만 주] = 2000억 원
PER = 2000억 ÷ 100억 = 20

2. 투자에 적용할 PER는 본인이 직접 추정하여 계산해야 한다.
포털 사이트와 증권 사이트, 증권사 HTS에서 제공하는 PER는 대부분 트레일링 PER(trailing PER), 즉 가장 최근의 사업연도 당기순이익을 기준으로 하는 PER인 반면, 불곰은 예상 PER(forward PER), 즉 미래에 예측되는 당기순이익을 기준으로 하는 PER를 사용한다. 과거 자료를 바탕으로 한 트레일링 PER는 참고용 수치일 뿐이다.

3. 불곰의 '예상 PER' 산출법
- 맨 먼저 전자공시시스템의 분기별 실적을 체크하면서 작년 분기실적, 영업이익, 당기순이익을 비교 분석하여 향후 실적 추이를 예상한다.
- 실적 추이가 긍정적일 경우, 투자할 회사의 아이템과 산업의 향후 전망에 대한 최근 뉴스들과 전문가 의견들을 조사, 분석하여 판단한다.
- 실적과 관련 자료를 확인한 후, 투자할 회사의 주식 담당자, 영업부서, 연구소 등에 전화를 걸어 향후 실적에 대한 정보를 수집한다. 회사에서 허락한다면 기업을 직접 탐방하여 더욱 자세한 정보를 얻는다.
- 이러한 과정을 통해 미래의 예측 당기순이익을 스스로 계산하여 투자에 필요한 예상 PER를 얻는다.

선목 간단하네요. 그럼 연결재무상태표와 연결포괄손익계산서 공부는 이것으로 완료. 그리고 짧게 설명해 주신다던 게 뭐였죠?

불곰 현금흐름표. 주식투자를 할 때 재무상태표와 포괄손익계산서만 살펴봐도 충분하기는 한데, 그래도 배우는 김에 현금흐름표도 여기서 잠깐 살펴보자고. 현금흐름표에는 말 그대로 현금의 흐름이 나와

	있지. 이건 영업활동, 투자활동, 재무활동 등 세 가지 활동으로 나눌 수 있어.
선목	이건 진짜 복잡해 보이는데요?
불곰	나 한 번만 더 믿어. 자, 치킨집이 영업을 잘해서 이익이 났다고 하자. 영업활동으로 인한 현금 흐름에서는 이익이 나면 당기순이익이고 손실이 나면 당기순손실이겠지? 그러면 플러스가 좋을까, 마이너스가 좋을까?
선목	당연히 플러스죠.
불곰	다음은 투자활동으로 인한 현금 흐름. 장사가 잘돼서 치킨집을 하나 더 열었어. 이러면 투자를 한 것이니 돈이 나가겠지? 반대로 장사가 안 돼서 치킨집을 팔았다면 돈이 들어오겠지? 플러스가 좋을까, 마이너스가 좋을까?
선목	투자한 내용이 좋다면, 마이너스가 더 좋겠네요.
불곰	그렇지! 마지막으로 재무활동으로 인한 현금 흐름. 치킨집이 잘돼서 은행에서 빌린 돈을 갚았어. 그러면 지출이지? 반대로 장사가 안 돼서 은행에서 돈을 더 빌렸다면 플러스겠지? 이때는 플러스가 좋을까, 마이너스가 좋을까?
선목	마이너스요.
불곰	자, 현금흐름표 수업 끝.
선목	재무제표 수업이 벌써 끝났나요?
불곰	아직, 그럼 재무제표를 어디에서 어떻게 봐야 하는지 공부하자.
선목	네!
불곰	재무제표는 금융감독원 전자공시시스템(http://dart.fss.or.kr)에서 봐

야 해.

선목 다른 데서 보면 안 되나요?

불곰 다른 증권 사이트에는 추정 자료들이 많으니, 금융감독원 전자공시시스템에서 확인하는 편이 좋아. 우선 전자공시시스템에 들어가서 원하는 회사의 재무제표를 찾아야겠지.

선목 꼭 기억하겠습니다.

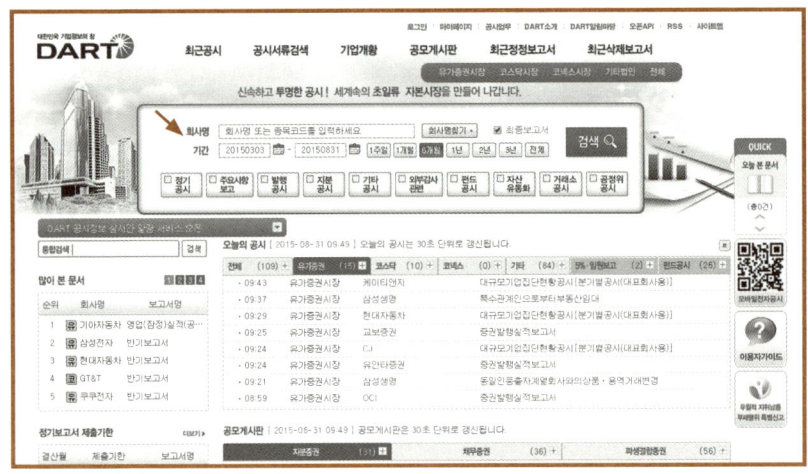

출처: 전자공시시스템

불곰 '회사명'이라는 입력란이 있지? 거기에 회사명을 넣어. 예를 들어 인터로조를 입력해 보자.

그러면 이런 공시들이 나오는데, 그중에서 가장 중요한 공시가 바로 분기보고서, 반기보고서, 사업보고서야.

출처: 전자공시시스템

선목   분기? 반기? 무슨 말들인가요?

불곰   아래 박스를 한번 봐.

전자공시시스템을 보기 위한 재무제표 필수 지식

- 1년 회계기준은 4분기로 나누고, 각 회사는 분기별 실적이 적힌 사업보고서를 3개월 단위로 네 번 공시하도록 되어 있다.
- 1월~3월 영업성과: 1사분기 분기보고서. 45일 후인 5월 중순 이후 공시.
- 1월~6월 영업성과: 2사분기 반기보고서. 45일 후인 8월 중순 이후 공시.
- 1월~9월 영업성과: 3사분기 분기보고서. 45일 후인 11월 중순 이후 공시.
- 1월~12월 영업성과: 4사분기 사업보고서. 90일 후인 3월 말경 공시.
- 분기별 보고서를 통해 작년의 분기별 실적과 누적 실적을 비교하고, 작년과 올해의 해당 분기 실적도 비교할 수 있다(경로: 전자공시시스템 → Ⅲ. 재무에 관한 사항 → 2. 연결재무제표 → 연결포괄손익계산서(3개월/누적)).

불곰이 준비한 박스를 보니 별것 아니었다.

선목 이해 완료했습니다.

불곰 자! 인터로조의 2014년도 12월 사업보고서를 눌러 보자.

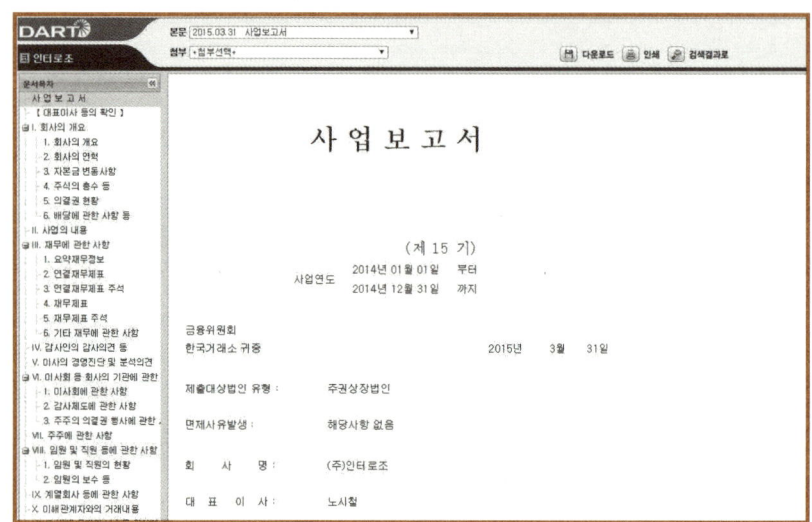

출처: 전자공시시스템

불곰 그러면 이런 보고서가 떠. 여기에서 우리가 중요하게 생각하는 부분만 보자.

여기서는 'III. 재무에 관한 사항'에서 '(연결)재무제표'를 클릭해서 연결포괄손익계산서와 연결재무상태표의 내용을 봐야 해. 그런데 인터로조의 경우에는 연결회사가 아니어서 연결재무제표가 아니라 그냥 '재무제표'를 확인하면 돼. 연결재무제표를 누르면 '해당사항 없음'이라고 뜨지. 재무상태표를 보면서 재무상태가 우량한 회사인지, 수익이 발생하는 회사인지를 가장 먼저 체크해.

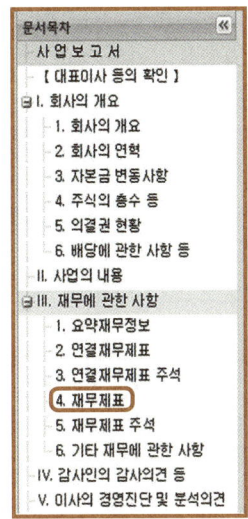

출처: 전자공시시스템

재무상태표

제15기 2014. 12. 31 현재
제14기 2013. 12. 31 현재
제13기 2012. 12. 31 현재

(단위: 원)

	제15기	제14기	제13기
자산			
유동자산	39,590,174,051	32,885,713,822	25,772,214,807
현금및현금성자산	5,275,998,879	1,708,030,726	2,088,242,967
단기기타금융자산	3,210,000,000	2,573,983,135	4,540,000,000
매출채권	20,046,953,714	15,968,359,297	9,634,823,736
단기기타채권	184,798,731	140,002,797	572,096,981
재고자산	10,834,611,564	11,437,599,203	7,697,143,613
파생금융자산(유동)		1,011,462,427	928,494,942
기타유동자산	37,811,163	46,276,237	311,412,568
비유동자산	36,252,691,131	34,524,425,604	33,784,012,445
장기기타금융자산	642,235,319	293,918,341	184,718,528

장기기타채권		578,734,545	886,255,181	989,240,817
유형자산		33,511,180,541	32,308,533,193	31,885,347,736
무형자산		452,198,962	291,432,094	295,231,448
이연법인세자산		938,341,764	614,286,795	185,913,916
매도가능금융자산				113,560,000
기타비유동자산		130,000,000	130,000,000	130,000,000
자산총계		75,842,865,182	67,410,139,426	59,556,227,252
부채				
유동부채		9,663,896,865	9,372,984,735	8,640,636,210
매입채무		718,721,030	625,957,002	503,080,801
단기기타채무		2,588,884,188	2,261,878,131	1,672,195,644
단기차입금		1,500,000,000	2,000,000,000	3,000,000,000
유동성장기부채		2,007,720,000	1,374,920,000	1,725,240,000
파생금융부채(유동)		228,076,743		
당기법인세부채		738,007,253	1,903,840,018	538,333,224
반품추정부채		1,709,890,761	1,104,261,809	838,251,016
기타유동부채		172,596,890	102,127,775	363,535,525
비유동부채		4,937,593,405	2,883,451,320	4,203,626,669
장기차입금		4,754,280,000	2,749,840,000	4,124,760,000
장기기타채무		183,313,405	133,611,320	78,866,669
부채총계		14,601,490,270	12,256,436,055	12,844,262,879
자본				
납입자본		15,829,910,398	15,829,910,398	15,829,910,398
자본금		5,350,000,000	5,350,000,000	5,350,000,000
주식발행초과금		10,479,910,398	10,479,910,398	10,479,910,398
기타자본		−259,506,373	267,041,140	108,815,905
이익잉여금		45,670,970,887	39,056,751,833	30,773,238,070
자본총계		61,241,374,912	55,153,703,371	46,711,964,373
자본과부채총계		75,842,865,182	67,410,139,426	59,556,227,252

출처: 전자공시시스템

선목 여기서 13기, 14기, 15기… 이게 무슨 뜻인가요?

불곰 회사의 나이라고 생각하면 돼. 1기면 그 회사의 첫해지. 회사에 따라서 '연도'로 정리하기도 하고 '기'로 정리하기도 하니, 두 가지 모두 익숙하게 볼 줄 알아야 해. 다시 돌아와서, 여기서는 자본총계와 부채총계를 보면서 비율을 따지면 돼. 이 표에서 13기 말의 경우 부채총계가 12,844,262,879원이고 자본총계가 46,711,964,373원이니 부채비율이 27퍼센트지?

선목 부채비율이 높지 않네요?

불곰 이 정도면 아주 우량한 회사지. 아까 이야기한 대로 부채비율이 100퍼센트를 넘으면 투자하지 않는 편이 더 안전하지.

선목 그럼 이다음에 볼 것은?

불곰 연결포괄손익계산서를 살피면서 작년 실적과 비교하여 현재 장사가 잘되고 있는지를 체크해. 가령 적자전환이 되는 등 실적이 작년에 비해 크게 나빠졌다면 더 이상 볼 필요 없어. 투자할 회사는 얼마든지 더 있으니까. 인터로조 같은 경우에는 연결포괄손익계산서가 아니라 그냥 포괄손익계산서겠지?

포괄손익계산서

제15기 2014. 01. 01부터 2014. 12. 31까지
제14기 2013. 01. 01부터 2013. 12. 31까지
제13기 2012. 01. 01부터 2012. 12. 31까지

(단위: 원)

	제15기	제14기	제13기
매출액	45,435,197,687	40,127,723,349	30,074,386,318
매출원가	21,125,259,193	16,793,050,172	10,668,790,976
매출총이익	24,309,938,494	23,334,673,177	19,405,595,342

판매비와관리비	15,538,738,246	12,802,201,186	9,844,159,945
영업이익	8,771,200,248	10,532,471,991	9,561,435,397
기타수익	616,028,517	363,232,604	140,865,446
기타비용	395,117,607	647,936,920	980,545,577
금융수익	491,100,478	1,225,102,156	1,558,230,267
금융원가	684,890,968	570,836,495	208,048,015
법인세비용차감전순이익	8,798,320,668	10,902,033,336	10,071,937,518
법인세비용	1,435,101,614	1,869,519,573	1,412,793,543
당기순이익	7,363,219,054	9,032,513,763	8,659,143,975
기타포괄손익			
총포괄손익	7,363,219,054	9,032,513,763	8,659,143,975
주당이익			
기본주당이익	689	844	809

출처: 전자공시시스템

불곰 이 포괄손익계산서에서 이제 매출액과 당기순이익, 금융수익과 금융원가를 확인해 봐.

선목 매출액이 느네요. 13기에서 14기 상승률이 한 33퍼센트, 14기에서 15기 상승률이 한 13퍼센트.

불곰 당기순이익은 어때?

선목 음… 13기에서 14기는 4퍼센트 정도 증가했는데, 14기에서 15기는 18퍼센트 하락했네요.

불곰 잘 보고 있네. 그럼 금융수익과 원가는?

선목 금융수익은 꾸준히 줄어들고 금융원가, 그러니까 이자는 올랐네요.

불곰 잘 봤어.

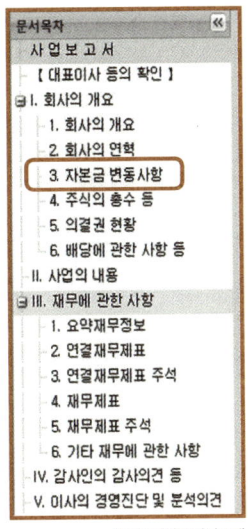

출처: 전자공시시스템

| 불곰 | 자, 그럼 모든 것이 괜찮다는 전제 아래 다음에는 'I. 회사의 개요'에서 '3. 자본금 변동사항'을 확인해야 해.
| 선목 | 아까 그런 이야기는 없었는데요?
| 불곰 | 내가 조금 전 PER를 설명할 때 '불곰의 PER 계산 시 주의할 점'을 보여 줬지? 거기서 CB와 BW를 확인해 보라고 했잖아? 그래서 '3. 자본금 변동사항'을 보라는 거야.
| 선목 | 아, CB와 BW가 여기서 나와요?
| 불곰 | 응, 클릭해서 확인해 봐.

클릭해서 보니 무슨 말인지 더 이해하기가 힘들었다.

| 선목 | 못 알아먹겠는데요….
| 불곰 | 네가 외국에서 오래 살다 왔으니 못 알아볼 수도 있겠구나. 간단하게 설명하자면, 여기에 '미상환 전환사채 발행현황'이나 '미상환 신주

	인수권부사채 등 발행현황'이 없으면 CB나 BW는 현재 없는 거야.
선목	아, 그럼 없습니다.
불곰	그럼 PER를 어떻게 예상할 수 있을까?
선목	방금 전에 보여 주신 포괄손익계산서를 살펴보면 되나요?
불곰	아니, 그러면 예상이 아니라 그냥 현재 PER를 계산하는 거지. 그건 이미 나와 있잖아.
선목	그럼 분기나 반기 보고서를 보면 되나요?
불곰	그렇지.

포괄손익계산서

제16기 반기 2015. 01. 01부터 2015. 06. 30까지
제15기 반기 2014. 01. 01부터 2014. 06. 30까지
제15기   2014. 01. 01부터 2014. 12. 31까지
제14기   2013. 01. 01부터 2013. 12. 31까지

(단위: 원)

	제16기 반기		제15기 반기		제15기	제14기
	3개월	누적	3개월	누적		
매출액	14,517,835,633	26,623,034,548	11,221,157,273	19,622,668,922	45,435,197,687	40,127,723,349
매출원가	6,207,187,789	12,000,880,691	5,570,693,987	9,023,849,589	21,125,259,193	16,793,050,172
매출총이익	8,310,647,844	14,622,153,857	5,650,463,286	10,598,819,333	24,309,938,494	23,334,673,177
판매비와관리비	4,614,562,738	8,021,797,094	4,034,228,778	7,573,405,988	15,538,738,246	12,802,201,186
영업이익	3,696,085,106	6,600,356,763	1,616,234,508	3,025,413,345	8,771,200,248	10,532,471,991
기타수익	249,903,248	323,859,058	-8,734,498	115,905,204	616,028,517	363,232,604
기타비용	168,582,531	446,662,766	320,682,575	343,268,246	395,117,607	647,936,920
금융수익	83,116,335	139,511,596	1,009,212,826	1,031,948,877	491,100,478	1,225,102,156
금융원가	349,581,855	482,513,938	18,421,140	196,651,553	684,890,968	570,836,495
법인세비용차감전순이익	3,510,940,303	6,134,550,713	2,277,609,121	3,633,347,627	8,798,320,668	10,902,033,336
법인세비용	643,931,920	1,069,570,075	382,795,128	597,182,805	1,435,101,614	1,869,519,573
당기순이익	2,867,008,383	5,064,980,638	1,894,813,993	3,036,164,822	7,363,219,054	9,032,513,763
기타포괄손익						

총포괄손익	2,867,008,383	5,064,980,638	1,894,813,993	3,036,164,822	7,363,219,054	9,032,513,763
주당이익						
기본주당이익	267	473	177	284	689	844

*출처: 전자공시시스템

선목 그렇다면… 작년 실적을 비교해 보고… 제16기 반기 당기순이익이 50억 원 정도니까… 반기가 절반이니 제16기 당기순이익은 100억 원 정도로 예상할 수 있는데… 그래도 조금 불안하니 보수적으로 잡아서 90억 원 정도로 예상해 봅시다.

불곰 그러면?

선목 시가총액 나누기 예상 당기순이익이 예상 PER니까….

불곰 시가총액은 2015년 9월 10일 기준으로 4203억 원이야.

선목 그럼 예상 PER가 46.7 정도겠네요.

불곰 좋아! 이제 너도 개념은 다 잡았어. 우선 오늘은 '재무에 관한 사항'과 '자본금 변동사항'을 중심으로 여러 회사들의 중요 포인트를 함께 공부해 보자. 여러 가지 예를 보면 오히려 이해하기가 더 쉬울 거야.

선목 예, 직접 봐야 감이 더 잡힐 것 같습니다.

예 1

(단위: 천 원)

	제22기
매출액	18,340,175
영업이익(손실)	(4,398,426)
법인세비용차감전순손익	(10,185,900)
당기순이익(손실)	(10,216,509)

출처: 전자공시시스템

불곰	이건 재무에 관한 사항이야. 매출액이 적혀 있지? 영업이익과 당기순이익도 있고.
선목	금액을 둘러싼 괄호는 손실이라는 뜻인가요?
불곰	그렇지.
선목	모두 마이너스네요.
불곰	맞아, 투자할 만한 회사는 아니지. 그럼 더 이상 보지 마.

예 2

(단위: 원)

	제23기 반기		제22기 반기	
	3개월	누적	3개월	누적
수익(매출액)	2,999,974,021	4,440,717,654	5,989,415,334	13,890,265,623
매출원가	2,997,647,103	4,187,869,772	5,459,210,069	11,940,551,219
매출총이익	2,326,918	252,847,882	530,205,265	1,949,714,404
판매비와 관리비	2,159,015,963	3,294,345,042	1,896,329,733	3,576,450,793
판매비와 관리비	1,965,989,856	2,829,153,337	1,699,077,321	3,208,700,003
경상개발비	193,026,107	465,191,705	197,252,412	367,750,790
영업이익(손실)	(2,156,689,045)	(3,041,497,160)	(1,366,124,468)	(1,626,736,389)
기타이익	1,059,663,890	2,772,884,886	1,008,336,321	1,177,037,946

출처: 전자공시시스템

불곰	다음으로 넘어가자. 이건 연결포괄손익계산서야. 제23기 반기와 제22기 반기가 있지?
선목	네, 어쨌든 이 회사도 상황이 좋지 않아 보이네요.
불곰	왜?
선목	누적 매출액이 제22기 반기에는 138억 원인데, 제23기 반기에는 44

억 원으로 확 줄었잖아요.

불곰   잘 봤어. 매출액이 3분의 1로 줄어든 거지. 영업이익도 모두 손실이지?

선목   예, 재무제표 보기가 그다지 어렵지는 않네요? 무슨 암호 같은 건 아니군요.

불곰   맞아, 재무제표가 가장 정확한 정보야. 심지어 공짜지.

선목   어떻게 생겼는지, 무슨 내용이 있는지 이제는 알겠네요.

예 3

(단위: 천 원)

	제20기 반기	제19기 반기	제19기
매출액	67,233,677	43,638,007	104,705,410
영업이익	(9,564,594)	(13,295,622)	(35,756,694)
당기순이익	(27,864,160)	(60,691,117)	(282,629,337)

출처: 전자공시시스템

불곰   이건 어때 보여?

선목   영업이익, 당기순이익이 모두 손실이네요. 더 이상 볼 것도 없겠는데요. 다음!

예 4

(단위: 백만 원)

	제8기 반기말	제7기말	제6기말
매출액	6,269	13,274	30,777
영업이익	(302)	(2,491)	(236)
법인세비용차감전순이익	(1,172)	(24,572)	(593)
당기순이익	(874)	(24,826)	(1,038)

출처: 전자공시시스템

불곰   이건 어때?

선목   이것도 아니죠. 역시 영업이익과 당기순이익이 다 손실이잖아요.

예 5

(단위: 원)

	제61기 반기
자산총계	9,932,322,954,583
[유동부채]	5,221,365,593,595
[비유동부채]	1,737,095,182,941
부채총계	6,958,460,776,536
[자본금]	648,653,775,000
[연결자본잉여금]	874,412,331,872
[연결기타자본항목]	448,253,150
[연결이익잉여금]	1,447,945,146,403
[비지배지분]	2,402,671,622
자본총계	2,973,862,178,047
[매출액]	12,739,686,301,915
[영업이익]	84,964,739,510
[당기순이익]	−177,606,204,909

출처: 전자공시시스템

불곰   이건 대기업이야. 시가총액이 1조 6000억 원.

선목   오, 큰 회사네요.

불곰   대기업이라고 하면 사람들이 다 튼튼하다고 생각하는데, 그건 안일한 생각이야. 이 회사 주가가 2006년도에 45,000원이었어. 그런데 6,600원까지 떨어진 적도 있지.

선목   충격적이네요. 역시 대기업이라도 좋은 회사 주식을 사야겠네요.

불곰 맞아. 이 경우에는 자본이 2조 9000억 원인데, 부채가 7조 원에 가까워.

선목 자산이 거의 10조 원인데, 그중 부채가 7조 원. 부채비율이 230퍼센트 정도로 너무 높군요. 당기순이익도 마이너스고요. 덩치만 큰 회사네요. 이것도 아웃.

예6

(단위: 백만 원)

	제7기 반기	제6기	제5기	제4기
매출액	284,503	675,274	667,979	430,550
영업이익	52,327	114,961	134,889	103,741
법인세차감전순이익	48,767	51,481	101,538	27,492
계속영업이익	36,258	9,364	73,286	–
중단영업이익	(1,038)	(3,697)	(674)	–
당기순이익	35,220	5,667	72,612	25,209

출처: 전자공시시스템

불곰 다음은 시가총액이 3500억~3600억 원 정도인 회사야. 2011년도에 주가가 70,000원 정도였는데, 16,000원까지 빠졌어.

선목 이건 괜찮아 보이는데요? 반기라는 것을 감안하면, 제7기 매출액이나 영업이익은 작년에 비해서 크게 늘지는 않았지만, 그래도 당기순이익은 눈여겨볼 만합니다.

예 6-1

(단위: 백만 원)

	제7기 반기 (2013.06.30)	제6기 (2012.12.31)	제5기 (2011.12.31)	제4기 (2010.12.31)
자산총계	661,822	597,773	610,381	433,550
[유동부채]	308,225	201,829	197,444	193,266
[비유동부채]	63,248	133,182	155,839	3,406
부채총계	371,473	335,011	353,283	196,672
[지배기업소유주지분]	289,848	261,963	248,708	236,206
자본금	10,958	10,958	10,958	10,948
주식발행초과금	126,245	126,245	126,245	126,254
이익잉여금	207,176	170,965	159,829	89,893
기타자본	(54,531)	(46,205)	(48,323)	9,110
[비지배지분]	501	799	8,390	672
자본총계	290,349	262,762	257,099	236,878

※ 행사가액 조정내역

	발행일	조정일		비고
	2011.3.11	2012.03.11	2012.06.11	
행사가액	47,166원	40,078원	33,016원	–
행사가능주식수	1,696,136주	1,996,106주	2,423,066주	–

주1) 조정후 행사가액(33,016원)은 최초 발행 시 행사가액의 70%에 해당하므로, 규정에 의거 향후 시가하락에 의한 행사가액 조정은 없습니다.

출처: 전자공시시스템

불곰 그러면 이 회사에 대해서 조금 더 살펴보자. 자본이 2900억 원, 부채가 3700억 원이니까 부채비율이 120퍼센트 정도지?

선목 부채비율 100퍼센트 이하가 이상적이기는 하지만 120퍼센트도 괜찮은 것 같습니다.

불곰 자본금 변동사항을 보면 BW를 발행했다는 것이 나오지. 아래에 행사가액 조정내역이 있어. 이 주식이 2011년에 발행됐을 때 행사가액이 47,166원이었는데 2012년에 33,016원까지 떨어졌잖아. 33,016원이 넘어가면 이 권한을 가지고 있는 사람이 전환을 하겠지. 240만 주니까 대략 800억 원이네. 그러니까 800억 원 정도 자본이 늘어나는 거지. '이익'도 있었고, 부채비율도 괜찮고, 행사가액 조정내역이 800억 원 있기는 하지만 지금 가격이 16,000원인 것을 고려해 볼 때 괜찮지?

선목 이런 경우에는 사업의 내용을 보고, BW를 발행했다는 점을 다시 한 번 고려해 보고, 그래도 괜찮으면 전자공시시스템에 있는 보고서 내용을 다 확인해 보면 되죠?

불곰 딩동댕!

선목 조금 알 듯하네요. 다음 타자 나와 주세요!

예 7

(단위: 백만 원)

	제22기 반기	제21기 반기	제21기	제20기	제19기
매출액	168,563	177,361	349,450	346,997	283,318
영업이익	10,535	15,610	24,590	26,314	21,119
법인세차감전순이익	11,761	15,935	23,337	27,306	20,111
당기순이익	9,091	12,263	18,623	20,451	15,574

출처: 전자공시시스템

불곰 이 회사는 시가총액이 1636억 원이야. 당기순이익, 영업이익 둘 다 일정하지는 않지만, 계속 이익이 나고 있지? 당기순이익을 150억 원 정도로 잡아 본다면 PER가 10~11 정도 되지?

선목 이 정도로는 큰 관심이 가지 않네요. 당기순이익이나 영업이익도 작년 반기보다 줄었고요. 투자하기에는 그저 그런 회사인 것 같습니다. 다음!

예8

(단위: 백만 원)

	제56기 반기말
자산총계	563,965
부채총계	353,452
[지배기업소유주지분]	209,108
자본금	18,000
자본잉여금	6,934
자기주식	△5,441
기타자본	7,460
이익잉여금	182,155
[비지배지분]	1,405
자본총계	210,513

출처: 전자공시시스템

불곰 이 회사는 자산총계가 5639억 원, 부채총계는 3534억 원, 자본총계는 2105억 원이지. 시가총액은 673억 원이야. 자산의 10분의 1 정도가 시가총액이라는 것을 알 수 있지.

선목 자산을 생각해 보면, 저평가되어 있다는 느낌이 들기도 하는데요?

불곰 근데 뭔가 불안한 생각도 들지?

선목 예, 부채 리스크가 있는 것 같기도 하고요. '자기주식' 금액에 있는 세모는 뭔가요?

불곰   마이너스를 의미해. 좀 더 자세히 볼까?

예 8-1

(단위: 백만 원)

	제56기 반기	제55기	제54기	제53기
매출액	252,493	501,337	514,424	460,900
영업이익	△7,450	5,934	11,735	19,639
법인세비용차감전순손익	△20,382	354	5,592	17,925
반기순손익	△16,381	125	4,558	13,847

(단위: 원)

	제56기 반기	
	3개월	누적
영업이익	(824,102,588)	(7,450,226,568)
기타영업외수익	955,404,571	2,590,394,779
기타영업외비용	2,441,305,621	3,734,313,427
금융수익	2,426,427,900	3,733,366,740
금융비용	7,659,988,576	15,622,377,125
지분법이익	273,511,201	460,500,260
지분법손실	303,566,098	359,160,118
법인세비용차감전순이익	(7,573,619,211)	(20,381,815,459)
법인세비용	1,410,821,705	4,001,179,838
당기순이익	(6,162,797,506)	(16,380,635,621)

출처: 전자공시시스템

불곰   위쪽 표에서 세모 달린 금액들 보이지? 다 마이너스야. 특히 반기 순손익은 -163억 원이나 되지? 부채와 자산이 있을 때, 자산의 가치가 적정한지를 파악하려면 바로 아래 표에 있는 금융수익과 금융비용을 확인해 보면 돼. 자산은 많은데 금융비용이 엄청나게 큰 회사들이 많아. 제대로 된 것이 아니라 쓸모없는 자산이 많다는 뜻이지. 금융비용이 156억 원이면 꽤 크지. 영업이 조금만 삐그덕거려도 손실이 많이 날 수 밖에 없어. 리스크가 너무 크지?

선목 이런 회사는 관심 꺼야죠.

예 9

(단위: 원)

	제51기 반기	제50기	제49기
자산총계	210,461,074,586	207,864,169,133	222,342,523,209
[유동부채]	58,819,679,850	55,115,324,848	64,792,865,771
[비유동부채]	15,853,086,046	16,363,350,864	18,159,930,610
부채총계	74,672,765,896	71,478,675,712	82,952,796,381
[자본금]	17,000,000,000	17,000,000,000	17,000,000,000
[연결자본잉여금]	46,645,797,454	46,645,797,454	46,645,797,454
[연결자본조정]	(−)14,635,908	(−)14,635,908	(−)14,635,908
[연결기타포괄손익누계액]	13,082,646,738	9,487,165,932	12,185,192,105
[연결이익잉여금]	48,370,822,996	52,692,538,128	51,972,334,934
[비지배지분]	10,703,677,410	10,574,627,815	11,601,038,243
자본총계	135,788,308,690	136,385,493,421	139,389,726,828
매출액	92,800,924,952	215,675,811,270	241,019,878,621
영업이익	(−)1,743,438,034	6,853,017,303	26,226,894,018
계속사업이익	(−)2,493,278,536	5,078,735,694	18,735,349,543
연결총당기순이익	(−)2,493,278,536	5,078,735,694	18,735,349,543

출처: 전자공시시스템

불곰 이 회사의 시가총액은 870억 원이야. 자본이 1357억 원, 부채는 746억 원. 그럼 부채비율이 50퍼센트 정도지?

선목 그건 좋기는 한데, 영업이익이 마이너스네요. 매출액도 계속 감소하고 있고요.

불곰 이런 회사는 주가가 많이 오르기 힘들어. 성장성이 없지.

선목 다음 회사 보여 주세요.

예 10

(단위: 백만 원)

	제60기 반기	제59기	제58기	제57기
자산총계	5,051,915	5,418,572	4,930,803	4,038,757
[유동부채]	1,064,058	1,003,718	864,011	874,305
[비유동부채]	1,014,371	1,157,423	850,044	397,968
부채총계	2,078,429	2,161,141	1,714,055	1,272,273
[지배기업 소유주지분]	2,970,453	3,254,303	3,216,154	2,765,891
1. 자본금	262,188	262,188	262,188	250,000
2. 기타불입자본	419,769	419,595	419,153	136,230
3. 재평가적립금	231,884	231,884	231,884	231,884
4. 기타자본구성요소	436,262	802,738	916,489	973,996
5. 이익잉여금	1,620,350	1,537,898	1,386,440	1,173,781
[비지배지분]	3,033	3,128	594	593
자본총계	2,973,486	3,257,431	3,216,748	2,766,484
	2013년 1월 1일~ 2013년 06월 30일	2012년 1월 1일~ 2012년 12월 31일	2011년 1월 1일~ 2011년 12월 31일	2010년 1월 1일~ 2010년 12월 31일
매출액	3,151,120	6,009,890	5,580,980	5,113,038
영업이익(영업손실)	144,838	321,706	222,495	343,237
연결당기순이익	120,310	208,760	259,121	272,847

출처: 전자공시시스템

불곰 이 회사는 시가총액 4조 6000억 원의 대기업이야. 자산이 5조 원, 부채가 2조 원, 자본이 3조 원 정도고.

선목 좋네요. 부채비율도 낮고요.

불곰	그러나 매출액, 영업이익, 당기순이익 모두 성장세가 너무 느리지? 마지막에 있는 것이 반기니까 당기순이익을 2000억 원 정도로 예상하면 PER가 22~23이지?
선목	PER가 너무 높네요. 이것도 아닌 것 같습니다.

예 11

(단위: 원)

	제45기 2분기 (2013년 2분기)	제44기 (2012년 말)	제43기 (2011년 말)	제42기 (2010년 말)
I. 매출액	3,802,138,469,409	9,160,084,617,619	8,864,966,852,448	1,459,093,251,591
II. 매출원가	3,484,136,510,576	8,474,075,122,254	8,147,038,146,530	1,132,569,544,135
III. 매출총이익	318,001,958,833	686,009,495,365	717,928,705,918	326,523,707,456
IV. 판매비와관리비	235,702,811,996	495,385,357,796	487,056,353,765	326,523,707,456
V. 영업이익	82,299,146,837	190,624,137,569	230,872,352,153	64,838,266,282
VI. 기타수익	79,064,862,274	220,979,003,010	168,550,476,967	199,610,135,557
VII. 기타비용	31,933,406,665	246,097,102,358	153,353,287,797	33,123,367,996
VIII. 금융수익	38,144,511,728	135,749,270,275	148,923,377,170	17,442,433,050
IX. 금융비용	101,123,874,584	117,681,411,874	193,738,174,283	38,576,273,313
X. 관계기업투자손익	-50,892,305,892	7,336,694,680	75,696,898,882	18,271,759,597
XI. 법인세비용차감전 계속사업이익	15,558,933,698	190,910,591,302	276,951,643,092	228,462,953,177
XII. 계속사업손익법인세비용	14,625,581,104	34,323,759,661	49,510,666,004	23,271,086,391
XIII. 계속사업이익	933,352,594	156,586,831,641	227,440,977,088	205,191,866,786
XIV. 중단사업손익	–	–	-36,511,260,753	18,928,795,699
XV. 연결당기순이익	933,352,594	156,586,831,641	190,929,716,335	224,120,662,485

출처: 전자공시시스템

불곰	이 종목은 어떤지 봐. 이것도 대기업이야. 시가총액은 1조 원. 어때?
선목	우선 금융비용이 1000억 원 넘게 발생한다는 점이 좀 불안해 보이

고요. 당기순이익도 아무리 반기라고 해도 너무 많이 줄었네요. 이게 1565억 원에서 9억 원으로 줄어든 거죠?

불곰 잘 봤어. 재무에 관한 사항도 어디 한번 봅시다.

선목 네!

100점 맞은 기분이다.

예 11-1

(단위: 원)

	제45기 2분기 (2013년 2분기)
자산총계	4,785,196,182,624
부채총계	3,017,854,104,485
자본	
I. 지배회사지분	1,289,787,008,776
자본금	118,300,860,000
연결자본잉여금	139,381,669,539
연결자본조정	(99,397,984,808)
연결기타포괄손익누계액	36,734,461,259
연결이익잉여금	1,094,768,002,786
II. 비지배지분	477,555,069,363
자본총계	1,767,342,078,139

출처: 전자공시시스템

불곰 부채와 자본을 보니 부채비율이 200퍼센트에 가깝지? 부채비율이 크면 작은 회사든 큰 회사든 문제가 있기는 마찬가지야. 이런 회사는 투자 접어야 돼.

선목 좀 좋은 예는 없나요?

예 12

(단위: 원)

	제20기 반기말	제19기말	제18기말
매출원가	112,038,843,114	177,945,831,789	143,689,989,055
매출총이익	29,788,953,214	51,326,249,602	43,143,628,708
판매비와관리비	18,080,352,949	32,596,762,045	27,744,010,884
영업이익(손실)	11,708,600,265	18,729,487,557	15,399,617,824
금융수익	4,741,487,046	5,255,205,573	3,571,482,993
금융원가	2,266,709,504	8,714,422,595	7,041,263,961
기타이익	111,058,370	126,456,652	245,008,084
기타손실	28,436,061	654,727,911	1,238,368,809
법인세비용차감전순이익(손실)	14,266,000,116	14,741,999,276	10,936,476,131
법인세비용	1,001,856,753	1,801,520,203	-2,447,768,571
당기순이익(손실)	13,264,143,363	12,940,479,073	13,384,244,702

출처: 전자공시시스템

불곰 여기 있지. 이건 내가 투자를 추천했던 회사야. 시가총액은 1500억 원. 이번에도 네 생각을 이야기해 봐.

선목 매출총이익이 계속 늘고 있고, 영업이익도 늘고 있고, 당기순이익은 '올해'가 진짜 좋네요. 금융수익도 좋고요. 현금 흐름이 플러스네요. 금융원가는 많이 줄었고요. 이자와 같은 금융수익을 많이 받아 내고 있어요. 아주 좋네요. 연결재무상태표 좀 보여 주시죠?

불곰 이야, 먼저 물어보기까지! 하하하.

예 12-1

(단위: 원)

	제20기 반기말
자산총계	298,075,976,785
부채	
유동부채	160,287,651,663
매입채무 및 기타채무	76,562,265,170
차입금	77,116,500,142
파생금융부채	140,962,181
기타금융부채	45,240,323
당기법인세부채	1,194,648,694
충당부채	604,498,995
기타유동부채	4,623,536,158
비유동부채	14,183,039,937
차입금	4,425,000,000
전환사채	
확정급여부채	9,307,580,795
기타금융부채	450,459,142
부채총계	174,470,691,600
자본	
납입자본	40,878,760,381
자본잉여금	150,806,468
기타자본구성요소	−6,687,576,178
기타포괄손익누계액	413,058,179
이익잉여금(결손금)	88,850,236,335
자본총계	123,605,285,185

출처: 전자공시시스템

선목   자본이 1236억 원, 부채가 1744억 원이면, 부채비율이 100퍼센트가 넘네요. 이 점은 좀 별로인데요?

불곰 하지만 손익계산서를 봤을 때 금융수익이 높았잖아? 그 말은 부채 비율이 조금 높기는 하지만 악성 부채가 많지는 않다는 뜻이야. 금융권 부채가 많지 않다는 말이지.

선목 그럼 어떤 부채들이 있다는 건가요?

불곰 퇴직금이라든가 외상이 있을 수도 있지. 하지만 은행이자를 많이 받고 있다는 점을 생각해 보면 위험한 부채는 아니야. 괜찮은 종목이었어.

선목 이제 추천 종목 케이스 스터디로 넘어가도 될 것 같습니다. 어느 정도 자신감이 붙네요.

불곰 좋아, 재무제표 보기만 잘해도 깡통은 차지 않아. 하지만 한 가지 네가 꼭 염두에 두어야 할 것이 있어.

선목 뭔가요?

불곰 우선 이것만 알아도 주식하는 데 큰 문제는 없지만, 어차피 우리가 급하게 단타매매하는 사람도 아니고 천천히 평생 주식할 사람들이잖아?

선목 그렇죠.

불곰 그러면 네가 투자를 결정한 회사가 있다면 반드시… 분기·반기·사업보고서에 있는 모든 내용….

선목 네.

【대표이사 등의 확인】
- I. 회사의 개요
  - 1. 회사의 개요
  - 2. 회사의 연혁
  - 3. 자본금 변동사항
  - 4. 주식의 총수 등
  - 5. 의결권 현황
  - 6. 배당에 관한 사항 등
- II. 사업의 내용
- III. 재무에 관한 사항
  - 1. 요약재무정보
  - 2. 연결재무제표
  - 3. 연결재무제표 주석
  - 4. 재무제표
  - 5. 재무제표 주석
  - 6. 기타 재무에 관한 사항
- IV. 감사인의 감사의견 등
- V. 이사의 경영진단 및 분석의견
- VI. 이사회 등 회사의 기관에 관한
  - 1. 이사회에 관한 사항
  - 2. 감사제도에 관한 사항
  - 3. 주주의 의결권 행사에 관한
- VII. 주주에 관한 사항
- VIII. 임원 및 직원 등에 관한 사항
  - 1. 임원 및 직원의 현황
  - 2. 임원의 보수 등
- IX. 계열회사 등에 관한 사항
- X. 이해관계자와의 거래내용
- XI. 그 밖에 투자자 보호를 위하여
- 【전문가의 확인】
  - 1. 전문가의 확인
  - 2. 전문가와의 이해관계

출처: 전자공시시스템

불곰   더 나아가서 전자공시시스템에 나오는 모든 공시 내용….

선목   네!

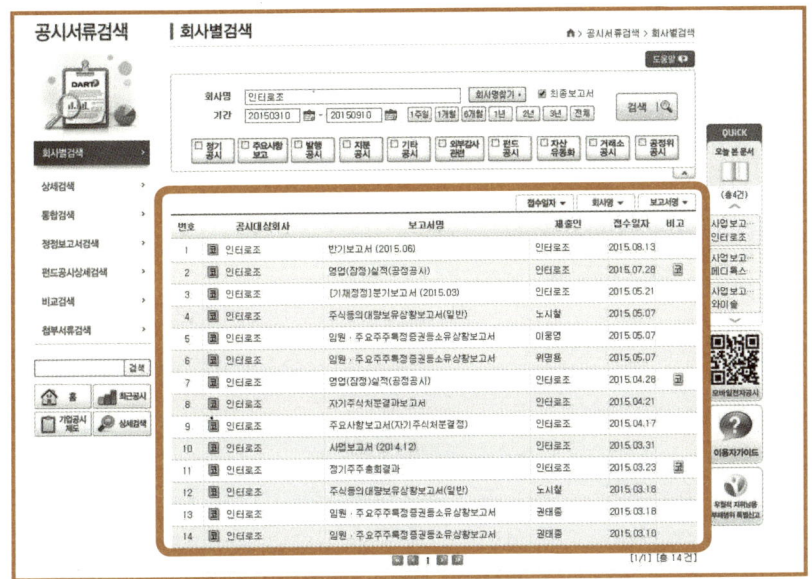

출처: 전자공시시스템

불곰   다 봐라.

선목   이런… 너무 많은데요?

불곰   집을 산다고 생각하고, 투자할 회사에 대해 네가 모르는 내용이 없도록 전자공시시스템과 친해지라는 뜻이다. 부담 가지지 말고. 많이 보면 볼수록 리스크는 줄어드는 법이야.

선목   이건 따로 안 가르쳐 주시나요?

불곰   이건 그냥 많이 읽으면 돼.

선목   예, 알겠습니다. 케이스 스터디로 넘어가시죠.

불곰의 가치투자 레슨

가치투자를 하려면 재무제표를 볼 줄 알아야 한다. 재무제표를 모르는 채 주식투자하는 것은 자살 행위다.

세상에서 가장 쉬운 재무제표 보는 법

● (연결)재무상태표: 기업의 재무상태를 알 수 있다.
① 자본(내 돈) + ② 부채(빌린 돈) = ③ 자산
사업이 잘돼서 ④ 잉여금(번 돈)이 생겼다 → 부채비율이 낮아진다
사업이 안 돼서 자본금이 줄어들었다 → 부채비율이 높아진다
　　　　⇒ 자본금이 절반으로 줄었다 → 관리종목 지정 사유
　　　　⇒ 자본금의 완전잠식 → 상장폐지
※ 불곰의 투자 기준: 부채비율 100% 이하가 안전하다.

열람 방법

전자공시시스템(http://dart.fss.or.kr) → 원하는 회사명 입력 → 분기·반기·사업보고서 → Ⅲ. 재무에 관한 사항 → 2. 연결재무제표/4. 재무제표 → 연결재무상태표/재무상태표

재무상태표

제15기 2014. 12. 31 현재
제14기 2013. 12. 31 현재
제13기 2012. 12. 31 현재

(단위: 원)

	제15기	제14기	제13기
자산			
유동자산	39,590,174,051	32,885,713,822	25,772,214,807
현금및현금성자산	5,275,998,879	1,708,030,726	2,088,242,967
단기기타금융자산	3,210,000,000	2,573,983,135	4,540,000,000
매출채권	20,046,953,714	15,968,359,297	9,634,823,736
단기기타채권	184,798,731	140,002,797	572,096,981

재고자산	10,834,611,564	11,437,599,203	7,697,143,613
파생금융자산(유동)		1,011,462,427	928,494,942
기타유동자산	37,811,163	46,276,237	311,412,568
비유동자산	36,252,691,131	34,524,425,604	33,784,012,445
장기기타금융자산	642,235,319	293,918,341	184,718,528
장기기타채권	578,734,545	886,255,181	989,240,817
유형자산	33,511,180,541	32,308,533,193	31,885,347,736
무형자산	452,198,962	291,432,094	295,231,448
이연법인세자산	938,341,764	614,286,795	185,913,916
매도가능금융자산			113,560,000
기타비유동자산	130,000,000	130,000,000	130,000,000
자산총계 ③	75,842,865,182	67,410,139,426	59,556,227,252
부채			
유동부채	9,663,896,865	9,372,984,735	8,640,636,210
매입채무	718,721,030	625,957,002	503,080,801
단기기타채무	2,588,884,188	2,261,878,131	1,672,195,644
단기차입금	1,500,000,000	2,000,000,000	3,000,000,000
유동성장기부채	2,007,720,000	1,374,920,000	1,725,240,000
파생금융부채(유동)	228,076,743		
당기법인세부채	738,007,253	1,903,840,018	538,333,224
반품추정부채	1,709,890,761	1,104,261,809	838,251,016
기타유동부채	172,596,890	102,127,775	363,535,525
비유동부채	4,937,593,405	2,883,451,320	4,203,626,669
장기차입금	4,754,280,000	2,749,840,000	4,124,760,000
장기기타채무	183,313,405	133,611,320	78,866,669
부채총계 ②	14,601,490,270	12,256,436,055	12,844,262,879
자본			
납입자본	15,829,910,398	15,829,910,398	15,829,910,398
자본금	5,350,000,000	5,350,000,000	5,350,000,000

주식발행초과금	10,479,910,398	10,479,910,398	10,479,910,398
기타자본	−259,506,373	267,041,140	108,815,905
이익잉여금 ④	45,670,970,887	39,056,751,833	30,773,238,070
자본총계 ①	61,241,374,912	55,153,703,371	46,711,964,373
자본과부채총계	75,842,865,182	67,410,139,426	59,556,227,252

● (연결)포괄손익계산서: 이익이 났는지, 손실이 났는지 알 수 있다.
① 매출액 − ② 매출원가 − ③ 판매관리비 = ④ 영업이익(손실)
④ 영업이익 + ⑤ 영업외수익 − ⑥ 영업외비용 = ⑦ 법인세차감전순이익(손실)
⑦ 법인세차감전순이익 − ⑧ 법인세비용 = ⑨ 당기순이익(손실)
⑨ 당기순이익 +/− ⑩ 기타포괄손익 = ⑪ 총포괄손익
※ 불곰의 투자 기준: 매출액, 영업이익, 당기순이익이 계속 성장하는 회사가 좋다.

시가총액 ÷ 당기순이익 = PER
※ 불곰의 투자 기준: PER 10 이하가 안전하다.

열람 방법
전자공시시스템(http://dart.fss.or.kr) → 원하는 회사명 입력 → 분기·반기·사업보고서 → Ⅲ. 재무에 관한 사항 → 2. 연결재무제표/4. 재무제표 → 연결포괄손익계산서/포괄손익계산서

포괄손익계산서

제15기 2014. 01. 01부터 2014. 12. 31까지
제14기 2013. 01. 01부터 2013. 12. 31까지
제13기 2012. 01. 01부터 2012. 12. 31까지

(단위: 원)

	제15기	제14기	제13기
매출액 ①	45,435,197,687	40,127,723,349	30,074,386,318
매출원가 ②	21,125,259,193	16,793,050,172	10,668,790,976
매출총이익	24,309,938,494	23,334,673,177	19,405,595,342
판매비와관리비 ③	15,538,738,246	12,802,201,186	9,844,159,945

영업이익 ④	8,771,200,248	10,532,471,991	9,561,435,397
기타수익 ⑤	616,028,517	363,232,604	140,865,446
기타비용 ⑥	395,117,607	647,936,920	980,545,577
금융수익 ⑤	491,100,478	1,225,102,156	1,558,230,267
금융원가 ⑥	684,890,968	570,836,495	208,048,015
법인세비용차감전순이익 ⑦	8,798,320,668	10,902,033,336	10,071,937,518
법인세비용 ⑧	1,435,101,614	1,869,519,573	1,412,793,543
당기순이익 ⑨	7,363,219,054	9,032,513,763	8,659,143,975
기타포괄손익 ⑩			
총포괄손익 ⑪	7,363,219,054	9,032,513,763	8,659,143,975
주당이익			
기본주당이익	689	844	809

● **(연결)자본변동표**: 자본의 총액이 변하는 내역. 유상증자, 무상증자, 감자, 잉여금을 알 수 있다.

● **(연결)현금흐름표**: 입출금표.
영업활동: 영업활동으로 인한 현금 흐름 → 플러스가 좋다
투자활동: 투자활동으로 인한 현금 흐름 → 투자한 내용이 좋다면 마이너스가 좋다
재무활동: 재무활동으로 인한 현금 흐름 → 마이너스가 좋다

열람 방법
전자공시시스템(http://dart.fss.or.kr) → 원하는 회사명 입력 → 분기·반기·사업보고서 → Ⅲ. 재무에 관한 사항 → 2. 연결재무제표/4. 재무제표 → 연결현금흐름표/현금흐름표

● **(연결)재무제표주석**: 재무제표를 이해하는 데 필요한 추가 정보.

2부

불곰의 가치투자 케이스 스터디

 **불곰의 5단계 투자기업 탐색 전략**

1단계   관심이 가는 회사가 있다면 맨 먼저 '재무에 관한 사항'을 확인한다(전자공시시스템: http://dart.fss.or.kr).
— 적자 기업에는 관심을 두지 않는다('Ⅲ. 재무에 관한 사항' 중 '1. 요약재무정보').
— 매출액과 영업이익이 매년 성장하는 회사가 좋다('Ⅲ. 재무에 관한 사항' 중 '1. 요약재무정보').
— 부채비율이 100퍼센트가 넘으면 투자를 다시 한 번 생각해 본다('Ⅲ. 재무에 관한 사항' 중 '1. 요약재무정보').
— 배당 여부를 확인한다. 배당이 은행 이자에 가깝다면 더욱 좋다('Ⅰ. 회사의 개요' 중 '6. 배당에 관한 사항 등').
— 향후 주식의 가치를 희석할 수 있는, 기존에 발행된 CB나 BW가 있는지 확인한다('Ⅰ. 회사의 개요' 중 '3. 자본금 변동사항').

2단계   1단계를 충족한 회사의 '사업의 내용'을 숙지한다(전자공시시스템 'Ⅱ. 사업의 내용').
— 산업과 시장을 분석하고, 회사의 아이템을 공부하면서 산업 내 경쟁력을 파악한다.
— 아이템과 관련된 모든 뉴스와 자료를 취합하고 분석하여 성장성을 판단한다(참고 자료: 회사 홈페이지, 회사의 IR 자료, 증권사 IR 리포트, 네이버나 구글 등의 검색 엔진).
— 예상 PER(forward PER)를 추정하여, PER 10 이하인 종목에 관심을 둔다(166쪽 '불곰의 예상 PER 산출법' 참조).

3단계   2단계를 충족한 회사의 히스토리를 분석한다.
— 회사가 전자공시시스템에 공시한 모든 내용을 전체적으로 숙지하면서, CB나 BW 발행, 대주주 변동, 중대한 영업 변동 사항과 같은 중요 공시 내용을 확인한다.
— 회사 홈페이지에 게시된 연혁을 비롯한 모든 내용을 숙지한다.

— 최소 5년간의 기업 뉴스(대주주 변동과 그 이유, 최고경영자의 능력 등)를 검색하여 향후 발생할 수 있는 리스크('먹튀' 가능성 등)를 파악한다.

4단계 **기업과 직접 접촉하여 최대한의 정보를 획득한다.**
— 탐색 과정에서 생긴 의문점들은 전자공시시스템에 기재된 회사 연락처로 전화하여 주식 담당자에게 상세히 물어보며 해결한다. 필요하다면 기업 탐방을 요청한다.
— 아이템에 관한 구체적인 정보는 주식 담당자보다는 연구소에 직접 전화로 문의하는 편이 나으며, 영업에 관련된 정보는 영업부서에서 얻는다. 부서별 전화번호는 홈페이지에 대부분 나와 있으며, 회사 대표번호를 통해서도 연결할 수 있다.

기업과 직접 접촉할 때 주의 사항
— 불특정 다수로부터 수많은 전화를 받는 주식 담당자에게서 많은 정보를 얻기 위해서는, 앞의 1~3단계를 통해 기업과 아이템에 대한 기본 지식을 숙지하고 질문할 내용을 구체적으로 정리한 뒤 전화를 걸어야 한다.
— 주식 담당자로부터 충분한 정보를 얻지 못하여 다른 부서에 전화하는 경우에도 먼저 자신의 신분과 목적을 명확히 밝히면 심도 깊은 정보를 얻기가 더 수월하다.
— 일대일 질의응답이므로 예의를 갖춰 정중하게 주식 담당자 등의 회사 구성원과 대화하는 것이 바람직하다.

5단계 **최종적으로 투자를 결정한다.**
— 회사가 현재 저평가 상태에 있는지 재확인한다(기준: PER 10 이하. 1부 20장 '세상에서 가장 쉬운 재무제표 강의' 참조).
— 저평가된 상태라 하더라도 최근 급등한 종목은 매수하지 않는다.
— 앞의 1~4단계를 다시 검토하고 기업의 꿈과 비전을 평가하면서 성장세가 지속될 가능성을 따져 본다. 지금까지의 분석을 바탕으로 논리를 세우고, 이것으로 자기 자신을 설득해 본다.
— 종목에 대한 자기 확신이 들면 투자를 결정한다.

01

매도 1호 와이솔

종목코드 122990 **불곰 3호 9번째 추천 종목**
매수일 2010년 11월 18일 **매수가** 8,420원
매도일 2011년 4월 5일 **매도가** 16,100원
최종 수익률 +92%

선목 재무제표 공부가 끝났으니, 바로 '무엇을 할지' 배우는 건가요?

가장 걱정했던 재무제표를 배우고 나니 빨리 '실기'를 익혀야 한다는 생각뿐이었다.

불곰 어, 바로 '불곰 케이스 스터디'로 돌입하자. 이제까지 불곰주식연구소에서 매수·매도를 추천했던 종목들을 들여다보면서 '왜 추천했는지' 한번 살펴보자고.

그의 답에 살짝 실망했다.

선목 어떤 비법이 있는 것 아니었어요?

내 양쪽 눈썹이 미간으로 살짝 모였다.

불곰 응? 비법이라니?

그의 눈썹은 내 눈썹보다 더 모였다.

불곰 주식투자를 할 때는 쓸데없는 기교를 멀리하고 기본에 충실하라

는 것을 그동안 배웠고, 그 기본을 잘하기 위한 몇 가지 방법도 공부했잖아. 그럼 이제는 배운 것을 응용하는 법을 익혀야 해. 수학 공식을 배웠으면 문제를 풀어 보는 연습을 해야지. 공식은 어디까지나 공식일 뿐이야. 공식을 외우고 있어도 문제를 못 푸는 경우가 많잖아? 그 속에 담긴 스토리를 이해해야 해. 그래야 네 지식, 네 지혜가 돼. 하나하나 경험하듯이 배워. 간접 경험인 셈이지. 그게 '진짜 공식'이야.

선목 함께 타임머신을 타고 과거로 가서 형님이 이제까지 한 일을 하나하나 배우는 거죠?

불곰 바로 그거야. 그럼 오늘 수업할 종목은 '매도 1호 와이솔'이다. 2010년 11월 18일, 8,420원에 매수했지.

불곰도 드디어 '이론'보다 재미있는 '실전'으로 넘어와서인지 무척 신난 표정이었다.

불곰 이 회사는 2008년 삼성전기에서 분사했어.

선목 무슨 일이 있었나요?

불곰 지금 와이솔이 취급하는 아이템을 만들던 사업부에서 적자가 많이 났거든.

선목 그런 상황에서 분사했다는 것은 나쁜 요소 아닌가요?

불곰 분리해서 나온 다음에 어떻게 했는지가 더 중요하지. 오히려 성장 가능성이 커졌다는 의미일 수도 있으니까. 한 가지 요소만 보고 판단하기에는 일러. 또, 공식적으로는 3년밖에 안 된 회사지만 실제 역사는 20년이 넘지. 삼성전기에서 가지고 나온 기술과 '업력'이 있었으니 신규상장주의 위험은 없다고 판단했어. 독일과 일본은 2차

대전 패전국이었지만 기술력이 있었기에 경제 발전을 이룰 수 있었잖아? 이 회사도 기술은 확실히 있었어. 그럼 앞서 배운 재무제표부터 볼까?

기간	실적	비고
2007년	매출액 270억 원	삼성전기의 사업부
2008년 1기	매출액 69억 원 영업이익 12억 원 당기순이익 6억 원	상반기 31억 원 적자 9월에 삼성전기에서 분사한 후 흑자로 전환
2009년 2기	매출액 340억 원 영업이익 75억 원 당기순이익 62억 원	

출처: 전자공시시스템

불곰   방금 말한 대로 이 회사는 2007년에 삼성전기의 사업부였어. 이 당시 매출액은 270억 원이었는데 적자였지. 2008년 1기에는 매출액이 69억 원이었어. 그해 상반기에 31억 원 적자를 보고, 9월에 분사를 해.

선목   분리된 다음에는 어떻게 됐나요?

불곰   흑자로 전환됐어. 영업이익 12억 원에 당기순이익 6억 원. '월급쟁

기간	실적	비고
2009년 2기 3사분기	매출액 227억 원 영업이익 43억 원 당기순이익 43억 원	
2010년 3기 3사분기	매출액 460억 원 영업이익 87억 원 당기순이익 77억 원	
2010년 3기 예상	매출액 650억 원 영업이익 120억 원 당기순이익 100억 원	업체 목표치 적용 예상 PER 9

출처: 전자공시시스템

선목	이'였다가 자기 사업을 시작하니 목숨 걸고 일한 거지. 그래서 2009년 2기에는 매출액 340억 원, 영업이익 75억 원, 당기순이익 62억 원을 기록해.
선목	영업이익이 크게 늘었고, 당기순이익도 10배 이상 뛰었네요?
불곰	응, 2009년 2기 3사분기에는 매출액이 227억 원, 영업이익이 43억 원, 당기순이익이 43억 원이야.
선목	뭐, 이 정도면 확실하네요.
불곰	괄목상대한 실적이지. 놀라기는 아직 일러. 좀 더 살펴보자. 2010년 3기 3사분기 실적이 전해에 비해서 모두 두 배가량 뛰었지?
선목	그럼 그냥 사면 되는 것 아니에요?
불곰	이건 과거 자료고, 미래도 생각해 봐야지. 이 종목을 추천하려던 당시에 업체 측 목표치에 따라 예상해 본 2010년 3기 실적이 매출액 650억 원, 영업이익 120억 원, 당기순이익 100억 원이었어. 예상 PER는 9였지. 그리고 1년 뒤에는 다 두 배 이상 오를 것이라는 예상이 나왔어. 회사 내부에서도 보수적으로 잡아도 1년 후 매출액이 1100억 원 정도 되리라고 예상했고. 이익이 두 배가 된다면 PER도 4~5 정도로 내려오잖아. 그럼 다음 해 주가가 두 배 이상 오를 수도 있다는 말이지.
선목	다음 해를 내다보고 사는 것이군요.
불곰	그렇지. 멀리 봐야 해. 추가 정보를 말하자면, 2011년에는 새로운 확장 공장이 생긴다고 했어. 물론 고정비가 들겠지만, 더 성장하기 위한 발판을 세우는 일이었지.
선목	형님이 이 자료들을 어디서 찾았는지 알려 주셔야죠?

불곰   출처를 다 적어 놨잖아? 이런 자료를 어떻게 찾는지는 앞에서 재무제표를 공부할 때 모두 말해 줬고.

선목   그래도 지금 케이스 스터디 첫 편이니, 자료를 그 당시에 어떻게 찾았는지 한번 알려 주는 것이 좋겠습니다. 수학책에서도 첫 문제는 어떻게 푸는지 알려 주잖아요.

불곰   오케이!

불곰이 컴퓨터를 켰다.

불곰   그 당시에 찾았던 순서대로 알려 줄게. 자, 우선 전자공시시스템(http://dart.fss.or.kr)에 들어가서 '회사명'에 '와이솔'을 쳐. 2010년 11월 18일에 매수했으니까, 검색할 '기간'은 2010년 1월 1일부터 2010년 11월 18일까지로 잡고.

불곰은 자기 책상 앞에 앉아 예전 자료들을 빠르게 취합했다.

불곰   자, 네가 궁금해했던 것.

그러면서 앞에서 소개한 재무제표들을 합쳐서 보여 줬다.

기간	실적
① 2007년 삼성전기 사업부	매출액 270억 원
② 2008년 1기	매출액 69억 원 영업이익 12억 원 당기순이익 6억 원
② 2009년 2기	매출액 340억 원 영업이익 75억 원 당기순이익 62억 원
② 2009년 2기 3사분기	매출액 227억 원 영업이익 43억 원 당기순이익 43억 원
② 2010년 3기 3사분기	매출액 460억 원 영업이익 87억 원 당기순이익 77억 원

불곰 '와이솔'을 입력하면 '보고서'들이 뜰 거야. ①부터 하나씩 보여 줄게. '분기보고서(2010. 09)'(접수일자 2010. 11. 15) → 'II. 사업의 내용'을 열면 이런 시장점유율 표 2개가 나와. 여기서 색칠된 수치들을 합친 값이 바로 2007년도 삼성전기 사업부 시절 매출액이지.

2009년 듀플렉서 시장점유율(금액 기준)

(단위: 백만 엔)

업체명	2007	점유율	2008	점유율	성장률	2009	점유율	성장률
MURATA	13,595	37.20%	15,405	35.70%	113.30%	16,690	35.20%	108.30%
Avago	12,780	35.00%	16,158	37.40%	126.40%	15,242	32.10%	94.30%
TDK-EPCOS	3,115	8.50%	4,835	11.20%	155.20%	6,088	12.80%	125.90%
FMD	1,870	5.10%	2,505	5.80%	134.00%	4,385	9.20%	175.00%
PED	2,618	7.20%	2,128	4.90%	81.20%	2,670	5.60%	125.60%
WISOL	924	2.50%	1,011	2.30%	109.40%	1,455	3.10%	143.90%
HITACHI-MEDIA	38	0.10%	318	0.70%	828.10%	392	0.80%	123.10%
NDK	582	1.60%	346	0.80%	50.50%	290	0.60%	83.70%
Triquint	896	2.50%	346	0.80%	38.80%	128	0.30%	36.60%
기타	123	0.30%	146	0.30%	93.90%	128	0.30%	109.90%
합계	36,542	100.00%	43,167	100.00%	118.10%	47,466	100.00%	110.00%

2009년 SAW 필터 시장점유율(금액 기준)

(단위: 백만 엔)

업체명	2007	점유율	2008	점유율	성장률	2009	점유율	성장률
MURATA	16,800	31.60%	15,895	34.40%	94.60%	14,700	34.80%	92.50%
TDK-EPC	14,175	26.60%	13,175	28.50%	92.90%	12,250	29.00%	93.00%
FMD	7,140	13.40%	5,695	12.30%	79.80%	5,110	12.10%	89.70%
PED	5,250	9.90%	4,590	9.90%	87.40%	4,200	9.90%	91.50%

WISOL	1,680	3.20%	2,125	4.60%	126.50%	2,800	6.60%	131.80%
KYOCERA	3,150	5.90%	2,125	4.60%	67.50%	1,400	3.30%	65.90%
HITACHI MEDIA	1,365	2.60%	850	1.80%	62.30%	700	1.70%	82.40%
Avago	297	0.60%	475	1.00%	159.90%	523	1.20%	110.10%
TriQuint	2,678	5.00%	1,148	2.50%	42.90%	420	1.00%	36.60%
Infineon	360	0.70%	–	0.00%	0.00%	0	0.00%	0.00%
기타	322	0.60%	166	0.40%	51.60%	168	0.40%	101.20%
합계	53,217	100.00%	46,244	100.00%	86.90%	42,271	100.00%	91.40%

출처: 전자공시시스템

선목 9억 2400만 더하기 16억 8000만이면 26억 400만 원인데요?

불곰 엔화로 적힌 표야.

선목 아, 그렇군요.

불곰 ②는 '분기보고서(2010. 09)'(접수일자 2010. 11. 15) → 'XI. 재무제표 등'을 열면 보여. 이 손익계산서에서 색칠된 부분이 ②에 해당돼.

손익계산서

제3기 3분기 2010년 01월 01일부터 2010년 09월 30일까지
제2기 3분기 2009년 01월 01일부터 2009년 09월 30일까지
제2기   2009년 01월 01일부터 2009년 12월 31일까지
제1기   2008년 06월 20일부터 2008년 12월 31일까지

(단위: 원)

	제3기 3분기		제2기 3분기		제2기 연간	제1기 연간
	3개월	누적	3개월	누적		
I. 매출액	16,124,676,190	46,035,971,792	9,196,373,440	22,747,202,097	34,050,196,817	6,958,108,783
1. 제품매출액	14,978,368,300	43,127,590,674	8,786,821,649	21,355,164,689	30,911,224,000	6,048,613,483
2. 로열티수익	1,146,307,890	2,908,381,118	409,551,791	1,392,037,408	3,138,972,817	909,495,300
II. 매출원가	11,040,182,051	30,974,906,074	5,892,163,609	15,260,309,882	21,891,484,765	4,630,234,794

1. 제품매출원가	11,040,182,051	30,974,906,074	5,892,163,609	15,260,309,882	21,891,484,663	4,630,234,794	
가. 기초제품재고액	302,332,910	260,147,204	267,599,882	1,181,127,048	1,181,127,048		
나. 당기제품제조원가	10,941,190,574	31,030,164,862	6,272,930,638	14,710,182,826	20,787,428,834	5,870,653,352	
다. 타계정에서대체	7,928,794	-94,941,340		61,164,764	262,454,305		
라. 타계정으로대체	-11,974,099	-21,168,524	-26,663,535	-70,461,780	-79,378,320	-59,291,510	
마. 기말제품재고액	-199,296,128	-199,296,128	-621,702,976	-621,702,976	-260,147,204	-1,181,127,048	
III. 매출총이익(손실)	5,084,494,339	15,061,065,718	3,304,209,831	7,486,892,215	12,158,712,154	2,327,873,989	
IV. 판매비와관리비	1,847,627,078	6,288,050,064	1,282,514,835	3,106,439,165	4,646,981,334	1,115,989,768	
1. 급여	413,143,666	1,643,135,338	303,872,976	759,062,238	1,191,741,804	441,254,944	
2. 주식보상비용	12,587,500	37,762,500	6,137,502	12,275,001	75,525,001		
3. 퇴직급여	42,877,700	118,352,980	114,229,430	119,370,180	146,427,950		
4. 복리후생비	223,772,670	409,796,872	100,656,870	239,751,696	318,183,477	73,928,326	
5. 수도광열비	5,207,734	19,577,809	11,540,611	33,454,221	53,723,135	8,992,992	
6. 운반비	90,991,545	266,292,993	68,213,725	201,684,937	267,423,310	14,600,559	
7. 수선비	842,728	25,907,628	901,000	1,282,500	27,444,773	6,563,000	
8. 세금과공과	29,463,940	61,599,213	5,618,970	16,084,680	32,071,800	4,361,790	
9. 소모품비	125,234,685	224,151,448	12,673,032	18,699,472	43,931,543	5,377,944	
10. 보험료	817,258	2,319,478	2,652,912	3,215,483	10,879,397	96,342	
11. 임차료	34,150,477	103,616,350	15,734,310	47,077,893	64,642,153	22,584,535	
12. 통신비	21,833,194	58,218,022	11,859,610	32,764,405	43,311,343	4,784,320	
13. 여비교통비	60,549,508	166,519,048	52,290,615	121,636,368	168,221,525	41,030,535	
14. 지급수수료	-11,413,649	896,715,421	28,659,227	110,000,054	182,464,829	44,532,683	
15. 접대비	78,671,360	192,109,406	58,181,478	110,040,768	172,072,504	24,956,991	
16. 도서인쇄비	3,888,817	10,334,316	550,507	1,926,252	2,469,772	1,426,470	
17. 교육훈련비	22,370,281	57,890,826	6,967,000	24,800,930	36,918,930	230,500	
18. 차량유지비	6,639,890	15,566,955	4,294,000	10,103,800	14,048,800	3,382,330	
19. 경상개발비	617,107,376	1,821,949,581	419,116,317	1,085,031,166	1,583,013,012	323,373,874	
20. 광고선전비	19,760,000	21,335,455	3,900,000	9,671,200	12,191,200	5,158,000	
21. 애프터서비스비		2,173,255			1,849,362		
22. 견본비	11,974,099	21,168,524	26,663,535	70,461,780	79,378,320	22,072,250	
23. 대손상각비	-784,254	7,827,032			11,756,296	1,325,135	
24. 무형자산상각비	18,175,028	53,117,864	17,114,230	50,986,551	68,100,785	1,020,073	
25. 감가상각비	19,765,525	50,611,750	10,686,574	27,057,590	39,190,313	64,936,175	
V. 영업이익(손실)	3,236,867,061	8,773,015,654	2,021,694,996	4,380,453,050	7,511,730,820	1,211,884,221	
VI. 영업외수익	1,058,508,737	3,418,098,317	157,618,859	1,310,966,835	2,679,743,730	836,952,474	

1. 단기매매증권평가이익						961,532
2. 단기매매증권처분이익				2,399,218	2,399,218	
3. 이자수익	86,388,801	118,040,637	8,405,000	49,397,463	101,355,026	119,290,108
4. 수수료수익	71,299,777	134,003,895	57,732,617	96,239,749	264,838,244	116,008,311
5. 외환차익	621,200,095	1,363,841,487	88,726,071	870,112,637	981,747,444	174,334,944
6. 외화환산이익	−451,981,412	113,156,063			21,998,325	240,956,562
7. 지분법이익		526,969,149			936,383,720	
8. 유형자산처분이익		47,965,662	2,715,587	77,662,173	82,161,173	60,595,000
9. 파생상품평가이익	728,148,378	855,527,736				
10. 잡이익	3,453,098	258,593,688	39,584	215,155,595	288,860,580	124,806,017
VII. 영업외비용	825,262,638	2,043,139,580	495,809,370	1,383,542,836	2,530,534,027	1,366,293,035
1. 이자비용	112,687,493	345,450,323	79,254,700	215,361,075	361,113,124	27,845,215
2. 매도가능증권처분손실				250,000	250,000	
3. 재고자산감모손실						37,219,260
4. 외환차손	140,925,248	983,242,444	411,543,288	1,162,920,370	2,053,641,688	339,596,066
5. 외화환산손실	564,208,745	623,830,237			109,784,997	360,704,502
6. 장기금융상품평가손실	−44,337	53,034,116				
7. 기부금		30,000,000	5,000,000	5,000,000	5,000,000	
8. 지분법손실						600,927,986
9. 유형자산처분손실					730,853	
10. 잡손실	7,485,367	7,582,460	11,382	11,391	13,365	6
VIII. 법인세비용차감전순이익(손실)	3,470,113,280	10,147,974,391	1,683,504,485	4,307,877,049	7,660,940,523	682,543,660
IX. 법인세비용	862,631,724	2,431,597,773		4,547,470	1,430,824,059	56,001,681
X. 당기순이익(손실)	2,607,481,436	7,716,376,618	1,683,504,485	4,303,329,579	6,230,116,464	626,541,979
XI. 주당손익						
1. 기본주당순이익(손실)	274	957	259	652	952	21
2. 희석주당순이익(손실)	268	806	178	453	657	21

출처: 전자공시시스템

선목   너무 복잡하군요. 이래서 사람들이 전자공시시스템을 제대로 볼 수 있을지 모르겠네요. 지금 이것 말고도 다른 사업보고서, 반기보고서, 분기보고서들도 봐야 하잖아요. 아… 왜 사람들이 재무제표를 안 보는지, 왜 불곰주식연구소 같은 곳에 가입하는지 알겠어요. 이런 일은 개인이 시간을 내서 하기에 너무 힘들어 보입니다.

불곰 계속 하다 보면 재무제표 보는 실력이 늘어. 처음이어서 그런 거야. 그리고 네가 명심할 점은, 종목을 추천받으러 불곰주식연구소 같은 곳에 가입할 때도 그 사이트가 과연 믿을 만한지 알아야 한다는 거야. 그리고 왜 하필 그 종목을 추천하는지도 알아야겠지. 그래야 사기를 안 당할 것 아니냐? 그러려면 전자공시시스템에 익숙해져야 해. 이걸 볼 줄 모르고서 종목 추천 사이트에 가입하는 것은 '묻지 마 투자'와 다를 바가 없어. 너는 '이걸 언제 다 보지?'라고 생각할지도 모르지만, 개인이 매일 종목을 발굴할 필요는 없어. 본업에 충실하다가 관심이 가는 회사가 생기면 여유롭게 공부해도 전혀 문제없어.

선목 그렇군요… 어쨌든 그럼 이제 사는 건가요?

불곰 아니지. 이제부턴 이 회사를 먹여 살리는 아이템이 뭔지 알아야지. 아이템을 보는 눈이 중요해. 이 회사의 아이템은 SAW 필터(SAW filter)와 듀플렉서(duplexer)야. 사실 이것들은 중소기업이 감당할 만한 아이템이 아니야. 그런데 여기서 이것을 만든다는 것은 그만큼 관심을 가져 볼 만한 회사라는 뜻이지.

선목 SAW 필터와 듀플렉서가 뭔가요?

불곰 SAW 필터는 주파수 선택 RF 부품이야. 휴대폰에서 소리를 깨끗하게 필터링해 주지. 통신에 필요한 특정 주파수를 선택해서 통과시키면서.

선목 여기서 'RF'는 무엇의 약자인가요?

불곰 Radio frequency, 무선 주파수.

선목 라디오요?

불곰 어, 라디오 주파수 같은 걸 잡아 주는 거야. 쉽게 생각하자면, 라디오로 111.1채널을 듣고 싶으면 채널을 바꿔야 하잖아? 그 111.1채널로 설정된 칩을 휴대폰에 부착하면, 칩이 스스로 111.1채널을 감지해서 들려주는 식이지. 이 기술이 DMB, 와이브로, GPS 등에도 쓰여.

선목 네, 그럼 듀플렉서는 뭔가요?

불곰 한 개의 안테나로 송신과 수신을 분리해서 필터링해 주는 부품이야.

선목 둘 다 휴대폰에 반드시 필요한 부품이네요.

불곰 그러니 아이템이 좋다고 할 수 있지. 그럼 이 아이템을 누가 따라 할 수 있는지도 고려해 봐야겠지? 이 산업에 비전이 있다는 것을 알게 된 사람들이 모두 따라 해 버리면 곤란하잖아? 답부터 말하자면 그러기는 힘들어. 진입장벽이 높아. 조금 전에 말한 대로 함부로 건드릴 수 있는 분야가 아니야. 우선 기술적 진입장벽이 있지. 중소기업이 하기 힘든 분야지만 이 회사는 실제 업력이 긴 만큼 노하우가 있어. 그래서 중소기업이지만 대기업이 손댈 만한 아이템을 다루는 거고. 기술력이 뛰어나니 높은 성장률도 예상되지.

선목 기술적 진입장벽을 조금 더 설명해 주시자면?

불곰 우선 칩 설계 기술, 이건 부품끼리 매칭시키는 기술이지. 패키지를 해석하는 기술은 한마디로 패키지를 설계상으로 잘 유동화하는 거야. 그리고 전자부품 패키징 기술은 칩을 부착할 때 용접으로 몰딩을 하는 거야.

선목   그래야 기술이 유출되지 않으니까요?

불곰   응. 또 다른 진입장벽은 비용이야. 반도체 공정기술이 필요하거든. 이 기술은 세밀한 작업에 필요한데 엄청난 비용이 들어. 삼성전자에서도 반도체 공장을 만들 때 돈을 엄청나게 썼잖아? 이런 비용 장벽이 있기 때문에 어설프게 시작하면 한 발자국도 앞으로 나아갈 수 없는 산업이지. 자, 지금까지 회사 재무제표를 확인했고, 어떤 아이템인지도 알아봤잖아. 그럼 이제 이 산업의 미래를 알면 되겠지?

선목   그렇죠. 근데 뭐 휴대폰 부품이면 당연히 전망이 밝은 산업 아닌가요?

불곰   당시에도 그 점은 사람들이 꽤 확신했지. 이 산업은 계속 변화하면서 성장할 것이라는 예측이 많이 나왔으니까. 그때도 매수 포인트 중 하나가 '이동통신 기술의 발전'이었어. 하지만 이 산업이 성장할 것이라는 확신이 들어도 분석은 해 봐야지. 산업이 변화하는데 기술이 없어서 망하는 회사들도 있잖아? 그러니 '이동통신 기술의 발전'이 와이솔에게도 이득이 되는지 알아봐야겠지. 그럼 우선 이동통신 시장의 변화를 한번 살펴보자.

전 세계 이동통신 규격별 휴대폰 구성비 전망

(단위: %)

	2007년	2008년	2009년	2010년	2011년	2012년	2013년
LTE	0.0	0.0	0.0	0.3	1.8	4.3	7.3
UMTS/GSM	12.1	18.4	26.4	37.9	46.6	50.7	53.5
GSM	70.0	64.7	55.2	44.5	36.6	30.6	25.3

CDMA	15.2	15.4	16.2	14.7	11.9	10.6	9.5
기타	2.7	1.5	2.1	2.6	3.2	3.9	4.4
합계	100.0	100.0	100.0	100.0	100.0	100.0	100.0

출처: Navian, 2009

불곰 이 자료도 전자공시시스템에서 찾은 거야. '분기보고서(2010. 09)'(접수일자 2010. 11. 15) → 'II. 사업의 내용'에 있지. 여기서 GSM과 CDMA가 2세대 휴대폰 방식, UMTS/GSM이 3세대, LTE가 4세대야.

선목 아! LTE를 그때부터 벌써 아신 거군요?

불곰 이런 걸 알아야 투자를 하지. 표를 보면 3세대와 4세대 방식이 계속 늘고 있지?

선목 예. 그런데 이런 사실이 구체적으로 와이솔에 어떤 도움이 되나요?

불곰 자, 이 표가 대답이다.

	SAW 필터 사용량	듀플렉서 사용량
2세대 CDMA	5개	2개
2세대 GSM	4개	
3세대 UMTS	9개	2개 이상
4세대 LTE	* 25개 이상의 주파수 대역 허용	

출처: 전자공시시스템

불곰 이것 역시 '분기보고서(2010. 09)' → 'II. 사업의 내용'에서 찾은 자료인데, 조금 전에 보여 줬던 표와 함께 한번 봐. 감이 좀 오지? 이렇게 발전할수록 와이솔의 아이템은 더 많이 팔릴 수밖에 없지. 2세대 CDMA 방식에 필요한 SAW 필터와 듀플렉서는 각각 5개, 2개,

	GSM 방식에 필요한 SAW 필터는 4개인데, 3세대 UMTS 방식에는 듀플렉서가 2개 이상, SAW 필터는 9개나 들어가잖아.
선목	수요가 늘 수밖에 없네요. 그럼 LTE 방식에는 25개인가요?
불곰	응! 4세대인 LTE 방식에는 25개 이상의 주파수 대역이 허용됐어. 성장할 수밖에 없는 상황이지. 자, 이제 세계화 시대에 이 회사가 얼마나 경쟁력이 있는지 알아보자. 앞서 살펴본 '2009년 SAW 필터 시장점유율(금액 기준)' 표를 다시 한 번 볼까(208쪽). 2위를 제외한 1위부터 4위까지를 모두 일본 회사들이 차지하고 있어.
선목	TDK-EPC는 어느 나라 회사죠?
불곰	독일 회사야. 여기서 와이솔은 5위지? 삼성전자에 필요한 물량의 30퍼센트를 이 회사가 공급해. 삼성전자가 세계로 뻗어 나가는 만큼 이 회사도 성장하겠지?
선목	아, 세계화라고 하면 대기업만 생각했는데, 그 대기업에 납품하는 회사들도 당연히 같이 크겠군요?
불곰	그렇지. 이 표를 보면 단박에 느낄 수 있잖아. 2007년 점유율 3.2퍼센트, 2008년 4.6퍼센트, 2009년 6.6퍼센트. 높지는 않아도 꾸준히 늘고 있지?
선목	성장률은 와이솔이 131.8퍼센트로 1위군요.
불곰	계속 성장한다면 점유율 3위까지도 충분히 넘볼 수 있지. 전망이 밝아. 그리고 칩은 한국에서 만들고, 조립은 중국에서 해. 이게 무슨 뜻인지 알지?
선목	남들보다 더 싸게 만들 수 있다는 말인가요?
불곰	응, 원가 경쟁력이 있다는 뜻이지.

| 선목 | 여기까지 알면 사는 게 맞죠? |
| 불곰 | 성격도 급하다, 하하. 하나만 더 검토해 보면 돼. 현재 주식 가격이 괜찮은지 그래프를 보면서 설명해 줄게. |

출처: 삼성증권

불곰	이 그래프를 보기 전에 네가 알아야 할 것은 주식투자할 때 그래프가 그렇게 중요한 건 아니라는 사실이야. 그저 저가인지 확인만 하면 돼. 그래프 분석할 시간 있으면 차라리 그 시간에 회사 재무제표나 아이템을 한 번 더 공부해라.
선목	예.
불곰	이 그래프를 보면 ①에서부터 계속 떨어지지? 상장하기 전에 발행된 전환사채가 있었어. 그래서 가격이 내려간 거야. 10월 13일에 6,930원을 찍고(②), 조금씩 꾸준히 올라가기 시작해.

선목   그럼 6,930원일 때 사야 했던 것 아니에요?

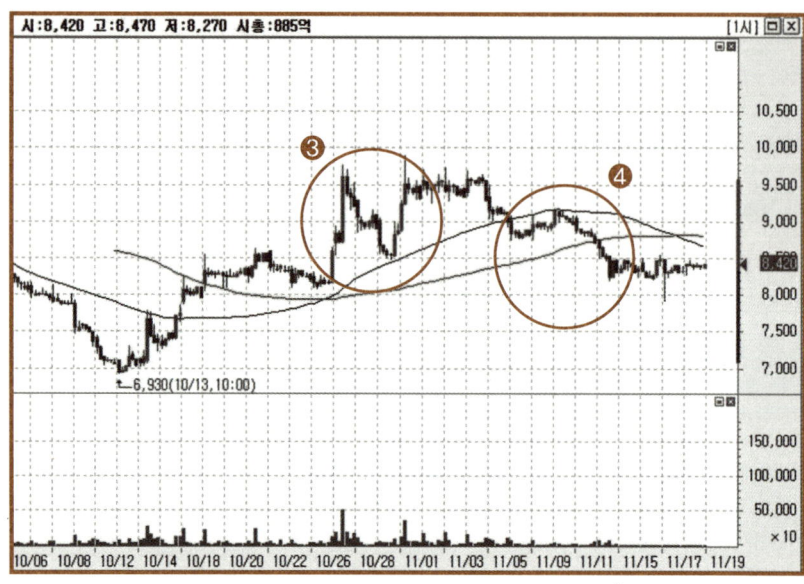

출처: 삼성증권

불곰   그때는 아무도 알 수 없었으니, 그런 이야기는 의미가 없지. 그 당시에 알 수 있었던 사실은… 상장하기 전에 발행된 CB는 전환이 끝났고, ③과 ④에서 매도 물량이 있어서 가격이 떨어졌다는 것이었어. 어쨌든 가격이 많이 내려온 8,420원도 저가이긴 했지.

선목   이제는 모든 질문의 답을 얻은 것 같네요.

불곰   응, 아이템(기술, 비용 진입장벽), 이동통신 기술의 발전(시장 전망), 지속적인 경쟁력 강화, 그리고 적합한 매수 시기가 와이솔의 매수 포인트였지.

선목   그럼 매도 포인트는 뭐였나요?

불곰   단순해. BW를 발행했거든. 전에 알려 준 것 기억하지?

선목	예.
불곰	수익률이 92퍼센트여서 매도 신호를 보냈다고 생각하는 사람들도 있을지 모르겠는데, 난 BW 공시가 떠서 매도 신호를 냈어.
선목	그게 전부인가요?
불곰	어, CB나 BW를 발행하는 기업은 특별한 경우가 아니라면 매도하는 것이 좋아. 기억하지?
선목	당연히 기억하죠.
불곰	매수가 결혼이라면 매도는 이혼이야. 사람들이 이혼을 왜 하지? 가장 결정적인 이유는 뭘까?
선목	배신, 배반이죠.
불곰	정확해. 배신당하면 너무 싫어지잖아. 난 이 주식을 1년 동안은 가지고 있을 계획이었어. 근데 어라? '이유 없는' BW 공시가 뜨네? 그러니까 너무 싫어지더라고. 그러면 이혼이지! 신주인수권부사채(BW)를 발행하면 기존 주주한테 좋지 않아. 주주가 회사의 주인인데, 주식을 희석시키는 결정, 즉 주주의 자산 가치를 떨어뜨리는 조치는 배신이라 생각해.
선목	형님이 열변을 토하셨던 것 기억납니다.
불곰	이론 편인 1부 19장 '기업의 배신'에서 이야기했지? 주식을 가지고 있는 사람들은 주가가 오르기를 바라는데, BW가 있는 사람은 당연히 다르게 생각하잖아? 자신의 수익을 극대화하기 위해서는….
선목	예, 같은 배를 탄 사람들이 다 같은 마음이어야 하는데, 반대 욕망이 존재하는 거죠. 그럼 항해가 그다지 즐거울 리 없겠죠.
불곰	맞아, 그래서 매도했지. 자, 수업 끝.

나도 주식투자를 하면서 이런 철학을 세우고 지켜 갈 수 있을까. 그저 돈을 벌겠다는 욕심만으로 덤벼들 일은 결코 아니라는 것을 다시 한 번 실감하는 순간이다.

불곰의 와이솔 투자 포인트

매수

1. 재무제표: 2008년 삼성전기에서 분사한 후 흑자로 전환하고 지속적인 성장세를 보였다. 2010년 예상 PER는 9, 그리고 1년 뒤에는 더욱 내려갈 것으로 전망된다.
2. 20년이 넘는 역사를 통해 쌓아 온 기술력. 높은 기술장벽과 비용장벽 때문에 시장에 다른 경쟁자가 진입하기 어렵다.
3. 차세대 이동통신 기술의 발전에 따라 와이솔 제품에 대한 수요가 늘 것으로 기대된다.
4. 높은 성장률을 보이므로 세계 시장 점유율이 더 오를 가능성이 충분하다.
5. 낮은 주가.

매도

1. 합당한 이유 없이 BW를 발행하여 기존 주주를 배신했다.

02

매도 2호 무림P&P

종목코드 009580　　**불곰 1호 2번째 추천 종목**
매수일 2010년 8월 17일　　**매수가** 3,600원
매도일 2011년 5월 4일　　**매도가** 7,000원
최종 수익률 +99%

선목　다음 수업은?

쉬는 시간도 없이 불곰에게 다음 강의를 청했다.

불곰　다음으로 수업할 종목은 '무림P&P', 제지회사야.

선목　제지 쪽은 그리 좋아하지 않는 편 아닌가요?

불곰　응, 그쪽은 별로 좋아하지 않아. 사 본 적도 없고. 제지업계는 PER가 낮지만 수익 변동 폭이 커서 좀 불안해. 아무래도 원료를 전부 수입하다 보니 원료 가격과 환율이 너무 큰 변수로 작용하거든. 안정적으로 투자하기가 꽤 어렵지.

선목　그럼 이건 왜 추천하셨나요?

불곰　패러다임이 조금 바뀌는 상황이어서 한번 추천해 볼 만하다고 느꼈어. 무림P&P에서 'P&P'는 'pulp'와 'paper'의 약자야. 2008년 4월에 무림페이퍼가 동해펄프를 인수해. 펄프와 종이를 같이 하겠다는

뜻이지.

선목 펄프가 뭔가요?

불곰 펄프는 종이를 만드는 원료야.

선목 우리나라에 펄프회사가 많나요?

불곰 아니, 이곳 하나야. 그러니 이런 회사를 제지회사에서 인수했다는 것은 큰 의미가 있지. 그럼 재무제표부터 볼까?

기간	실적	비고
2007년 34기	매출액 1944억 원 영업이익 32억 원 당기순이익 30억 원	
2008년 35기	매출액 2870억 원 영업이익 247억 원 당기순이익 141억 원	
2009년 36기	매출액 2600억 원 영업이익 3억 원 당기순이익 62억 원	

출처: 전자공시시스템

불곰 이것 좀 봐. 이렇게 실적이 막 들쭉날쭉하니까 내가 제지회사를 싫어해. 매출액, 영업이익, 당기순이익의 변동이 심하지. 펄프를 전부 수입할 수밖에 없으니, 펄프 가격에 따라서 모든 것이 변해. 이런 경우에는 이 과거 재무제표가 무의미해. 패러다임이 바뀐 뒤에 어떻게 될지가 더 중요하지.

선목 아, 그럼 2010년부터가 중요하군요?

불곰 그렇지. 그럼 '앞으로 어떻게 될 것인가?'를 알 수 있는 재무제표를 볼까?

기간	실적	비고
2009년 2분기	매출액 887억 원 영업이익 -142억 원 당기순이익 -174억 원(법인세 차감 전)	
2010년 2분기	매출액 1660억 원 영업이익 432억 원 당기순이익 496억 원(법인세 차감 전)	
2010년 37기 예상	매출액 3300억 원 영업이익 750억 원 당기순이익 800억 원	기준: 펄프 수입 물가

출처: 전자공시시스템

불곰 2010년 2분기 실적이 2009년 2분기에 비해 급상승하지. 운이 좋았던지 무림페이퍼에서 동해펄프를 인수한 후에 펄프 가격이 대폭등했거든.

선목 대박이군요!

불곰 무림P&P의 경영진은 대단한 데다 운도 좋은 사람들이지. 이런 상황에서 펄프 수입 물가를 기준으로 보니, 2010년에 매출액 3300억 원, 영업이익 750억 원, 당기순이익 800억 원을 올릴 것이라는 예상이 나왔어.

선목 계속 '펄프 가격'을 이야기하시는데 당시 가격이 어땠나요?

불곰 그래서 다음 페이지에 자료를 준비해 놨다.

선목 넷째 열에 있는 '단위'가 무슨 뜻인가요?

불곰 2005년도를 '100'으로 해서 기준으로 삼은 거야. 2009년의 펄프 수입물가지수를 보면 2005년과 비슷하지? 2008년에 비해서는 30퍼센트가량 떨어졌으니 2009년에 적자가 난 거야. 근데 2010년에는 다시 가격이 50퍼센트 정도 올랐잖아?

통계표	항목명 1	항목명 2	단위	가중치	변환	년\월	1	2	3	4	5	6
수입물가지수(기본분류)(2010=100)	펄프 및 종이제품	달러기준	2005=100	9.1	원자료	2005						
						2006	101	104	106	108	110	112
						2007	117	119	119	121	122	123
						2008	131	134	135	137	139	140
						2009	110	108	106	106	107	108
						2010	133	136	141	148	153	154

* 소수점 이하 버림.

출처: 한국은행 경제통계시스템(ecos.bok.or.kr)

선목   그러네요.

불곰   그럼 수익이 엄청나게 나는 거지. 2010년 예상 당기순이익 800억 원은 펄프 가격이 현재보다 조금 떨어지더라도 충분히 거둘 만했어. 펄프 가격이 더 오르면 1000억 원까지도 기대해 볼 수 있었고.

선목   재무제표는 이제 알겠고, 그럼 매수 포인트를 알아볼 차례인가요?

불곰   그렇지. 첫째, 국내 유일의 펄프 생산업체야. 국내 자급률은 13~20퍼센트고.

선목   우리나라의 펄프를 책임지고 있군요?

불곰   책임까지는 못 져. 왜냐하면 다른 국내 회사들도 알아서 수입할 수 있거든. 무림P&P의 펄프가 다른 데보다 비싸면 당연히 더 싼 데서 수입하겠지. 실제로 2009년에는 공장을 몇 개월 세워 두기도 했대.

선목   그럼 이게 왜 매수 포인트죠?

불곰   어쨌든 유일한 펄프 생산업체라는 것은 사실이고, 전해 실적이 중요한 것이 아니니까. 아까 재무제표에서도 봤잖아? 두 번째, 재무제표에서 설명했던 대로 2010년에 사상 최대의 매출액 및 당기순이익을

	기록할 것으로 예상돼. 게다가 향후 폭발적인 매출 상승세를 예상할 수 있어. 2010년 3300억 원, 2011년 4200억 원, 2012년 5500억 원!
선목	오!
불곰	이것도 보수적으로 잡은 거야. 무림P&P 사장은 2011년 매출액을 6700억 원으로 잡았어.
선목	바로 매수해야겠네요.
불곰	아직. 매수 포인트 두 가지가 더 남았어. 셋째, 2009년 내수 부진으로 인한 전화위복. 예전에는 펄프가 국내에서 다 팔리니 해외시장에는 관심도 없었어. 그런데 2009년에 장사가 잘되지 않으니까 역발상으로 '남으니까 외국에 팔아 보자!' 하고 마음먹은 거야. 그래서 43퍼센트를 수출하는 회사가 됐어. 위기에 몰리자 오히려 다른 길을 모색하고 실행한 거지. 그것도 국내보다 20달러 정도 더 비싸게 중국, 파키스탄, 일본에 팔 수 있었어.
선목	오, 그럼 이제 대망의 마지막 매수 포인트는 뭔가요?
불곰	네 번째, 무림P&P의 꿈 '일관화 공장'. 패러다임이 바뀐 거지.
선목	자세히 설명해 주세요.
불곰	펄프와 종이를 같이 취급하기 위해서 동해펄프를 인수했다고 했잖아. 그것을 실현하려면 일관화 공장을 지어야지.
선목	공장을 지으려면 돈이 많이 들지 않나요?
불곰	많이 들지. 일관화 공장에는 5000억 원 정도가 필요해. 자금 확보를 위해서 독일국영은행으로부터 1억 2600만 유로를 유치했어. 한화로는 2150억 원. 이자는 4퍼센트 저금리였어.
선목	5000억 원 중에서 2150억 원은 빌렸으니 나머지는 무림P&P에서 부

	담하면 되고… 공장을 짓는 데 돈 말고도 필요한 것이 많지 않나요?
불곰	그럼, 여러 가지가 필요하지. 우선 독일 '포이트(Voith)' 사에서 설비를 댔어. 그리고 유명한 일본 '마루베니' 사에서 컨설팅을 해 줬고. 지금 이야기한 자금 확보, 설비, 컨설팅을 위해 체결한 계약들이 '트레이드 파이낸스(Trade Finance)'라는 잡지에서 뽑은 '올해의 딜'이었어.
선목	이렇게 공장을 세우면, 매출 효과는 언제부터 나요?
불곰	좋은 질문이야. 2011년 3월 시험가동을 시작해서 5월부터 생산, 판매가 시작되지.
선목	그럼 '언제'는 알았으니 '얼마나' 효과가 클 것인지 알면 되겠네요.
불곰	그렇지. '매출액이 어느 정도 상승할 것인가'를 생각해 봐야지. 단순하게 봐도 2000억 원 정도는 상승한다고 예측할 수 있었어. 그래서 조금 전에 이야기했듯이 예상 매출액이 2011년 4200억 원, 2012년 5500억 원이 되는 거야.
선목	전 조금 불안해 보이는데요? 공장 짓는 데 5000억 원이나 들잖아요. 그다음에 일이 잘 풀리지 않을 수도 있고요.
불곰	그래? 그럼 조금 더 자세히 알아보자. 국내 유일의 일관화 공장이 생긴다는 것은 15퍼센트 이상의 가격 경쟁력이 생긴다는 뜻이야. 그리고 제품의 질은 더 좋아져. 리스크가 거의 없는 수준이라는 얘기지. 가격 경쟁력이 높아지고 제품이 더 좋아진다는 건 수출 가능성이 더 높아진다는 뜻이지. 50퍼센트 정도는 수출할 계획이야. 이게 무슨 뜻일까?
선목	이 회사의 시장이 더 커진다는 말이죠?
불곰	응, 글로벌 제지회사로 성장할 가능성이 높다는 뜻이지.

선목　그러네요. 근데 이 종목을 생각보다 빨리 파신 것으로 아는데, 매도 이유가 뭐였나요? 지금까지 매수 포인트를 보면 좀 오랫동안 가지고 있을 주식이었던 것 같은데요.

불곰　음… 네 말대로 생각보다 일찍 팔았어.

선목　며칠 만에요?

불곰　260일.

선목　그게 빨리 판 거라고요?

불곰　가치투자, 장기투자하는 불곰주식연구소로서는 빨리 판 편이지. 매도 포인트는 세 가지였어. 첫째, 실적이 급락했어. 2010년 4분기에 113억 원 적자였고, 2011년 1분기 이익도 급락했어.

선목　그 이유가 무엇인가요?

불곰　설비 수선비, 성과급 반영… 그리고 3월 매출이 2분기로 넘어갔어. 어쨌든 이익이 급락한 건 좋은 신호가 아니지.

선목　어느 정도나 급락한 건가요?

불곰　이 표를 한번 봐.

영업(잠정)실적(공정공시) 일부

* 동 정보는 잠정치로서 향후 확정치와는 다를 수 있음.

1. 실적내용

(단위: 백만 원, %)

		당기실적 ('11년 1분기)	전기실적 ('10년 4분기)	전기대비 증감률(%)	전년동기실적 ('10년 1분기)	전년동기대비 증감률(%)
매출액	당해실적	60,602	-	-	81,723	-25.8
	누계실적	60,602	-	-	81,723	-25.8
영업이익	당해실적	2,434	-	-	17,635	-86.2
	누계실적	2,434	-	-	17,635	-86.2

법인세비용차감전순이익	당해실적	3,654	–	–	24,466	-85.1
	누계실적	3,654	–	–	24,466	-85.1
당기순이익	당해실적	3,483	–	–	23,898	-85.4
	누계실적	3,483	–	–	23,898	-85.4

출처: 전자공시시스템

불곰 2011년 1분기 매출액이 606억 원으로, 2010년에 비해 25.8퍼센트 떨어졌어. 영업이익도 86.2퍼센트 감소한 약 24억 원이야.

선목 많이 떨어졌네요.

불곰 표로 보니 느낌이 딱 오지? 표가 그저 숫자만 나열한 것 같지만, 자세히 보면 그 안에 스토리가 담겨 있어. 그 스토리를 읽어야 돼.

선목 두 번째는요?

불곰 이미 많이 올랐어. 수익률 95퍼센트에 세후 배당수익률★ 4.6퍼센트면 나쁘지 않지.

선목 최종 수익률 99.6퍼센트면 좋은 것 아닌가요? 엄청 많이 올랐네요!

불곰 많이 올랐지. 시가총액이 2245억 원에서 4365억 원으로 올랐으니까. 이런 상황에서 이 주식이 또 더 오르기를 기다리는 것보다는 다른 종목으로 갈아타는 것이 낫지.

선목 세 번째 이유는요?

불곰 갑자기 증권사에서 매수 의견 리포트가 너무 많이 나오기 시작했어.

배당수익률

배당을 받지 못하는 주식(우선주)을 제외한 일반 주식(보통주)을 가지고 있을 때 결산 후 회사로부터 받는 배당의 주가에 대한 비율. 결산 후 배당금을 현재 주가로 나눈 후 100을 곱하면 된다. 배당은 대부분 '1주당 100원'과 같은 형식으로 지급된다(현금배당). 배당이 100원, 주가가 1,000원인 경우 배당수익률: 100원÷1,000원×100 = 10%.

선목   그건 좋은 것 아닌가요?

불곰   우선 증권사 리포트는 믿을 필요가 없고, 나는 언론플레이가 너무 심하다고 봤어. 새로운 매수자를 모으는 느낌이라고나 할까? 이익은 급락하는데 일관화 공장을 너무 믿는다는 느낌? 나도 일관화 공장을 믿었던 사람이지만, 이익이 급락하는데도 매달릴 필요는 없다고 생각해.

선목   팔 만하네요. 수익률도 좋은 상황에서 굳이 큰 리스크를 안고 계속 보유할 필요는 없겠군요.

불곰   그렇지! 빙고.

불곰의 무림P&P 투자 포인트

매수

1. 제지회사의 실적은 원료인 펄프의 가격과 환율에 크게 좌우된다. 2008년 국내 유일의 펄프회사를 인수하면서 펄프 수요자에서 공급자로 탈바꿈했다.
2. 재무제표: 인수 후 펄프 가격의 폭등으로 2010년에 사상 최대의 매출액과 당기순이익을 기록할 것으로 예상된다. 이후에도 폭발적인 매출 상승세가 기대된다.
3. 2009년 펄프 내수 부진에 시달렸으나, 해외시장을 개척하면서 전화위복이 되었다.
4. 펄프와 종이를 함께 생산하는 일관화 공장을 건립 중이다. 새 공장이 가동되면 가격 경쟁력과 품질이 향상되어 글로벌 제지회사로 성장할 가능성이 높다.

매도

1. 실적이 급락했다.
2. 주가가 많이 올라서 충분한 수익이 확보되었다.
3. 증권사에서 매수 의견 리포트가 쏟아져 나왔다. 그래서 이를 언론플레이로 판단했다.

03

매도 3호 엘엠에스

종목코드 073110
매수일 2010년 8월 30일
매도일 2011년 6월 9일
최종 수익률 +98%

불곰 2호 5번째 추천 종목
매수가 12,500원
매도가 24,700원

선목　오늘은 강의 3개 하시죠? 그동안 매일 '무엇을 하지 마라'만 배우다가 이제 '무엇을 하라'를 본격적으로 접하게 되니, 실제로 써먹을 수 있는 방법이라는 생각에 더 빨리, 더 많이 배우고 싶었다.

불곰　그러자. 엘엠에스라는 종목인데, 설립일은 1999년 2월 13일, 상장일은 2007년 10월 12일이야. 이 회사의 주요 제품은 프리즘 시트(prism sheet)지.

선목　프리즘 시트는 또 뭔가요? 주식 공부하는 게 아니라 무슨 공대 수업 듣는 기분입니다, 하하.

불곰　회사마다 나름의 기술력이 필요한 아이템을 보유하고 있잖아? 그 아이템을 우선 알아야 팔릴지 안 팔릴지도 알 수 있지. 문과생이 알아듣기 힘든 이과 공부를 하는 느낌이 들 수도 있겠지만, 공부하다 보면 재미있어. 프리즘 시트란 TFT LCD에서 휘도를 담당하는 부품이야. 휘도는 '밝기'라는 뜻이지. LED 부품이 비싸다는 말은 들어 본 적 있지?

선목 뭐 그냥 봐도 절대로 쌀 것 같지는 않아요.

불곰 쉬운 예를 들어 줄게. LED 부품이 10개 들어가야 할 장치가 있다고 하자. 그런데 이 프리즘 시트에 LED 부품을 2개만 더하면 그와 똑같은 밝기를 낼 수 있어.

선목 프리즘 시트 하나가 비싼 LED 부품 8개를 대체하는 효과가 있군요.

불곰 잘 이해했네. 그럼 재무제표를 한번 볼까?

기간	실적	비고
2007년 9기	매출액 534억 원 영업이익 55억 원 당기순이익 40억 원	
2008년 10기	매출액 669억 원 영업이익 60억 원 당기순이익 33억 원	배당 50원
2009년 11기	매출액 686억 원 영업이익 153억 원 당기순이익 103억 원	배당 50원

출처: 전자공시시스템

불곰 매출액이 2007년에 534억 원, 2008년에 669억 원, 2009년에 686억 원이지?

선목 예, 꾸준히 성장하고 있네요.

불곰 여기서 더 흥미로운 항목은 바로 영업이익과 당기순이익이야. 2009년에 갑자기 영업이익 153억 원, 당기순이익 103억 원으로 엄청나게 뛰었지?

선목 갑자기 왜 이렇게 뛴 건가요? 매출액은 그렇게 많이 늘지 않았는데요.

불곰 원가가 줄어들어 수율★이 좋아졌거든. 영업이익이 20퍼센트에 육박하는 우량한 회사로 크고 있다는 뜻이지.

선목 좋은 신호네요.

불곰 그럼, 2010년 8월에 매수 추천을 했으니까 2009년 2사분기와 2010년 2사분기를 비교하고 2010년을 예상해 보자.

수율

수율은 쉽게 말해 효율성이라고 할 수 있다. 예를 들어, 수율이 두 배로 좋아졌다는 것은 과거에 '1'을 투자했을 때 '1'의 생산물이 나왔다면 이제는 '2'가 나온다는 말이다.

기간	실적	비고
2009년 11기 2사분기	매출액 296억 원 영업이익 44억 원 당기순이익 25억 원	
2010년 12기 2사분기	매출액 324억 원 영업이익 72억 원 당기순이익 93억 원	매출액 9% 상승 영업이익 63% 상승 당기순이익 272% 상승
2010년 12기 예상	매출액 1100억 원 영업이익 270억 원 당기순이익 180억 원	연결기준 업체 목표치의 90%를 적용 하반기 LGP 매출을 보수적으로 예상 예상 PER 6.5

출처: 전자공시시스템

불곰 2010년 2사분기 매출액이 전년보다 9퍼센트 올랐고, 영업이익은 63퍼센트, 당기순이익은 272퍼센트 상승했어. 좋지?

선목 팍팍 오르네요. 이유가 뭔가요?

불곰 조금 전에 말해 주었다시피 원가가 절감되었고, 게다가 프리즘 시

	트의 단가가 2007년에 86원이었는데 161원으로 무려 두 배 가까이 올랐거든.
선목	왜 올랐죠?
불곰	스마트폰의 액정화면이 커졌잖아? 그럼 프리즘 시트도 따라서 커지는 거지. 휴대폰의 발전이 이 회사한테는 굉장히 커다란 플러스 요인이야. 그럼 2010년도를 한번 예상해 보자. 매출액은 1100억 원, 영업이익은 270억 원, 당기순이익은 180억 원인데, 이건 연결기준으로 잡은 거야. 연결기준이라는 말은 자회사의 실적도 더했다는 뜻이야. 당시 법이 바뀌어서 이런 방식으로 재무제표를 작성하게 됐지. 자, 그럼 시가총액이 1180억 원이니 PER는 6.5 정도로 예상할 수 있어.
선목	무척 저평가되어 있네요.
불곰	그러니까 사지. 저평가된 소외주가 사기에 좋아.
선목	그럼 이제 매수 포인트를 짚어 볼까요?
불곰	응. 첫 번째, 2009년 11월 5일.
선목	무슨 기념일인가요?
불곰	어, 기념일이야. '포스트잇'으로 유명한 3M 사에서 거의 10년간 이 프리즘 시트 시장을 독차지하고 있었어. 이 시장의 규모는 무려 1조 5000억 원이야. 여기에 휴대폰용 프리즘 시트 시장도 포함되는데, 엘엠에스가 3M의 특허를 침해하지 않고 전 세계 휴대폰용 시장의 70퍼센트를 잡았어.
선목	오! 3M이 가만히 있었어요?
불곰	소송을 걸었지.

선목 어떻게 됐나요?

불곰 2009년 11월 5일! 엘엠에스가 1심에서 승소해.

선목 아, 바로 그날이었군요? 기념일 맞네요!

불곰 어, 대박이지. 특허 침해 없이 시장의 70퍼센트를 잡은 것도 대단하고, 소송을 이긴 것도 대단하지. 두 번째 매수 포인트, 이 회사의 주력 상품인 프리즘 시트와 광픽업 렌즈의 성장성. 프리즘 시트에는 중소형과 대형이 있어.

선목 각각 어떤 제품들이 있나요?

불곰 중소형은 휴대폰, 넷북, 게임기에, 대형은 TV 등에 들어가지. 중소형 시장은 규모가 3000억 원 정도인데, 엘엠에스와 3M이 경쟁하는 구도야. 엘엠에스는 소형을 주력으로 하는 회사지.

선목 대형 시장은 어떤가요?

불곰 3M과 국내외 10개 업체가 경쟁하고 있어.

선목 대형 만들기가 더 어려울 줄 알았는데, 중소형 시장의 진입장벽이 더 높다는 뜻인가요?

불곰 맞아. 휴대폰은 우리가 찜질방에도 들고 가는 등 다양한 환경에 노출되잖아?

선목 내구성이 꽤 좋아야겠군요?

불곰 응, 그리고 TV는 사이즈가 33인치, 45인치 등으로 규격화되어 있잖아? 그런데 휴대폰 같은 경우에는 사이즈가 워낙 다양하니까 모두 소량씩 납품해야 하지. 납품하는 입장에서는 이게 굉장히 머리 아픈 일이거든. 그런 시장의 70퍼센트를 장악하고 있다는 것은 다시 말해 제품을 다분화하는 기술력이 상당히 좋다는 뜻이지. 그러니 휴대폰용 시장에서 3M을 넘어섰고. 자, 그럼 광픽업 렌즈 시장도 한번 보자.

선목 '광픽업 렌즈'라면 블루레이 플레이어를 만들 때 집어넣는 부품인가요?

불곰 맞아. 이 광픽업 렌즈 시장 규모는 1000억 원에 육박해. 수익률이 거의 30퍼센트나 되지. 이 시장은 아사히글라스가 독차지하고 있었어. 아사히글라스가 특허를 엄청 많이 걸어 놔서 진입장벽이 높았거든.

선목 그럼 엘엠에스는 이 시장에 어떻게 들어갈 수 있었죠?

불곰 프리즘 시트의 경우와 비슷해. 세계적으로 유명한 3M이라든가 일본에서 알아주는 렌즈 전문 회사와 이렇게 경쟁한다는 것은 쉬운 일이 아니잖아? 그만큼 뛰어난 기술력이 있다는 뜻이지. 그리고 엘엠에스의 시장 진출 전략은 경쟁사들보다 10퍼센트 싼 가격에 공급하는 거야.

선목 가격까지 10퍼센트 더 싸요?

불곰 그렇지 않으면 누가 사겠냐? 납품업체 하나 바꾸는 것도 굉장히 복잡한 일인데, 뭔가 확실한 매력 포인트가 있어야지. 자, 그럼 세 번째, 복합 플레이트. 프리즘 시트, 확산 시트, 도광판을 통합한 제품이지.

선목 하나하나 설명 부탁드립니다.

불곰 프리즘 시트는 처음에 이야기한 대로 밝기를 높여 주는 부품, 확산 시트는 빛을 확산시키는 것, 도광판은 빛을 비춰 주는 거야. 이렇게 빛을 밝게 하고, 확산시키고, 비춰 주는 것을 하나로 묶으면 원가

선목 　가 절감될뿐더러 휘도가 더 좋아져.

선목 　성능 향상에 원가 절감이라… 좋고 또 좋군요. 이것도 휴대폰에 들어가는 건가요?

불곰 　아니, LED TV에 사용되는 부품이지. 2010년 9~10월에 삼성전자와 LG전자에 납품할 예정이야. 이 말은 '대형', 그러니까 TV 시장에도 진입하겠다는 뜻이지. 기술력을 통해 자신의 영역을 계속 늘려 가는 거지. 네 번째 매수 포인트는, '2011년 목표 매출액 1700억 원'이야.

선목 　그럼 매출이 거의 40~50퍼센트나 급성장한다는 말인가요? 하지만 그게 말처럼 쉬운가요?

불곰 　다 이유가 있지. 이 회사의 중국 소주법인이 2009년부터 흑자로 전환됐고, 매출도 급성장 중이야. 매출액이 1700억 원으로 늘어나면 영업이익은 400억 원, 당기순이익은 300억 원 정도 되리라고 예상할 수 있어. 엄청나지.

선목 　오… 보면 볼수록 기대할 만한 회사네요. 다섯 번째 매수 포인트는 항상 말하시는 기업의 꿈?

불곰 　응, 이 회사의 꿈은 전 세계 1등 부품 10가지를 보유하는 거야. 2010년 현재 1등 1개, 2등 1개인데, 기술력을 생각해 보면 불가능한 일도 아닌 것 같아.

선목 　여기서 말하는 1등이 소형 프리즘 시트고, 2등은 광픽업 렌즈인 거죠?

불곰 　맞아.

선목 　그럼 지금은 어떤 제품들을 개발하고 있나요?

불곰	예를 들면 렌티큘러 렌즈(lenticular lens)가 있어. 삼성전자나 LG전자에서 만드는 3D TV를 시청하려면 현재는 3D 안경을 써야 하잖아? 하지만 이 렌즈를 이용하면 안경을 쓰지 않아도 돼. 지금 한창 연구개발 중이지. 마찬가지로 휴대폰도 원하면 3D로 볼 수 있게 되지.
선목	근데 다른 회사에서도 개발 중이지 않나요?
불곰	응, 도시바도 이미 만들고 있는 중이야.
선목	그럼 렌티큘러 렌즈는 포기해야 되는 것 아닌가요?
불곰	무슨 소리야? 예전에도 다른 회사들을 이긴 적이 있는데, 여기서 포기할 이유가 없지. 또 후발주자가 되더라도, 또 이겨 내면 되지 않겠어?
선목	그럼 매도 포인트는 어땠나요?
불곰	엘엠에스를 매도한 가장 큰 이유는… '먹을 만큼 먹었어'. 벌 만큼 벌었다고. 투자 기간 약 9개월에 수익률 98퍼센트, 배당수익률 0.4퍼센트면 충분하지.
선목	그렇죠. 너무 욕심낼 필요는 없죠. 음… 그게 전부인가요?
불곰	아니, 우선 가장 큰 이유가 그렇다는 말이고, 좀 불안한 징조가 또 있었거든. 2011년 2분기 실적이 굉장히 좋을 것이라고 예상했는데, 1분기와 비슷한 수준에 머무른 것 같더군. 결국 내 예상만큼 좋아지지는 않은 거지. 그런데 가격은 충분히 올랐으니, 파는 편이 더 안전하지. 이미 98퍼센트 수익률을 기록한 상황에서 더 오르기를 기다리는 것보다는 이것을 팔고 또 다른 저평가 주식을 사서 기다리는 것이 더 나아.

선목   그러네요. 더 안전하면서도 더 많은 수익을 거둘 수 있겠네요. 그럼 바로 다음 종목? 하하.

불곰   진짜 목이 아프다. 내일 산뜻한 마음으로 다시 하자.

선목   네, 하하하.

불곰의 엘엠에스 투자 포인트

매수

1. 재무제표: 꾸준한 실적 성장세를 보였고, 원가가 줄어들면서 영업이익이 20%에 육박했다. 낮은 예상 PER.
2. 프리즘 시트 시장을 독차지하고 있던 3M의 특허를 침해하지 않고 시장 점유율 70%를 달성했다.
3. 뛰어난 기술력과 10% 싼 가격으로 소형 프리즘 시트와 광픽업 렌즈 시장에 진출했다.
4. 성능을 높이고 원가를 절감한 복합 플레이트를 개발하여 2010년 가을 TV 시장에도 진입할 예정이다.
5. 중국 소주법인의 급성장으로 2011년 목표 매출액 1700억 원을 달성할 가능성이 크다.
6. 전 세계 1등 제품 10가지 보유를 목표로 렌티큘러 렌즈 등 새로운 제품을 개발 중이다.

매도

1. 수익 확보.
2. 2011년 2분기 실적이 예상보다 낮았다.

04
매도 4호 유비벨록스

종목코드 089850
매수일 2010년 12월 1일
매도일 2011년 6월 24일
최종 수익률 +7%

불곰 4호 10번째 추천 종목
매수가 16,450원
매도가 17,500원

선목   형님, 첫 실패는 언제였나요?

사무실 문을 열자마자 물었다.

불곰   실패까지는 아니지만, 성공이 아니었던 첫 사례는 유비벨록스야. 기업 탐방까지 했는데….

아직도 아쉬움이 남아 있는 말투였다.

선목   실패도 아니고 성공도 아니면 뭔가요?

불곰   중립. 이 종목은 급등해서 21,400원까지 올랐다가 다시 30퍼센트 정도 떨어졌어. 그래서 한번 사 볼 만한 때라고 생각했지. 2009년에 유비닉스(스마트카드)와 벨록스소프트(모바일 플랫폼)라는 회사 두 곳이 합병해서 유비벨록스가 탄생했고, 2010년 6월에 코스닥에 상장을 했어.

선목   너무 새로운 회사는 좀 불안하지 않나요?

불곰   그렇지만 이 회사는 성장성이 너무 좋았어. 2009년 SKT 우수업체, 2010년 SKT 최우수 협력업체로 선정되기도 했지. 그럼 SKT가 왜 이렇게 유비벨록스를 전략적 파트너로 생각했는지 우선 재무제표를 보면서 알아보자.

기간	실적	비고
2007년 8기	매출액 110억 원 영업이익 21억 원 당기순이익 20억 원	
2008년 9기	매출액 151억 원 영업이익 20억 원 당기순이익 18억 원	
2009년 10기	매출액 449억 원 영업이익 48억 원 당기순이익 45억 원	
2010년 11기 3사분기	매출액 504억 원 영업이익 57억 원 당기순이익 53억 원	
2010년 11기 예상	매출액 750억 원 영업이익 85억 원 당기순이익 80억 원	예상 PER 10~11

출처: 전자공시시스템

불곰   우선 2007년에서 2009년 사이의 실적만 비교해 봐도 성장세가 아주 뚜렷하지?

선목   대단하군요!

불곰   심지어 2010년에는 3사분기까지만 따져도 벌써 2009년 전체 실적을 넘어섰지. 그 당시에는 2010년 4사분기 자료가 없었지만, 회사도 자신했어. 왜냐하면 2010년 3사분기까지가 아니라 3사분기 하나만 봐도 매출액 208억 원, 영업이익 57억 원, 당기순이익 27억 원이었거든.

선목 그러니 2010년 예상 실적도 아주 좋고요.

불곰 이것도 무리하지 않고 보수적으로 잡은 거야. 하지만 PER는 그다지 좋은 편이 아니었어. 10에서 11 정도 예상했지. 그래도 성장성은 충분하다고 생각했어.

선목 매수 포인트가 더 궁금해지네요. PER가 낮은 편도 아닌데 추천하셨던 걸 보면.

불곰 매수 포인트는 지금 봐도 혹할 정도야. 낮지도 않은 PER를 메우고도 남아. 매수 포인트 첫 번째, 거래선이 아주 화려해. 모바일은 40개, 스마트카드는 82개 회사야.

선목 입이 벌어지는군요.

불곰 그 회사들을 하나하나 살펴보면 더 괜찮아 보여. 파트너로는 삼성전자, 비자카드, 마스터카드, 썬 등이 있었고, 클라이언트로는 SK텔레콤, 삼성전자, LG전자, 모토로라, 팬택계열, 썬, 현대자동차, 현대모비스, 크리켓, 농협, SC제일은행, 기업은행, 수협은행, 우리은행, 국민은행, 하나은행, IBM, 우정사업본부, 롯데카드, 신한카드, 현대카드, 비씨카드, 삼성카드, 메리츠증권, 대신증권, 삼성증권, 한국투자증권, 금융결제원, 한국스마트카드, 하이플러스 등… 어휴, 너무 많아서 말하기도 숨차다.

선목 많네요. 그것도 죄다 쟁쟁한 회사들이고요.

불곰 여기서 중요한 것은 이 거래선들을 바탕으로 달성할 수 있는 매출액의 규모지. 2010년에는 모바일 250억 원, 스마트카드 500억 원, 2011년에는 모바일 350억 원, 스마트카드 600억 원, 그러니까 도

합 950억 원이 예상돼. 대단히 좋아 보이지?

선목 예, 완벽한 수준이네요.

불곰 이것도 그 당시에는 보수적으로 잡은 액수였어. 나도 진정한 모바일 시장의 시작 시기는 2010년이라고 생각했지. 휴대폰 약정 할인도 2011년에는 많이 풀릴 것으로 예상됐기 때문에 당연히 더 많은 사람들이 스마트폰을 사리라고 봤어. 더구나 애플의 앱스토어가 계속 승승장구하고 있었기에 앱 시장의 미래도 밝았지. 그런 가운데 SKT의 앱스토어를 운영하는 MCP(Master Contents Provider)가 유비벨록스였지. 또 유비벨록스는 삼성에도 계속 콘텐츠를 제공하고 있었고, 그 앱스토어에서 필요한 카드 결제 시스템도 맡고… 결국 컴퓨터에서 작동되던 모든 결제 시스템이 휴대폰에서도 가능하게 만드는 숨은 주역이었던 셈이지.

선목 시장을 이미 잡아 놓은 상태라고 볼 수 있겠네요.

불곰 맞아, 앱스토어 운영부터 결제까지 다 맡는 거지. 스마트카드 시장도 전망이 굉장히 밝았어. 티머니, 하이패스 등은 굳이 설명하지 않아도 알 만한 것들이잖아?

선목 그러네요. 회사 경영진의 안목이 좋아 보이네요. 기술력도 당연히 좋겠고요. 유비벨록스에서는 무엇이 '뜰 것인지' 이미 알고 있었고, 그것을 실행할 능력도 있었군요.

불곰 그게 바로 두 번째 매수 포인트였어. 우리나라에서 그 당시로서는 유일하게 검증받은 '모바일 MCP' 기술을 보유하고 있었어. 유일하게 살아남은 강자야. SKT의 티스토어와 LGT의 모바일 플랫폼을 운영하고, 삼성 앱스토어에 연간 수십억 원어치 콘텐츠를 제공하는

	가 하면, NHN의 만화나 음악 부문도 운영, 관리해 주는 등 활약이 엄청났지.
선목	그러네요. 세 번째 매수 포인트도 엄청난 건가요?
불곰	세 번째 매수 포인트는 현대자동차가 유비벨록스의 지분 5.69퍼센트를 가지고 있었다는 점이야.
선목	무슨 뜻인가요?
불곰	BMW는 이미 차량용 앱스토어를 운영하고 있었고, 아우디도 구글과 협력하여 앱스토어를 운영하고 있었지. 그런 상황에서 유비벨록스의 지분을 가지고 있다는 것은 현대자동차 또한 앱스토어를 운영할 의향이 있다는 뜻이야. 그러니 이것도 아주 큰 성장 요소가 될 수 있었지.
선목	이 회사의 꿈, 목표가 굉장히 컸겠는데요?
불곰	마지막 매수 포인트, 유비벨록스의 꿈을 알려면 먼저 SKT의 야망을 보면 돼.
선목	아, 그러니까 SKT가 유비벨록스를 통해 모바일 결제 시장을 잡으려고 했군요? 신용카드를 대체하는 스마트폰!
불곰	지금 시점에서 보니까 너무 뻔하지? 유비벨록스의 작품인 NFC USIM(가맹점 입장의 IC 칩)이 있으면 기존의 USIM(소비자 입장의 IC 칩)과 더불어 모바일 결제 시장을 잡을 수 있지.
선목	그 당시 투자 결과는 기대만큼 썩 좋지는 않았지만, 지금까지 들은 이야기만 놓고 보면 왜 좀 더 일찍 매수 추천을 하지 않으셨는지 신기할 따름입니다.
불곰	추천하려고 했지. 그래서 나도 계속 유심히 봤는데, 아까 말한 대로

갑자기 급등해서 좀 기다려야 했어. 그다음에 다시 많이 떨어졌을 때 매수 추천을 했지. 이 그래프 봐 봐.

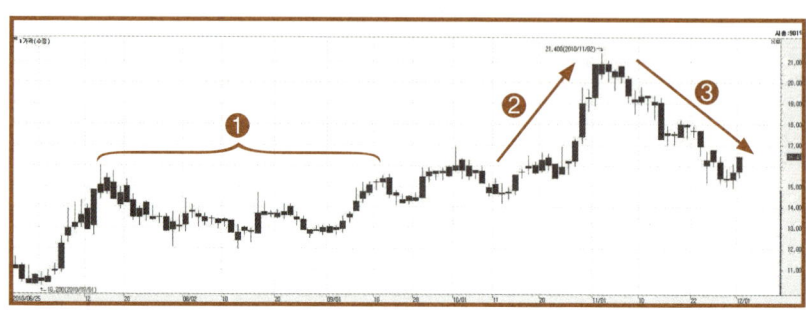

출처: 삼성증권

선목 그래프를 보니 알겠네요. ①에서는 매수 타이밍을 잡을 수 없었던 거죠?

불곰 응. 계속 주시하고 있던 중 갑자기 ②에서 급등했어. 그래서 우선 가만히 지켜보고 있었는데 ③에서 다시 떨어졌지. 바로 여기서 추천했어. 30퍼센트 떨어졌으니까, 이쯤에서 한번 매수해 볼 만하다고 느낀 거지.

선목 흠… 이렇게 좋은 종목이… 왜 '중립'이라는 결과가 나왔는지 궁금합니다.

불곰 나도 상당히 큰 기대를 건 종목이었어.

선목 그래도 형님이 이제까지 추천했던 종목 중에서는 재무제표가 조금 떨어지는 편 아니었나요?

불곰 물론 그렇긴 했지만, 너도 알다시피 이 회사의 성장성이 너무나 좋았거든. 주가도 잘 흘러가고 있었어. 수익률이 50퍼센트를 넘을 때도 있었지.

선목 그래도 최종 수익률 7퍼센트라면 어쨌든 수익은 났잖아요? 은행 이자보다는 높지 않습니까?

불곰 7퍼센트를 성공이라고 볼 수는 없지.

선목 그렇기는 하죠. 수익률이 50퍼센트가 넘다가 너무 떨어져서 매도 신호를 보낸 건가요?

불곰 아니지, 주가란 떨어질 수도 있는 거니까. 그건 큰 문제가 아닌데, 경영진에 대한 신뢰가 무너졌어. 그러면 주식을 파는 것이 안전하다고 생각해.

선목 또 CB나 BW 때문인가요?

불곰 어, BW를 발행했어. 발행 금액은 100억 원, 발행 이유는 운영자금 조달이라고 발표했어. 하지만 내가 보기에는 당시에 BW를 발행할 정도로 자금이 간절하게 필요했던 것 같지는 않아.

선목 그렇다면 진짜 이유가 뭔가요?

불곰 최대주주와 특수관계인들의 지분 확대가 진짜 이유라고 생각해. BW의 신주행사권 80퍼센트를 그 사람들이 가져갔거든.

선목 형님이 가장 싫어하는 모습이네요. 그럼 '배신'이니 '이혼'이죠?

불곰 BW를 가진 사람들은 가격이 떨어져서 더 많이 가져가기를 바랄 텐데… 그럼 주주들의 바람이 서로 다른 거잖아? 그렇게 된다면 최대주주와 특수관계인들만 이득을 보니까 불공평하지.

선목 결과가 꽤 아쉽네요.

불곰 나도 너무나 아쉬웠던 종목이야. 그래도 이득에만 매달리기보다는 자신의 원칙을 지키는 것이 더 중요하지. 이득을 얼마나 볼지는 운에 달린 것이고, 원칙을 지키는 것은 자신이 직접 결정할 수 있으니까. 우선 자신의 원칙을 지키고 다음 일은 운에 맡기는 것이 내 경험으로는 더 나아.

선목 잊지 않겠습니다.

불곰의 유비벨록스 투자 포인트

매수

1. 재무제표: 실적 성장세가 대단히 좋다.
2. 화려한 거래선. 스마트카드 시장과 모바일 플랫폼 시장의 전망이 밝다.
3. 국내에서 유일하게 검증받은 모바일 MCP 기술.
4. 현대자동차가 유비벨록스 지분을 보유한 것은 차량용 앱스토어를 운영할 의향이 있다는 뜻이다.
5. SKT가 유비벨록스 제품을 통해 모바일 결제 시장을 장악할 계획이다.

매도

1. 사실상 최대주주와 특수관계인들의 지분 확대를 목적으로 BW를 발행했다.

05

매도 5호 뷰웍스

종목코드 100120 **불곰 6호 18번째 추천 종목**
매수일 2011년 4월 20일 **매수가** 7,333원
1차 매도일 2011년 7월 25일 **매도가** 14,900원
2차 매도일(무상증자분 매도) 2011년 10월 28일 **매도가** 10,150원
최종 수익률 +82%

선목　그럼 다음 진도 팍팍 나가시죠?

불곰　오케이. 다음 종목은 매도 5호 뷰웍스.

그러면서 가젤 사진을 내밀었다.

선목　가젤과 관련된 종목인가요? 아니면 동물원? 동물 의료용품?

불곰　아니.

선목　흠, 그럼….

가젤 사진이다. 그것도 잘 나왔다. 그렇다면 이 종목은 사진기와 관계있을 가능성이 크다. 게다가 종목명에 '뷰(view)'가 들어 있지 않은가.

선목　사진 찍는 것과 관련 있죠?

불곰　혹시 '가젤형 기업'이라는 말 알아?

선목　아니요.

불곰　가젤을 보면 붕붕 뛰어다니잖아? 가젤형 기업이란 3년간 매출액

	성장률을 매년 20퍼센트씩 보이는 기업을 말하지. 아, 근데 아까 왜 사진 찍는 것과 관련된 기업일 것 같다고 했어?
선목	우선 사진을 보여 주셨고, 또 이름에 '뷰'가 들어가잖아요.
불곰	사진 기술과 관련이 있기는 해.
선목	뭔가요?
불곰	엑스레이 찍는 기술을 가지고 있어.
선목	뭐 그렇게 좋은 건지는 잘 모르겠네요. 엑스레이 시장이 아직도 큰가요?
불곰	어렸을 때 엑스레이 찍던 것 기억나?
선목	예, 엑스레이 찍고 나서 좀 기다리면 간호사가 다시 이름 불러서 의사한테 데려가고, 의사가 그 엑스레이 현상한 것 보면서 이야기하고 그랬죠.
불곰	정확하게 기억하네. 요즘은?
선목	요즘에는 엑스레이 찍으면 바로 스크린에 나오잖아요?
불곰	바로 그 기술을 가지고 있어.
선목	아! 그거 만드는 회사군요? 처음에 엑스레이라고 해서 왠지 별 기술력이 없을 것이라고 생각했죠.
불곰	그렇게 생각할 수도 있지. 의료업계 종사자가 아니면 MRI 같은 것만 첨단 의료기술이라고 생각하기 쉽잖아? 특히 너처럼 병원에 갈 일이 별로 없는 젊은 사람들은 더 그러겠지. 이 엑스레이를 더 쉽게 설명하자면, 예전에는 '필름 카메라'였는데 이제는 '디지털 카메라'인 셈이지. 공식 명칭은 '엑스레이 디텍터'야. 아날로그 신호를 디지털화하지. 이 분야 세계 1위가 바로 뷰웍스야. 재미있는 사실은, 이

업계를 전혀 모르는 사람들은 자신이 엑스레이를 찍더라도 시간이 단축된 걸로 인식하지, '디지털화가 됐구나'라고 생각하지 않는다는 점이지.

선목 예, 정작 원리를 궁금해하는 사람은 많지 않으니까요.

불곰 말이 나온 김에 이 기술이 어떻게 발달해 왔는지 잠깐 알아보자. 아날로그식 엑스레이 촬영을 영어로 'general radiography'라고 해. 필름을 사용하지. 다음으로 등장한 것이 'computed radiography'로, 특수 형광판을 이용하는 방식이야. 마지막으로 디지털 카메라를 이용한 기술이 바로 CCD-DR야.

선목 'CCD-DR'에서 'DR'가 'digital radiography'인가요? 뷰웍스가 여기서 세계 1위고요?

불곰 정답!

선목 그럼 CCD-DR가 엑스레이 촬영에서는 최첨단 기술인가요?

불곰 그 당시 차세대 기술로 LCD 패널을 이용하는 'flat panel-DR'가 있었어.

선목 FP-DR는 뭐 다음 이야기니까 일단 넘어가죠. 여기서 질문, 뷰웍스가 오랫동안 CCD-DR 분야에서 1위를 유지할 수 있을까요?

불곰 아주 좋은 질문이야. 엑스레이 의료기기 시장은 진입장벽이 굉장히 높아.

선목 아무래도 사람 몸을 검사하는 것이니 성능이 확실히 좋아야만 시장 진입이 가능하겠네요. 의사 친구 말로는 의료기기는 개런티 기간도 길다던데요.

불곰 어, 한 10년은 함께 가지. 안정과 신뢰를 최우선으로 치니까. 그래

	서 이 시장은 완전히 '그들만의 리그'야. 아무나 함부로 끼어들 수 없는 구조야.
선목	그럼 시장 순위도 거의 고정되어 있나요? 하청업체도 고정이고?
불곰	맞아, 1위 GE, 2위 지멘스, 3위 필립스, 4위 도시바로 순위가 변하지 않아. 이런 시장에서는 하청도 아무나 할 수 없어. 개런티 기간이 10년이니 다른 하청업체가 더 좋은 기술을 가지고 있어도 바로 바꿀 수가 없어. 그것조차도 정해져 있는 거지.
선목	무조건 장기계약이니 거의 평생을 가겠네요. 기본 수익률도 보장되어 있다는 뜻일 테고. 그럼 뷰웍스는 어디에 납품하나요?
불곰	4위인 도시바에 납품해. 엑스레이 디텍터 부문에서는 도시바의 오른팔인 셈이지. 도시바가 엑스레이 의료기기 시장에서 큰 어려움을 겪지 않는 한 뷰웍스의 영업이익은 20~25퍼센트로 계속 유지될 수 있다는 얘기지.
선목	사업구조가 굉장히 좋네요. 이런 회사의 재무제표가 궁금합니다.
불곰	우선, 설립일은 1999년 9월, 설립자본금은 1억 5000만 원. 상장은 2009년 4월에 했어. 내가 매수 추천을 발표했던 날의 시가총액은 724억 원이야. 설립했을 때보다 몇백 배나 뛴 거지.
선목	역시 가젤형 기업이네요.
불곰	응. 자산총계는 451억 원, 부채총계는 24억 원, 자본총계는 426억 원.
선목	이자가 안 나가는 무차입 경영인가요?
불곰	핵심 잘 잡네. 매출액이 20퍼센트씩 계속 뛰잖아. 이 매출액이 1000억 원이 넘어가면 슈퍼 가젤이 돼. 아직 매출액이 아주 많다고 할

재무제표(일부)

(단위: 천 원)

	2010	2009	2008	2007	2006
자산총계	45,106,133	36,980,601	22,457,794	14,904,259	10,677,177
[유동부채]	2,457,231	2,281,464	2,336,085	1,087,567	941,512
[비유동부채]	–	–	–	–	593,064
부채총계	2,457,231	2,281,464	2,336,085	1,087,567	1,534,576
[자본금]	3,291,455	3,070,305	2,498,955	2,498,955	2,498,955
[자본잉여금]	11,621,302	10,357,878	1,604,969	1,604,969	1,604,969
[자본조정]	58,018	328,139	267,189	138,938	4,311
[기타포괄손익누계액]	–	–	–	–	–
[이익잉여금]	27,678,126	20,942,814	15,750,595	9,573,829	5,026,150
자본총계	42,648,902	34,699,136	20,121,709	13,816,692	9,142,601
매출액	30,497,130	25,553,136	21,282,881	16,725,176	10,066,308
영업이익	7,634,831	6,553,591	6,281,671	5,111,772	3,036,498
계속사업이익	–	–	–	–	–
당기순이익	7,349,373	5,692,010	6,176,766	4,539,463	2,822,737

출처: 전자공시시스템

수는 없지만 영업이익도 꾸준히 늘어 가고 있으니 굉장히 좋지.

선목 좀 정리된 재무제표 없나요?

불곰 네가 그 이야기 할 줄 알았다. 2009년부터 정리해 놓은 것이 다음 페이지에 있어.

2009년과 2010년 3사분기의 실적 흐름과 회사의 아이템, 그리고 시장 상황을 고려해 보면, 2011년 실적은 보수적으로 예상해도 매출액 380억 원, 영업이익 95억 원, 당기순이익 90억 원이야. 시가총액이 724억 원이었으니까 PER는 10에서 8로 내려오겠지.

기간	실적	비고
2009년 11기	매출액 255억 원 영업이익 65억 원 당기순이익 56억 원	배당 100원
2010년 12기 3사분기	매출액 304억 원 영업이익 76억 원 당기순이익 73억 원	배당 100원
2011년 13기 예상	매출액 380억 원 영업이익 95억 원 당기순이익 90억 원	보수적으로 예측 예상 PER 8

출처: 전자공시시스템

선목 회사가 안정적이면서 빠르게 발전하는 것 같아요.

불곰 계약도 보통 10년씩 하니 안정적이지. 예를 들면 도시바와의 혈관조영모듈 계약도 10년짜리야. 이런 장기계약이 뷰웍스에는 굉장히 좋지. 이런 회사면 주가가 이미 많이 올랐을 것 같지?

선목 독심술인가요? 제가 궁금해하던 점이 '이렇게 좋은 회사라면 주가가 이미 많이 오르지 않았을까?'거든요. 어떻게 알았어요?

불곰 다들 그래. 나도 그랬으니까.

선목 아, 그러면 당시에 어땠나요?

불곰 일찌감치 투자한 일신창업투자 같은 기관의 저가매수 물량이 대량 악성 매도 물량으로 나왔어.

선목 얼마나요?

불곰 144만 주.

선목 그 뜻은?

출처: 삼성증권

불곰   간단하지 뭐, 주가가 오르지 못하고 계속 떨어지는 거지. 보다시피 오르기만 하면 떨어졌어.

선목   엄청난 물량이 빠졌군요.

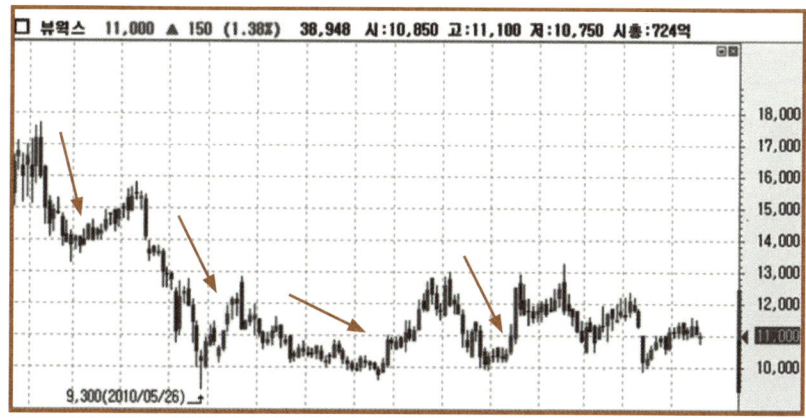

출처: 삼성증권

불곰   계속 떨어지지?

선목	신기하네요, 회사는 계속 성장하는데 주가는 계속 내려간다는 것이.
불곰	그래서 추천하는 거지. 이럴 때 사야 저가 매수지. 내가 추천했을 때는 11,000원이었어.
선목	7,333원 아니었어요?
불곰	아, 무상증자로 인한 권리락 때문에 결과적으로 7,333원이 된 거야.
선목	무슨 말인가요?
불곰	쉽게 말해서 네가 1,000원짜리 주식을 1주 가지고 있다고 하자. 그런데 회사에서 무상증자로 네가 가진 주식 수만큼 주식을 줬어. 그러면 너는 2주를 가지게 됐는데, 그 2주 가격의 합은 그대로 1,000원이야.
선목	그럼 500원짜리 주식이 된 거죠?
불곰	응, 이해했지? 다음은 산업용 카메라 시장의 성장. 이 기술이 의료용으로만 쓰이는 게 아니야. LCD나 반도체를 검사하는 장비에 들어가는 카메라도 뷰웍스에서 만들어. 이것도 엑스레이처럼 기술력이 부족하면 안 되잖아?
선목	예, 이것도 딱 지정된 제품만 쓰겠네요? 성능이 보장돼야 하니까.
불곰	그렇지. 삼성전자에서 뷰웍스와 '레드 레이크'라는 회사를 딱 지정했어. 두 회사의 부품만 쓰겠다는 말이지. 어디까지나 예상이기는 한데, '결국에는 뷰웍스 것만 쓰게 되지 않을까'라는 예상을 조심스럽게 했지. 그리고 이 시장은 계속 성장하고 있어. 시장 규모가 2009년에 34억 원, 2010년에 83억 원이었어. 이 추세면 2011년에는 100억 원이 넘겠지?
선목	성장성을 보니 그러네요.

불곰 그럼 다음 매수 포인트. 초반에 이야기한 차세대 FP-DR 기술 있잖아? 이 시장은 CCD-DR 시장보다 아홉 배나 큰데, 뷰웍스가 2012년부터 양산할 계획이야. 회사가 더 클 가능성이 충분하다는 말이지. 이제 마지막 매수 포인트, GE와 지멘스에 납품할 가능성.

선목 그러기는 힘들다고 하지 않으셨나요?

불곰 힘들지. 하지만 이 정도 기술력이라면 충분히 가능성이 있지. 잘 생각해 봐. CCD-DR 업계 1위인 데다가 2012년부터 FP-DR를 양산할 계획이 있어. 도전해 볼 만하지 않을까?

선목 일리가 있네요. 그럼 매도한 이유는 뭔가요?

불곰 매도 이유는 역시나 너무 간단해.

선목 이 회사도 CB나 BW를 발행했나요?

불곰 아니, 그것보다 더 간단해.

선목 수익 확보?

불곰 응, 3개월 만에 14,900원이 되더군. 생각보다도 너무 빨리 올랐지. 그래서 더 욕심 부리지 말고 팔자고 생각했어.

선목 굉장히 빨리 올랐네요.

불곰 그래서 1차로 일부를 팔았는데, 무상증자를 하기 전에 주가가 엄청 떨어졌어. 그러다가 갑자기 테마주가 되면서 많이 오르더군. 그래서 마저 팔았지.

선목 테마주가 됐으면 계속 가지고 있는 편이 좋지 않나요?

불곰 테마주가 되면 평생 테마주냐? 오히려 테마가 꺼지면 가격이 급락할 가능성이 크지.

선목 아, 테마주, 미인주 같은 건 손대면 안 된다고 하셨죠?

불곰　그런 주식을 찾아다니는 순간 깡통 차기 딱 좋아. 재무제표와 아이템을 봐야지. 네가 가진 주식이 테마주가 되면 더 살 생각을 할 게 아니라 매도 기회로 생각해야 해. 테마주가 됐다는 것은 가격이 그만큼 올랐다는 뜻이야.

선목　알겠습니다.

불곰의 뷰웍스 투자 포인트

매수
1. 디지털 엑스레이 촬영 기술인 CCD-DR 분야 세계 1위.
2. 높은 진입장벽 때문에 안정적인 기본 마진이 보장되어 있다.
3. 재무제표: 무차입 경영. 가젤형 기업. 낮은 예상 PER.
4. 대량 매도 물량 때문에 주가가 계속 하락 중이다.
5. LCD나 반도체 검사에 쓰이는 산업용 카메라 시장의 성장.
6. 차세대 FP-DR 제품을 2012년부터 양산할 계획이다. 이 시장의 규모는 CCD-DR 시장보다 아홉 배 크다.
7. GE와 지멘스에 납품할 가능성이 있다.

매도
1. 3개월 만에 주가가 많이 올라서 수익이 일찌감치 확보되었다.
2. 테마주가 되어 나중에 급락할 가능성이 커졌다.

06
매도 6호 게임빌

종목코드 063080
매수일 2011년 2월 28일
매도일 2011년 8월 5일
최종 수익률 +140%

불곰 5호 15번째 추천 종목
매수가 22,350원
매도가 53,600원

선목	좀 재미있는 종목은 없었어요? 이를테면 음악이나 영화 같은 엔터테인먼트에 관련된 종목요.
불곰	있었지. 게임빌. 근데 너 게임 안 하지? 그럼 게임 시장도 전혀 모르겠네?
선목	요즘은 잘 몰라요. 게임빌도 처음 들었고요.
불곰	그럼 우선 게임업계 용어 다섯 가지만 가르쳐 줄게. 1번, '퍼블리싱(publishing)'은 게임을 유통하는 것을 말해. 예를 들면, 어떤 게임을 A회사가 개발했다고 하자. 근데 이 회사는 규모가 작아서 유통 능력이 없어. 그러면 '한게임' 같은 곳과 계약을 해서 이 게임을 유통시키는 거지.
선목	식품업계와 비슷하네요.
불곰	아, 너 식품회사 다닌 적 있지? 맞아, 외국 식품회사가 한국 시장에

	들어올 때 유통망이 없으니까 유통해 줄 회사를 찾는 것과 같지. 2번, 'MMORPG'는 대규모 다중 사용자 온라인 역할 수행 게임이야.
선목	리니지나 월드 오브 워크래프트 같은 거죠?
불곰	응. 그리고 3번, '플랫폼'. 이건 너도 알고 있을 거야. 게임에서는 웹, 모바일, 온라인, 스마트 TV 같은 것이 있겠지?
선목	예, 지금까지는 쉽네요.
불곰	4번, '셧다운제'. 게임빌 주식을 매수하려고 했을 때 '셧다운제' 때문에 한창 시끄러웠지. 청소년들이 밤늦게 게임하지 못하게 하는 법 있잖아? 재미있게도 당시 여성가족부는 셧다운제에 찬성했고, 문화체육관광부는 게임 산업을 발달시켜야 하는 입장이니 반대했지. 그럼 마지막 5번, '소셜 게임(social game)'. 이 소셜 게임이 바로 게임빌에서 주로 만드는 게임 유형이야.
선목	소셜 게임이 뭔가요? 대충 감은 옵니다만….
불곰	말 그대로 사회성이 필요한 게임이야. 스타크래프트 같은 게임은 손을 빠르게 움직이는 '스킬'이 필요하잖아? 하지만 소셜 게임에서는 이런 '스킬'보다는 남들과 얼마나 잘 지내느냐가 중요해.
선목	아, 팜빌(FarmVille) 같은 게임요? 농장 짓고, 남의 농장에 가서 도와주고 하는….
불곰	어, 그런 게임이야. 팜빌 이야기가 나와서 하는 말인데, 그 게임을 만든 데가 징가(Zynga)라는 회사거든. 이 회사가 작년에 팜빌, 시티빌(CityVille), 마피아 워즈(Mafia Wars) 세 게임 덕분에 '40억 달러 회사'로 평가받았어. 올해는 무려 90억 달러로 평가를 받았고. 팜빌 이용자만 5000만 명으로, 우리나라 인구와 맞먹지. 소셜 게임의 힘

	을 알겠지?
선목	예. 그런데 여기서 '작년'은 추천하신 당시의 전해고 '올해'는 그해를 말하는 거죠?
불곰	맞아, 우리는 지금 타임머신을 타고 당시로 돌아간 거야. 다시 소셜 게임으로 돌아와서, 소셜 게임은 비동기 방식이어서 동시에 접속할 필요가 없어. 리니지 같은 게임은 동시에 접속해야만 같이 할 수 있잖아. 팜빌에서는 자기 친구가 접속해 있든 말든 친구네 농장에 가서 도와줄 수 있지. 또 어떤 특징이 있을 것 같아?
선목	조작이 쉽죠.
불곰	게임하기도 쉽고, 인터페이스도 쉬워.
선목	인터페이스가 쉽다는 말은 휴대폰에서 하기 쉽다는 뜻이죠? 소셜 게임 시장이 커지리라는 것, 그리고 모바일 게임 시장도 성장하리라는 건 이해가 되는데, 왜 하필 게임빌이었나요?
불곰	그 당시 큰 모바일 게임 회사가 2개 있었어. 컴투스와 게임빌이었지. 둘 다 2011년 매출액 목표가 350억 원이었는데, 컴투스는 여기저기 들어가는 돈이 많아서 당기순이익 목표가 59억 원이었고, 게임빌은 161억 원이었어. 그래서 게임빌을 추천했지.
선목	매출액이 똑같은데 어째서 당기순이익이 그렇게 차이가 나죠?
불곰	방금 말한 대로 들어가는 돈이 많으니까. 외국 지사가 많고 덩치가 굉장히 컸어. 게임빌 이야기를 하자면, 설립일은 2000년 1월, 상장일은 2009년 7월이야. 그럼 재무제표 한번 보자.

기간	실적	비고
2009년 10기	매출액 244억 원 영업이익 136억 원 당기순이익 118억 원	
2010년 11기	매출액 285억 원 영업이익 155억 원 당기순이익 147억 원	
2011년 12기 예상	매출액 350억 원 영업이익 170억 원 당기순이익 161억 원	영업실적에 대한 전망 (2011년 2월 9일 공정공시) 예상 PER 8

출처: 전자공시시스템

불곰　2010년에 매출액이 17퍼센트, 영업이익이 14퍼센트, 그리고 당기순이익은 25퍼센트 증가했지. 그리고 더 재미있는 건 매출액의 50퍼센트 이상이 영업이익이라는 점이지.

선목　그럼 바로 매수하나요?

불곰　아직 재무제표도 안 끝났어. 2011년 실적은, 2011년 2월 9일 공정공시를 토대로 매출액 350억 원, 영업이익 170억 원, 당기순이익 161억 원으로 예상했어. 그 당시 시가총액이 1234억 원이었으니 예상 PER는 8이지. 게임 회사인데 PER가 8이면 저평가됐다고 볼 수 있어.

선목　좋네요. 이런 종목은 좀 더 일찍 추천했어야 하는 것 아닌가요?

불곰　추천하려고 했는데, 급등해서 5개월 동안 계속 지켜만 보고 있던 종목이야. 그래프를 보면서 설명해 줄게.

상장하고 나서 올랐다가①, 좀 떨어지나 싶어서 매수를 고민하고 있었는데②, 오르락내리락만 하지 크게 떨어지지는 않더군③.

선목　그러다가?

불곰 기다리고 있다가 다시 떨어졌다 싶어서④ 매수 신호를 보내려고 했는데 또 올라 버렸어. 그래서 이 주식과 인연이 없나 했는데, 리비아 정세가 나빠져서 외국인들이 매도로 돌아섰고, 셧다운제 때문에 계속 게임 관련주들의 주가가 급락했어⑤. 이제는 살 기회다 싶었지.

선목 이런 면에서는 주가가 떨어지는 게 호재인 거죠?

불곰 주가가 떨어지는 건 최고의 호재지. 앞으로 성장할 회사를 싸게 살 수 있잖아. 이게 게임빌의 첫 번째 매수 포인트야. 자, 그럼 소셜 게임/모바일 게임이 뜨리라는 것도 알았고, 회사 상황도 좋고, 가격도 떨어진 것도 알았으니, 이제 이 회사 제품들을 보면서 정말 실력이 있는지 확인하면 되겠지?

선목 네!

불곰 두 번째 매수 포인트, 티스토어에서 무료 다운로드 부문 1위가 '정통 맞고', 유료 다운로드 부문 1위가 '터치믹스'야.

선목 둘 다 게임빌 제품이라는 거죠?

불곰 응, 그만큼 실력이 있다는 말이지. 세 번째 매수 포인트, 2010년에 21개의 게임을 출시했는데, 2011년에는 거의 두 배인 40개를 출시할 계획이야. 물론 여기에는 제작 말고 퍼블리싱도 포함되어 있지만, 어쨌든 좋은 방향으로 나아가고 있는 거지. 목표 매출액에 도달할 가능성이 충분히 있지.

선목 40개 중에서 몇 개가 유료 게임이고 몇 개가 무료인가요?

불곰 무료라고 해도 부분적으로는 유료야. 게임을 다운로드하는 건 무료고 게임을 하는 것도 무료인데, 하다 보면 아이템 같은 걸 사잖아? 그 아이템이 유료야. 심지어 매출액의 40~50퍼센트는 이런 부분 유료화에서 나와. 그러니까 걱정하지 않아도 돼. 그리고 그게 바로 네 번째 매수 포인트야. 더구나 사용자가 많아지면 광고로도 돈을 벌 수 있지.

선목 마지막 매수 포인트는?

불곰 그 당시 게임업계의 가장 큰 화두는 'SS'였어. 바로 '스마트 기기'와 '소셜 게임'을 뜻해.

선목 스마트 기기의 발전에 따른 소셜 게임의 발전이군요?

불곰 그렇지, 게임하는 기계가 발전해야 게임도 발전할 수 있지. 그리고 스마트 기기 사용자가 늘수록 당연히 스마트 기기로 게임하는 사람 수도 늘겠지. 예를 들면, 게임빌의 '트레인시티' 이용자 수가 월 20만 명이었는데 점점 늘어나는 추세였고, 또 '프로야구 슈퍼리그' 같은 명작도 나올 수 있었지. 이게 다 스마트 기기가 발전하고 널리 보급됐기에 출시가 가능했던 게임들이야. 기기와 게임은 밀접하게 연결될 수밖에 없어.

선목 다 이해했습니다. 그렇다면 매도 이유는?

불곰 매도 포인트 첫 번째는….

선목 수익 실현?

불곰 어, 140퍼센트나 이득을 봤으니까. 그것도 폭락 시장이었는데 게임빌만 많이 오르더군. 그래서 매도 타이밍이라고 생각했어. 그리고 두 번째 이유, 실적에 비해 가격이 너무 많이 오르지 않았나 싶었어. 시가총액은 3000억 원까지 올랐는데 실적은 작년과 비슷했지. 심지어 전해보다 영업이익과 당기순이익은 줄었어.

선목	그럼 매도 타이밍이 맞네요.
불곰	140퍼센트니까, 뭐 좋은 결정이었지. 근데 그 뒤로 130,000원 이상까지 올랐어, 하하하.
선목	아이고, 그럼 실수하신 건가요?
불곰	주식의 앞날은 아무도 모르는 거야. 나도 미래 주가는 알 수 없어. 난 원칙을 지켰고 좋은 결과를 얻었어. 다만 나중에 가격이 더 올랐을 뿐이지. 결국 주식에서 가장 중요한 것은 뭐다?
선목	운.
불곰	그렇지. 최선을 다하고 나서 결과는 하늘에 맡기는 거야. 진인사대천명(盡人事待天命).
선목	마음에 새기겠습니다.

불곰의 게임빌 투자 포인트

매수

1. 재무제표: 실적 성장. 영업이익이 매출액의 50% 이상을 차지한다. 예상 PER 8.
2. 리비아 정세 악화와 게임 셧다운제 때문에 주가가 급락했다.
3. 티스토어의 무료, 유료 다운로드 부문 1위 게임을 배출하여 실력을 증명했다.
4. 2011년에 전년의 두 배인 40개의 게임을 출시할 계획이다.
5. 무료 다운로드 게임에서 아이템의 부분 유료화를 통해 매출액의 40~50%를 얻는다.
6. 스마트 기기의 발전에 따른 소셜 게임의 발전.

매도

1. 수익 확보.
2. 실적에 비해 주가가 너무 많이 오른 것으로 판단했다.

07

매도 7호 멜파스

종목코드 096640
매수일 2011년 8월 11일
매도일 2011년 8월 25일
최종 수익률 −36%

불곰 8호 24번째 추천 종목
매수가 26,100원
매도가 16,900원

선목 형님, '중립'이 아닌 '제대로 된' 실패 사례도 알려 주시죠.

불곰은 자기도 당연히 주식투자에 실패할 때가 있다고 했지만, 아직 자세한 이야기는 들어 본 적이 없었다.

불곰 그래, 실패에서도 배워야지. 어디서 틀렸는지 한번 알아내 봐.

선목 어디 한번 분석해 보겠습니다.

불곰 매도 7호 멜파스. 터치스크린 모듈 생산업체야. 디스플레이되는 부분을 제외한 모든 구동 부분을 패키지한 형태를 모듈이라고 해. 터치스크린 모듈 생산업체가 6개 있는데, 그중 멜파스의 시가총액이 4472억 원으로 가장 높아.

선목 그 이유는?

불곰 멜파스만 가지고 있는 기술이 있어.

선목 뭔가요?

불곰 터치스크린에 반드시 들어가는 터치센서 칩이야. 듣기만 해도 무조건 필요할 것 같지?

선목 제가 기술 같은 건 전혀 모르지만, 터치스크린이라는 게 터치했을 때 반응이 있어야만 쓸모가 있는 것이잖아요? 그렇다면 이 반응을 가능하게 해 주는 것이 터치센서 칩이겠죠?

불곰 그렇지. 터치스크린의 두뇌 같은 거야. 이것을 만들 수 있는 회사가 국내에 멜파스밖에 없었어. 그만큼 기술력도 있다는 말이지.

선목 그럼 다른 회사들은 어떡하나요?

불곰 다들 수입하지. 그러니 원가 절감 측면에서도 멜파스가 굉장히 유리하지. 그래서 시가총액이 다른 5개 회사의 두 배가 넘는 거야.

선목 지금까지는 너무 좋은데요? 하하하.

불곰 너, 내 실패담을 너무 웃으면서 듣는 것 같다? 허허허.

선목 아닙니다. 그냥 지금까지 들은 이야기로는 이 종목을 왜 실패했는지 상상이 안 가서 그래요.

불곰 하하하… 그래 계속 찾아봐. 자, 다시 본론으로 돌아와서, 멜파스는 2000년에 설립됐고 코스닥에 2009년 12월에 상장했어. 특이한 점은 코스닥 상장사들 중에서 외국인들이 가장 선호하는 기업이었다는 거야. 외국인 비율이 가장 높았을 때가 2011년 3월 2일로, 46.69퍼센트였어. 엄청나지?

선목 와, 절반 가까이 되네요.

불곰 그럼 이 많은 외국인들이 왜 선호했는지 알아볼까?
멜파스의 주요 제품은 세 가지야. 첫 번째, 처음에 말한 이 회사의 주력 제품인 터치스크린 모듈. 2011년도 1분기 당시에는 매출의

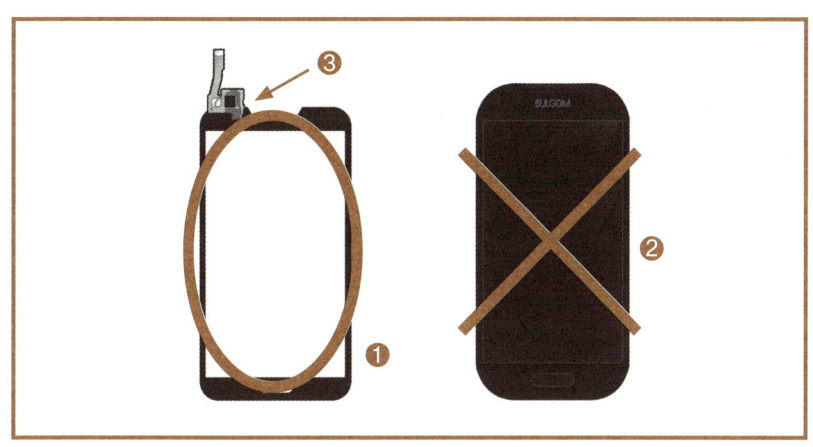

70퍼센트를 차지하고 있었어. ①이 바로 터치스크린 모듈이야. 디스플레이(②)를 뺀 모든 부분이지. ③의 까만 부분이 칩이고.

선목 오, 멜파스만 가지고 있는 기술이 이거군요?

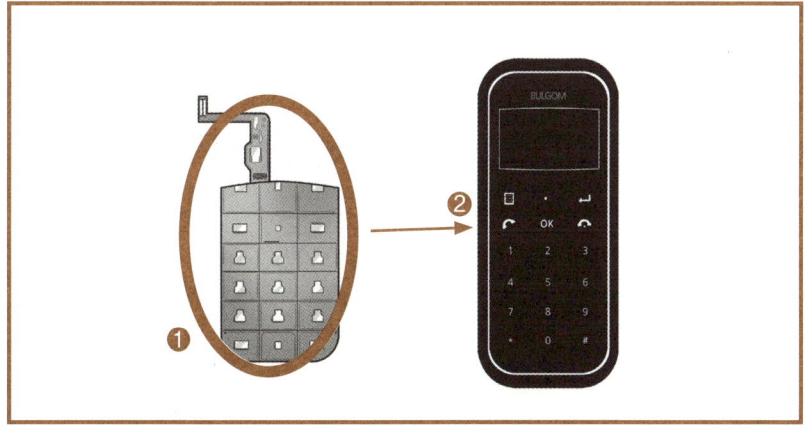

불곰 응. 두 번째는 매출의 25퍼센트를 책임지는 터치키 모듈. 그림에서 ①이 터치키 모듈이야. 이게 ②에 들어가지. 세 번째는 아까 말한 터

치센서 칩. 매출의 5퍼센트를 차지해.

선목 터치센서 칩 매출 비율이 생각보다 너무 낮네요.

불곰 아, 터치스크린 모듈에 터치센서 칩이 들어가. 이 5퍼센트는 터치센서 칩만 따로 팔 때를 이야기하는 거야.

선목 칩은 한번 실제로 보고 싶은데, 혹시 안 쓰는 휴대폰 있나요?

불곰 잠시만.

그러고 나서 서랍 하나를 뒤지다 못해 이윽고 엎어 버렸다. 오래된 폰 하나가 떨어졌다.

불곰 한번 분해해 봐. 재미있겠다.

20분 만에 모든 분해를 마쳤으나 터치센서 칩은 보이지 않았다.

선목 죄송합니다. 멜파스 칩이 안 보여요. 괜히 저 때문에 휴대폰만 하나 날렸네요.

불곰 줘 봐. 내가 한번 찾아볼게.

그러고 나서 휴대폰을 훑어보던 불곰의 눈이 갑자기 커졌다.

불곰 여기 'MELFAS'라고 적혀 있는 칩이 바로 터치센서 칩이네.

선목 무척 작군요. 이게 모든 터치스크린에 들어가는 거죠? '갤럭시'든 '아이폰'이든.

불곰 응, 응용 분야는 더 커질 수 있지. 보면 볼수록 왜 다른 기업들에 비해 시가총액이 두 배나 더 높은지 알겠지?

선목 네, 볼수록 좋네요.

불곰 그럼 여기서 표를 하나 보자.

멜파스의 사업 영역과 관련된 업체 현황

구분	업체명	터치센서 칩	터치키	모듈	
				터치스크린	
				저항막 방식	정전용량 방식
당사	㈜멜파스	◎	◎	X	◎
국외	Atmel	◎	X	X	X
	Cypress	◎	X	X	X
	Synaptics	◎	○	X	△

출처: 전자공시시스템

불곰 전 세계에서 터치센서 칩을 만들 수 있는 메이저 회사는 이 네 곳이야.

선목 메이저 회사라면 시장 점유율이 꽤 큰 회사를 말하는 거죠?

불곰 응, 멜파스 말고 다른 세 곳은 모두 미국 회사지.

선목 순위가 어떻게 되나요?

불곰 아트멜(Atmel)이 1위고 멜파스가 2위야. 이 두 회사가 경쟁하고 있는 셈이지. 보다시피 멜파스만 터치센서 칩, 터치키, 터치스크린을 모두 제대로 만들고 있어. 이른바 '토털 터치스크린 솔루션 프로바이더(total touch screen solution provider)'지. 칩에서 모듈까지 전부 제조하니까.

선목   그럼 시냅틱스(Synaptics)는요? 이 회사도 다 만드는 것 아닌가요?
불곰   다 만들 수는 있는데 제대로는 못하고 있지. 기호들이 좀 다르지?
선목   아, 숙지했습니다. 이제 재무제표 나올 때가 됐죠?

재무제표(일부)

(단위: 백만 원)

	2010	2009	2008
자산총계	173,546	115,774	31,172
[유동부채]	39,258	18,986	11,190
[비유동부채]	826	694	718
부채총계	40,084	19,680	11,908
[자본금]	8,344	2,823	2,000
[자본잉여금]	56,156	60,803	2,774
[자본조정]	1,071	524	106
[기타포괄손익누계액]	(-)160	(-)282	(-)752
[이익잉여금]	68,051	32,225	15,135
자본총계	133,462	96,094	19,264
매출액	251,739	151,463	34,925
영업이익	37,660	17,329	2,200
법인세차감전계속사업이익	38,960	17,572	2,627
당기순이익	35,826	17,097	3,135

출처: 전자공시시스템

불곰   2010년 자산총계가 1735억 원, 부채총계가 400억 원, 자본총계가 1334억 원이지. 여기서 유심히 봐야 할 것은 매출액 성장률이야.

2008년에 349억 원이었던 것이 2009년에는 네다섯 배가 뛴 1514억 원, 2010년에는 2517억 원이 됐어. 성장세가 좋지? 2010년 영업이익도 매출액의 15퍼센트나 되니 괜찮아 보이고.

선목 멜파스가 칩을 직접 만드니까 영업이익도 이만큼 나오는 것이겠죠?

불곰 그렇지. 그럼 이제 2011년에 매수 추천을 했으니, 2011년도 1사분기와 2010년도 1사분기를 비교해 보자.

기간	실적	비고
2010년 11기	매출액 2517억 원 영업이익 372억 원 당기순이익 358억 원	배당 350원
2010년 11기 1사분기	매출액 497억 원 영업이익 52억 원 당기순이익 55억 원	
2011년 12기 1사분기	매출액 609억 원 영업이익 75억 원 당기순이익 71억 원	

출처: 전자공시시스템

불곰 매출액이 497억 원에서 609억 원으로 늘었지?

선목 거의 20퍼센트나 성장했군요.

불곰 영업이익도 52억 원에서 75억 원으로, 당기순이익도 55억 원에서 71억 원으로 늘었어. 시장 상황을 비롯한 모든 요소를 고려해 볼 때 2011년도 매출액은 3500억 원으로 예상됐지.

선목 재무제표를 봐도 큰 문제는 없네요. 아직까지는 실패한 이유를 잘 모르겠습니다. 재무제표는 이만하면 된 것 같고… 매수 포인트에서 뭔가 이상한 점이 있었으려나요?

불곰	한번 들어 봐. 첫 번째 매수 포인트는 지적재산권. 109건의 특허 출원 및 등록을 했어.
선목	터치센서 칩과 모듈에 관련된 특허인가요?
불곰	응. 두 번째는 정전용량 방식이야. 터치스크린에는 두 가지 방식이 있어. 하나는 정전용량 방식, 다른 하나는 저항막 방식이지.
선목	너무 어렵네요. 차이점이 뭔가요?
불곰	그림까지 준비해 놨다. 걱정 마라.

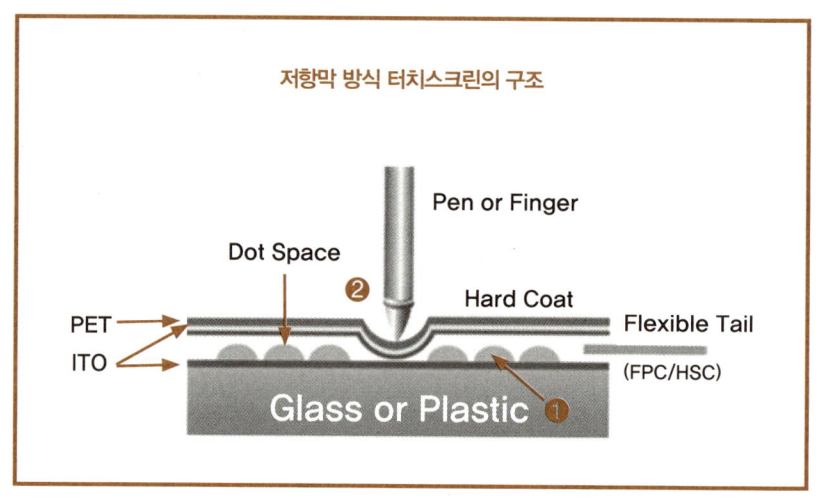

출처: 전자공시시스템

불곰	이게 저항막 방식 터치스크린이야. 예전 방식인데, 가격이 싸고 진입장벽이 높지 않아. ITO(투명 전극) 필름 사이에 공기층(①)이 형성되어 있어. ②처럼 압력이 가해지면 인식하는 거지. 용어를 외울 필요는 없고 원리만 이해하면 돼.
선목	대충 이해했습니다. 정전용량 방식은 어떤가요?

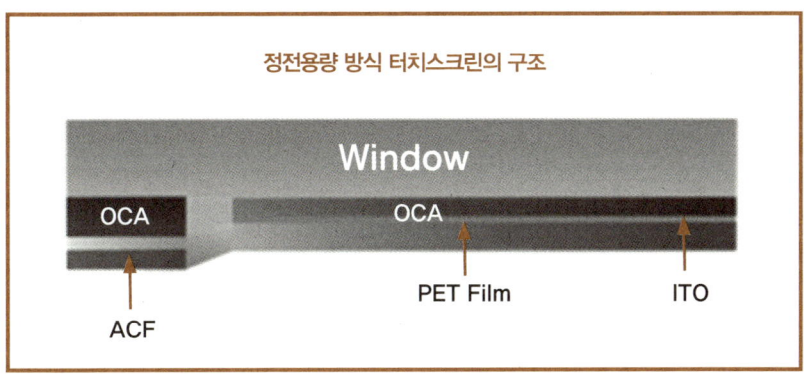

출처: 전자공시시스템

불곰 요즘은 저항막 방식에서 정전용량 방식으로 바뀌는 추세야. 이 방식은 애플이 유행시킨 셈이지.

선목 아이폰요?

불곰 어, 정전기를 이용하는 방식이야. 사람 몸이 정전기를 일으키기 때문에 터치만 하면 반응하는 거지. 유리, 'Window'라고 적힌 것 보이지?

선목 예, 저게 강화유리죠?

불곰 맞아. 저항막 방식의 경우에는 유리 위에 필름이 있잖아? 이 필름은 강화유리보다 약하고 스크래치도 잘 나지. 그래서 정전용량 방식이 내구성이 더 좋아. 그리고 멀티터치가 가능한 데다가, 필름이 없기 때문에 더 밝고, 정확도나 반응도도 훨씬 더 좋아.

선목 정전용량 방식이 대세네요.

불곰 그렇지. 세 번째 매수 포인트는 MMS-100. 터치센서 칩인데, 그 당시에 업계에서는 '세계 최고의 칩'이라는 이야기를 했지. 더구나 여기서 끝나는 것이 아니라 기술이 계속 진화하겠지. 말 그대로 세계

	최고의 터치센서 칩 생산업체야.
선목	와! 감탄이 절로 나오네요.
불곰	하하. 네 번째는 DPW(Direct Pattern Window) 강화유리 일체형 터치스크린 패널. 2010년부터 양산을 시작했어. 삼성 갤럭시탭2에 이 DPW를 사용해.
선목	DPW도 그림을 한번 봐야 이해가 될 것 같네요.

TSP와 DPW의 구조 비교

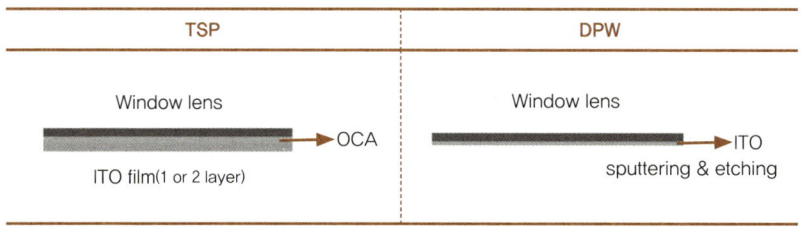

출처: 전자공시시스템

불곰	이것도 물론 준비해 놨지. 기존의 TSP 단면 구조를 보면, ITO 필름이 1장에서 2장 들어가고, 'OCA'라는 광학용 투명필름도 사용되지. 이상적인 DPW 구조는 ITO조차도 사용하지 않는 것이지만, 현재는 그 중간 단계에 있기 때문에 이 그림처럼 ITO를 1장 쓰고 있어.
선목	이게 왜 중요한 거죠?
불곰	그림에서도 보이다시피 두께를 줄일 수 있잖아? 게다가 더 밝아지고 더 빨라져. 심지어 제조원가도 낮아지지.
선목	모든 게 좋네요. 재무제표나 매수 포인트를 봐도 무엇이 잘못됐는

지 모르겠습니다. 매수 타이밍이 틀린 것이었나요?

불곰 그럼 그래프 한번 볼까?

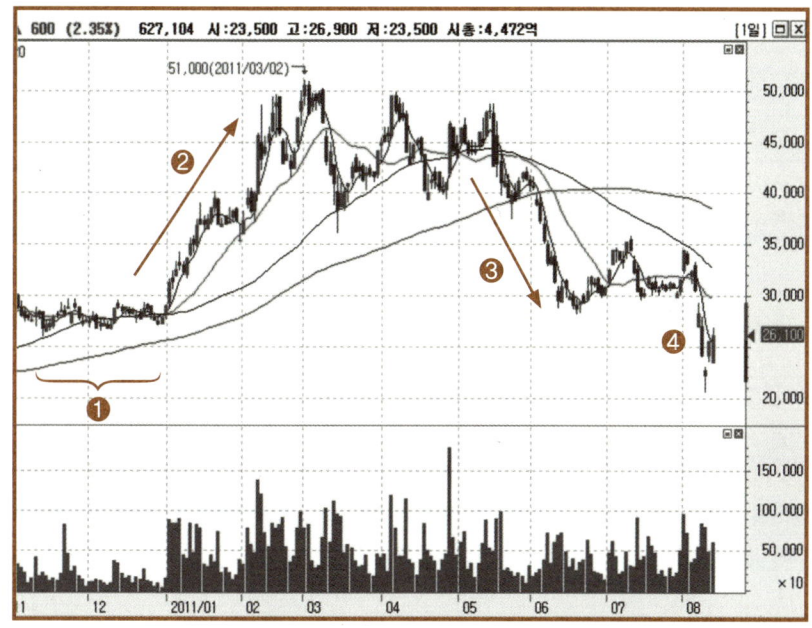

출처: 삼성증권

불곰 2010년 11월, 12월에는 30,000원이 조금 안 됐어(①). 그다음에는 외국인들의 엄청난 매수로 51,000원까지 뛰었지(②). 바로 외국인 비율이 46퍼센트까지 됐을 때야. 그러다가 2011년 2분기 실적이 밝지 않다는 평가를 들으면서 많이 떨어졌고(③). 내가 매수 신호를 보냈을 때는 시장 상황이 좋지 않아서 더 떨어졌지(④). 그래서 나는 오히려 이제 살 만하다고 느꼈고.

선목 그럼 매도 타이밍이 잘못됐나요?

불곰 그러면 매도 포인트를 한번 보자. 멜파스가 터치센서 칩을 만든다

	고 했잖아? 근데 그걸 삼성전자에서 직접 만든다는 뉴스가 떴어.
선목	하….
불곰	예전에도 비슷한 경우가 있었어. '코아로직'이라는 회사가 카메라 모듈 IC 칩을 만들고 있었어. 이 IC 칩을 삼성에서 개발해 버리는 바람에 코아로직은 몰락했지. 매출액이 10분의 1로 줄었고, 주가는 20분의 1로 떨어졌어.
선목	선택의 여지가 없네요. 멜파스도 새로운 시장을 뚫지 않는 이상 코아로직과 비슷한 길을 갈 수밖에 없겠네요.
불곰	더 큰 문제는 주식시장도 이 사건을 리스크로 인지했다는 거지. 그러면 더 떨어질 확률이 훨씬 더 커지거든.
선목	좀 더 기다리는 편이 좋지 않았을까요? 멜파스가 다른 길을 찾을 수도 있잖아요?
불곰	종합적으로 봤을 때 그럴 가능성보다는 주가가 떨어질 가능성이 더 높았지.
선목	지나간 일을 두고 '그때 사지 말고 언제 사고 언제 팔았으면 좋았을 텐데'라고 하는 건 무의미해 보이는데… 그 당시 상황을 볼 때 실수한 점은 없는 것 같습니다.
불곰	음… '성공'이나 '중립'이나 '실패'나 다르게 한 것은 없어.
선목	예, 차이를 모르겠어요. 그럼 오직 '운'인 건가요?
불곰	주식투자에서 가장 중요한 것은 운이야. 하지만 그렇다고 해서 '묻지 마 투자'를 하라는 뜻은 아니야. 운 하나 때문에 수익률이 오르거나 떨어지는 건 결코 아니겠지만, 운이라는 것은 분명히 존재해. 그러니 운을 높이는 방법, 운이 가장 좋은 방법을 알아야지. 그 방

법이 바로 재무제표와 회사 아이템 분석, 기업과 시장의 미래에 대한 연구야. 기본적 분석, 가치투자, 정석 투자, 그러니까 네가 지금 공부하고 있는 것들이지.

선목 예.

불곰 아무리 분석을 잘해도 운이 나쁠 수 있어. 그럼 어쩔 수 없지.

선목 그래서 분산투자를 해야 하는군요?

불곰 응, 주식은 분산투자하고, 여유 자금으로 해야 해.

선목 항상 기억하겠습니다.

불곰의 멜파스 투자 포인트

매수

1. 재무제표: 성장세.
2. 기술력: 국내 유일의 터치센서 칩 생산기술을 보유한 세계 2위 생산업체이자, '토털 터치스크린 솔루션 프로바이더'로서 109건의 특허를 출원 및 등록했다.
3. 정전용량 방식 터치스크린이 대세로 자리 잡았다.
4. '세계 최고의 터치센서 칩'인 MMS-100.
5. 강화유리 일체형 터치스크린 패널 DPW 양산.
6. 낮은 주가.

매도

1. 삼성전자에서 터치센서 칩을 직접 생산한다는 뉴스가 나왔다.

08

매도 8호 월비스

종목코드 008600
매수일 2011년 7월 1일
매도일 2011년 11월 4일
최종 수익률 +102%

불곰 8호 22번째 추천 종목
매수가 620원
매도가 1,250원

선목 형님이 지금까지 추천하신 것 중에서 가장 싼 종목은 무엇이었나요?

불곰 월비스. 620원이었어.

불곰은 언젠가 내가 이 질문을 할 것을 예상했는지 가격까지 정확히 외우고 있었다.

선목 그렇게 싸다면 거의 상장폐지될 수준 아닌가요?

가볍게 던진 질문이 수업으로 이어졌다.

불곰 회사가 좋은데 가격이 싸다면 오히려 매수 타이밍이지.

선목 아, 그렇겠네요.

불곰 이 회사는 1998년 희대의 사건에 휘말린 적이 있어. 그 당시 주식하던 사람이라면 누구나 기억하고 있는 '냉각캔' 사건이지. 혹시 이 사건 알아?

선목 사건은 모르지만 그런 제품이 있다는 것은 알아요. 사실은 냉각캔 음료 회사의 한국 쪽 유통 파트너사에 들어가려고 면접을 본 적이 있거든요.

불곰 결과가 어땠어?

선목 대표이사가 마음이 있다면 연락해 달라고 했는데, 집에 가서 그 음료를 마시고 토했어요. 두 번이나요.

불곰 냉각캔에 문제가 있었던 거야?

선목 그건 잘 모르겠지만, 맛이 심하게 없었어요. 제 입맛에는 영 맞지 않았죠. 나조차도 좋아하지 않는 제품을 마케팅할 자신이 없어서 연락을 못하겠더군요. 수중에 돈도 없을 때였는데….

불곰 양심 있네?

선목 내가 싫어하는 제품을 남한테 사라고 설득할 수는 없잖아요.

불곰 좋은 자세야. 그럼 다시 윌비스로 돌아와서, '냉각캔'이 출시된다고 하자 주가가 숨도 안 쉬고 일곱 배나 뛰었어.

선목 그다음에는요?

불곰 하지만 상용화가 되지 않았어. 그때 "사기 사건 아니냐?", "사업 실패다!" 등등 이런저런 말들이 무척 많이 나왔지.

선목 그런데도 이 종목을 추천하셨다고요?

불곰 응, 역사가 좋지 않지만 시간이 많이 지났으니 이제는 재평가받을 만한 주식이라고 생각했어. 게다가 결과적으로는 사기가 아닌 것으로 판명되기도 했고. 추천했을 당시의 주가 620원은 액면가 1,000원보다도 낮은 금액이야. 시가총액은 372억 원이었고.

선목 구체적인 사정이 어땠는지는 아직 모르겠지만, 저평가되어 있는 것 같네요.

불곰 조금 더 자세히 알아보자면, 1998년에는 이 회사 이름이 '미래와 사람'이었어. 그러다가 2009년에 상호를 '월비스'로 바꾸게 되었지. 회사 아이템은 OEM 의류 수출과 4년 전부터 추진해 오던 교육사업이야.

선목 더 이상 냉각캔을 취급하지 않는군요?

불곰 그건 옛날 일이니 잊어버려. 'OEM 의류 수출'이란 인건비가 싼 나라에서 의류를 봉제해서 선진국에 수출하는 것이지.

선목 월비스 공장들은 어디에 있나요?

불곰 도미니카, 아이티, 캄보디아 그리고 네가 살다 온 인도네시아.

선목 괜히 친근하게 느껴지네요. 근데 그 무렵 아이티에 대지진이 일어나지 않았나요?

불곰 다행히도 이 회사 공장은 문제없었어. 이제 걱정 좀 줄었지? 그럼 재무제표를 볼까?

재무제표(일부)

(단위: 백만 원)

	2010	2009	2008	2007	2006
자산총계	195,181	190,897	226,167	161,759	161,658
[유동부채]	29,142	23,621	57,604	27,690	23,748
[비유동부채]	7,506	8,676	7,596	4,878	25,854
부채총계	36,648	32,297	65,200	32,568	49,602
[자본금]	62,646	62,646	62,646	62,646	62,646
[자본잉여금]	69,006	69,006	69,006	69,052	69,052
[자본조정]	△2,683	△7,284	△7,284	△12,305	△12,305

[기타포괄손익누계액]	17,866	19,261	22,347	640	△11,199
[이익잉여금]	11,698	14,971	14,252	9,158	3,862
자본총계	158,533	158,600	160,967	129,191	112,056
매출액	164,619	172,849	126,771	125,750	117,637
영업이익	6,435	6,720	5,889	3,298	3,000
당기순이익	1,985	1,902	5,093	5,297	1,951
주당순이익(원)	169	161	439	498	184

출처: 전자공시시스템

불곰 자산총계 대비 부채총계, 자본총계는 확실히 좋지? 2010년에는 매출액과 영업이익이 조금 떨어졌지만 2006년부터 봤을 때 성장추세를 보이고 있지? 당기순이익은 많지는 않지만 계속 돈은 벌고 있고. 시가총액은 자본의 4분의 1밖에 안 되고.

선목 자산 대비 저평가주임이 분명하네요.

불곰 응, 완전히 소외된 종목이지. 섬유산업이 사양산업이기는 하지만 열심히만 운영하면 어느 정도의 영업이익은 보장돼. 나도 삼성물산에서 섬유를 취급해 봐서 알지. 영업이익이 매출액의 3퍼센트 정도밖에 안 되지만, 반대로 생각해 보면 최소한의 영업이익은 보장된다는 뜻이기도 해.

선목 모든 산업이 마찬가지겠지만, OEM 섬유산업은 특히 바이어가 중요하지 않습니까?

불곰 그렇지. 월비스 같은 경우에는 미국에 월마트나 갭(Gap) 같은 거대 바이어들이 있어. 이런 점을 본다면, 매출액이 아직 대단히 크다고 할 수는 없지만 꾸준히 성장할 가능성이 매우 높지. 자, 그럼 2011년 1분기 실적이 나온 재무제표도 한번 보자.

재무제표(일부)

(단위: 백만 원)

	2011년 1분기	2010년
자산총계	243,132	237,759
[유동부채]	65,610	61,698
·매입채무및기타채무	14,705	15,486
·단기차입금	46,425	44,015
·기타유동부채	4,480	2,197
[비유동부채]	7,916	7,819
·사채	5,540	5,534
·퇴직급여채무	2,135	2,050
·장기매입채무및기타채무	241	235
부채총계	73,526	69,517
[자본]	169,606	168,242
·자본금	62,646	62,646
·주식발행초과금	47,544	47,544
·이익잉여금	41,184	39,273
·기타자본항목	18,231	18,779
자본총계	169,606	168,242
매출액	53,058	164,619
영업활동손익	2,749	8,578
당기순이익	2,183	8,430
주당순이익(원)	190	716

출처: 전자공시시스템

선목 이거… 조금 전 표와 뭔가 좀 다른데요?

불곰 뭐가 다른지 이야기해 봐.

선목 자산총계, 부채총계, 자본총계, 영업활동손익(영업이익)… 다 조금씩 차이가 있네요.

불곰 잘 봤어. 이때 회계기준이 바뀌었거든. 매도 3호 '엘엠에스'를 공부할 때 잠시 언급했던 '연결기준'으로 작성한 자료야. 처음에 봤던 재무제표는 한국회계기준(K-GAAP)으로 만든 것이고, 여기에는 국제회계기준(IFRS)을 사용했지. 이게 바로 첫 번째 매수 포인트야. 회계기준의 변화에 따른 기업 재평가.

선목 아, '연결기준' 기억납니다.

불곰 IFRS는 'International Financial Reporting Standards'의 약자야. 두 회계기준의 가장 큰 차이가 뭐냐면, 한국회계기준에서는 개별재무제표가, 국제회계기준에서는 연결재무제표가 주재무제표지. 개별재무제표는 본사의 실적만 따지고, 연결재무제표는 자회사의 실적까지 반영해.

선목 그 밖의 차이점은 뭔가요?

불곰 두 가지만 더 짚어 줄게. 우선 '영업이익'의 개념이 달라. 개별재무제표에서는 '장사'를 해서 번 돈만 영업이익으로 쳤어. 하지만 연결재무제표에서는 영업외이익도 영업이익에 들어가지.

선목 예를 들어, 회사 아이템과 상관없이 미국 달러화를 사 놨는데 달러화 가격이 오른다면, 그렇게 해서 얻은 이익도 영업이익으로 친다는 거죠?

불곰 그렇지. 그리고 또 다른 차이점은 자산/부채를 살펴볼 때 예전에는 취득원가를 기준으로 했다면, 이제는 공시지가를 기준으로 한다는 거지.

선목 이를테면 예전에는 100만 원에 건물을 사면 그대로 100만 원으로 쳤는데, 이제는 얼마에 샀든 간에 이 건물의 현재 가격으로 계산한

불곰 다는 말이죠?

불곰 오, 제법인걸. 자, 그럼 바뀐 재무제표를 보면 2010년 매출액이 1646억 원, 영업활동손익이 85억 원, 당기순이익이 84억 원이야. 그럼 PER가 몇이지?

선목 시가총액이 372억 원이라고 했으니까, 4에서 5 정도네요.

불곰 다시 한 번 이 주식이 저평가되었다는 것을 알 수 있지. 그리고 2011년 1분기 매출액이 530억 원이잖아?

선목 오! 그렇다면 2011년 매출액을 2000억 원까지도 예상해 볼 수 있겠네요?

불곰 어, 그때도 그렇게 이야기했어. 영업활동손익도 1분기 것이 27억 원이니 100억 원 정도로 예상할 수 있지.

선목 무슨 일이 있었길래 이렇게 좋아지나요? 물론 꾸준히 성장했다는 것은 알겠지만, 그래도 뭔가 더 있을 것 같은데요?

불곰 아까 윌비스의 아이템이 섬유사업과 교육사업이라고 했잖아? 2009~2010년부터 교육사업에서 슬슬 성과를 거두기 시작했어. 2008년 한림법학원을 128억 원에 인수하지. 이 한림법학원은 신림동에서 무척 알아주는 고시학원이야. 특히 사법시험 강의로 정평이 나 있지.

선목 쉽게 말해서 브랜드 학원이군요?

불곰 응. 이것을 바탕으로 성인 취업교육 시장에 진출했어. 공무원, 경찰, 공인중개사, 임용고시 등… 대단히 많지. 그리고 내가 윌비스를 추천할 당시에는 한국특허아카데미까지 인수했어.

선목 한국특허아카데미라면, 변리사 학원인가요?

불곰 맞아.

선목 다양하게 확장하는 모습은 좋아 보이지만, 단순히 많기만 하다면 큰 의미가 없잖아요? 잘하는 분야가 있나요?

불곰 작년부터, 그러니까 2010년부터 경찰공무원 학원을 시작했는데, 그 부문에서는 벌써 1위야.

선목 학원 규모가 큰가 보네요?

불곰 응. 월비스의 교육사업에 중요한 또 다른 요소는 온라인 교육 시장의 성장이지. 우리나라 사람들이 인터넷 강의를 많이 듣잖아? 콘텐츠가 좋다는 전제 아래 우리나라의 교육 열기와 빠른 인터넷 속도가 만나면 좋은 결과가 나올 가능성이 높지. 월비스 교육사업부는 매년 50퍼센트씩 성장했고, 2011년에는 250억 원 정도를 예상하고 있었어.

선목 그럼 월비스는 교육사업에 더 집중해야 하나요?

2010년 매출 수익 비율

(단위: 원, %)

사업부문	품목	매출액(비율)	매출총이익(비율)
섬유사업	제품 상품	148,019,518,386(89.9)	23,294,581,808(77.4)
임대	부동산 임대	215,704,105(0.1)	40,636,700(0.1)
교육사업	학원	16,383,696,739(10.0)	6,752,377,961(22.5)
	합계	164,618,919,230(100.0)	30,087,596,469(100.0)

2011년 1분기 매출 수익 비율

(단위: 원, %)

사업부문	품 목	매출액(비율)	매출총이익(비율)
섬유사업	제품 상품	47,509,846,733(89.6)	6,263,766,739(73.8)
임대	부동산 임대	67,314,032(0.1)	67,314,032(0.8)
교육사업	학원	5,480,655,463(10.3)	2,159,970,752(25.4)
합 계		53,057,816,228(100.0)	8,491,051,523(100.0)

출처: 전자공시시스템

불곰 그 질문 나올 것 같아서 준비했다. 2010년에도 2011년 1분기에도 섬유사업의 매출액 비율이 교육사업보다 훨씬 높지?

선목 거의 90퍼센트가 섬유사업이네요. 그럼 섬유사업에 더 집중하는 것이 현명한 선택 아닌가요?

불곰 여기서 중요한 건 매출총이익 비율이야. 섬유사업이 매출총이익의 약 75퍼센트를, 교육사업이 약 25퍼센트를 차지하잖아.

선목 그러고 보니 매출액에 비해 상대적인 매출총이익 비율은 교육사업이 더 좋네요? 교육사업이 더 돈이 되는군요.

불곰 그러니 윌비스도 교육사업에 더 힘을 쓰고 섬유사업은 유지하는 정도로 운영하는 거지. 2015~2016년 교육사업 목표 매출액을 800억 원 정도로 잡고 있었어.

선목 이게 두 번째 매수 포인트네요. 섬유사업은 안정적으로 잘되고 있고, 교육사업은 크게 발전하고 있다. 사업을 잘하는데 저평가되어 있으니… 재평가받을 만하네요.

불곰 그러니까 나도 추천했지. 그런데 내가 이 기업을 재평가한 이유가 한 가지 더 있어. 바로 2010년 11월에 51만 주를 이익소각했다는 점이야.

선목 이익소각이 뭔가요?

불곰 CB나 BW의 반대 효과가 있어.

선목 CB, BW는 주식의 가치를 희석시키지만 이익소각은 주식의 가치를 올린다는 말이죠?

불곰 맞아, 경영자 마인드가 굉장히 좋지? 누구는 주주들한테 피해를 주는데, 이 회사는 이득을 준 거잖아? 이런 경영자 마인드가 세 번째 매수 포인트야.

선목 그럼 주가가 확 올랐나요?

불곰 재미있는 건 그랬는데도 주가는 오히려 폭락했다는 점이야. 그러니까 이제는 정말 사야 할 타이밍이라는 뜻이지. 최대주주들도 지분을 추가 매입했어. 그 사람들이 보기에도 '이제는 정말 바닥이다' 싶었나 봐.

선목 이건 왜 이렇게 사람들이 몰라 줬던 건가요?

불곰 사실은 그런 종목들이 엄청 많아. 그러니까 주식시장이 노다지판이라는 거야. 아마 섬유산업이어서 시장에서 썩 좋게 보지 않았던 것 같아. 하지만 윌비스를 '교육주'로 인식하면 이야기가 전혀 달라지지. 이게 네 번째 매수 포인트야.

선목 음… 그럼 기다리다 보면 자연스럽게 올라가겠네요. 교육사업 쪽에서 잘하고 있으니까요. 주가가 얼마나 바닥인지 그래프로 한번 보고 싶네요.

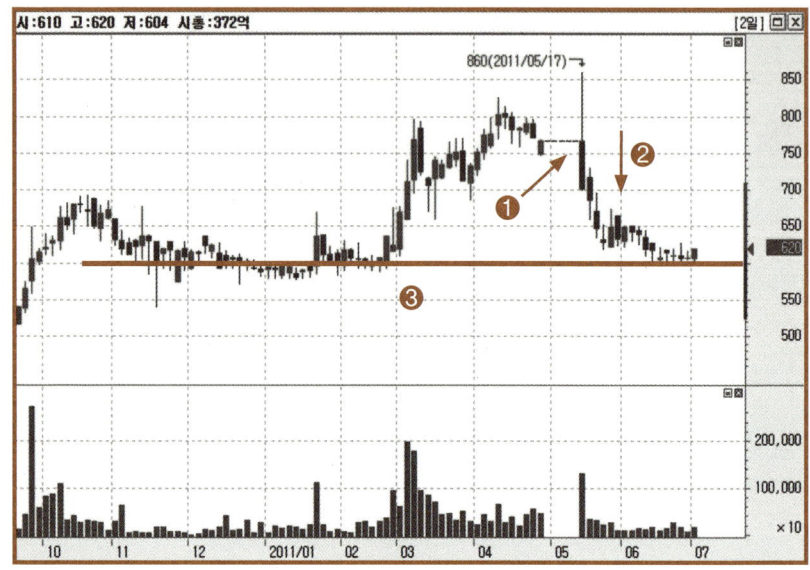

출처: 삼성증권

불곰 ①에서 액면분할을 하고, ②에서 폭락했어.

선목 액면분할하면 주가가 폭락하나요?

불곰 꼭 그렇지는 않은데, 시장이 좋지 않았던 것 같아. ③에서 가로로 선을 주욱 그어 보면 확실히 바닥인 것 같지? 큰 리스크는 없다는 뜻이지. 전에도 이야기했지만, 이렇게 저평가받고 있다는 것은 매력적인 매수 포인트야.

선목 매수 포인트 다 이해했습니다. 매도 이유는 무엇이었나요?

불곰 윌비스 주가는 오르락내리락하다가… 갑자기 일주일 만에 두 배 가까이 뛰었어. 그래서 매도 신호를 냈지.

선목 갑자기 왜 그렇게 된 건가요?

불곰 갑자기 박근혜 관련주가 되면서 테마주가 돼 버렸어.

선목   박근혜 대통령이 월비스를 밀어 줬나요?

불곰   그건 아니고, 박 대통령이 공무원 일자리를 늘리겠다고 하자….

선목   아, 월비스의 교육사업과 관련이 있군요?

불곰   응, 가격이 두 배 이상 뛰었고, 테마주가 됐으니 난 매도 신호를 낸 거지.

선목   더 오를 수도 있지 않았나요?

불곰   그건 모르는 일이지. 주식시장에서 미래 주가를 안다고 하는 사람은 진짜 바보 아니면 사기꾼이야. 미래는 알 수 없어. 그저 소신을 가지고 하면 돼. 열심히 분석하고, 공부하고, 가치를 연구하면, 그다음에는 무엇이 기다리고 있지?

선목   운이죠.

불곰의 월비스 투자 포인트

매수

1. 재무제표: 꾸준한 성장세. 자산 대비 저평가주. 회계기준의 변화에 따른 기업 재평가. 낮은 PER.
2. 안정적인 섬유사업: 거대 바이어들과 거래하고 있다.
3. 성장 중인 교육사업: 한림법학원 인수. 취업교육 시장 진출. 온라인 교육 시장의 확장.
4. 2010년 11월에 51만 주를 이익소각한 경영자의 마인드를 높게 평가했다.
5. 섬유회사여서 저평가되어 있으나, '교육주'로 여기면 성장 가능성이 보인다.

매도

1. 일주일 사이에 두 배 가까이 상승하여 수익이 확보되었다.
2. 공무원 일자리를 늘리겠다는 정부의 발표로 테마주가 되었다.

09

매도 9호 인터로조

종목코드 119610
매수일 2010년 12월 22일
매도일 2012년 2월 27일
최종 수익률 +156%

불곰 4호 11번째 추천 종목
매수가 7,070원
매도가 17,900원

불곰 이번 종목은 너도 익숙한 인터로조다.

오랜만에 불곰이 먼저 강의를 제안했다.

선목 인터로조? 잘 모르겠는데요?

불곰 재무제표 공부할 때 예시로 보여 준 회사잖아.

선목 아, 기억납니다. 뭐 만드는 회사인가요?

불곰 콘택트렌즈.

선목 근데 콘택트렌즈는 전망이 안 좋지 않나요? 요즘엔 눈이 나쁘면 렌즈나 안경을 끼기보다 라식/라섹 수술을 받잖아요?

불곰 많은 사람들이 그렇게 생각해. 그래서 나도 매수 추천을 하기 전에 회사 관계자에게 그 질문을 맨 먼저 했어.

선목 뭐라고 답변하던가요?

불곰 라식 수술을 받는 사람 증가 수보다 콘택트렌즈 착용자 증가 수가 월등히 더 많다고 하더라. 요즘에는 스마트폰이나 컴퓨터 때문에 어린이, 청소년들 눈이 빨리 나빠져. 이런 아이들이 라식 수술을 받는 경우는 거의 없잖아. 답변이 됐어?

선목 예, 의구심이 말끔히 해소되네요.

불곰 자, 그럼 본격적으로 수업하자. 종목명 인터로조, 설립일은 2000년 10월 25일, 상장일은 2010년 7월 28일. 대통령상을 받았지만 그래도 당시에는 신규상장 회사이다 보니 혹시나 하는 마음에 기업 탐방도 다녀왔지. 별문제 없이 좋더군.

선목 신규상장이면 작은 회사일 텐데, 설립된 지는 10년이 넘었으니 작지만 강한 기업인가요?

불곰 2009년까지 국내 1위 콘택트렌즈 생산업체야. 해외 매출 비중이 81.7퍼센트로 큰 수출기업이고. 이렇게 수출을 많이 한다는 것은 그만큼 기술력을 여러 곳에서 인정받았다는 뜻이지. 콘택트렌즈도 의료기기에 속하니 여러 국가에서 허가를 받기가 결코 쉽지 않지. 게다가 영업이익률은 40퍼센트, 순이익률은 30퍼센트를 유지하고 있어.

선목 큰 회사군요. 제가 렌즈를 안 끼니 미처 몰랐네요.

불곰 한국에서는 유명하지 않아. 국내영업은 내가 추천을 발표할 당시에 막 시동을 걸던 참이었어.

선목 2009년까지 국내 1위 콘택트렌즈 생산업체, 80퍼센트 이상 수출, 영업이익률 40퍼센트, 순이익률 30퍼센트… 그런데 국내에서 유명하지 않다? 매수 타이밍이 맞네요.

불곰 제법인데, 하하. 맞아, 매수 타이밍이지. 그럼 재무제표 한번 볼까?

기간	실적	비고
2007년 8기	매출액 68억 원 영업이익 12억 원 당기순이익 8억 원	
2008년 9기	매출액 106억 원 영업이익 37억 원 당기순이익 19억 원	
2009년 10기	매출액 140억 원 영업이익 64억 원 당기순이익 52억 원	

출처: 전자공시시스템

불곰 매출액이 2년 만에 68억 원에서 140억 원으로 두 배 이상 뛰었지?

선목 성장세가 좋네요.

불곰 영업이익은 무려 다섯 배 이상 뛰었어.

선목 매출이 늘어날수록 이익률이 점점 더 좋아지는 사업구조네요.

불곰 응, 당기순이익도 크게 늘고 있으니 좋아 보이지?

선목 좋습니다!

불곰 그 당시에 2010년 3사분기까지의 자료만 있었으니까 3사분기를 기준으로 한번 보자.

기간	실적	비고
2009년 10기 3사분기	매출액 98억 원 영업이익 44억 원 당기순이익 39억 원	
2010년 11기 3사분기	매출액 134억 원 영업이익 52억 원 당기순이익 41억 원	
2010년 11기 예상	매출액 175억 원 영업이익 65억 원 당기순이익 50억 원	업체 목표치 적용 예상 PER 7~8

출처: 전자공시시스템

불곰 2009년 3사분기에 매출액이 98억 원이었는데, 2010년 3사분기에는 134억 원으로 늘었어. 그리고 영업이익과 당기순이익도 조금씩 늘었지.

선목 2010년에도 별문제 없겠네요. 그럼 2010년 전체 예상은 어떻게 되나요?

불곰 업체 목표치를 적용하면, 매출액 175억 원, 영업이익 65억 원, 당기순이익 50억 원이야. 시가총액이 378억 원이니까 PER는 7~8 정도로 예상할 수 있지.

선목 재무제표 이상 무! 매수 포인트로 넘어가시죠.

불곰 매수 포인트 첫 번째, CEO의 초심! 대표이사가 '노시철'이라는 분인데, ㈜대우에서 일하다가 두류실업 대표로 옮기면서 2000년에, ㈜베스콘이라는 콘택트렌즈 회사에서 일하던 '이성춘'이라는 분을 만나지. 무역업체와 콘택트렌즈 업체 경력자들이 모였으니 콘택트렌즈 수출업체가 탄생한 건 어쩌면 당연한 결과겠지. 내가 이 CEO를 좋아하는 이유는 주주들에 대한 배려를 보여 주기 때문이야. 사업을 투명하게 운영하고, 주주들의 수익을 책임져야 한다는 마음가짐이 보여. 2011년부터 "순이익의 10퍼센트를 배당하겠다"고 약속했어. 두 번째 매수 포인트는 '0.15퍼센트 → 0.18퍼센트 → 0.21퍼센트'야.

선목 무슨 말인가요?

불곰 인터로조의 세계시장 점유율!

선목 너무 낮은 것 아닌가요? 계속 성장은 하고 있지만, 20, 30퍼센트씩 장악하고 있는 회사들도 있지 않습니까?

불곰 그렇게 볼 수도 있지만, 기술력이 있고 꾸준히 성장하고 있다는 것은 더 커질 가능성이 무궁무진하다는 의미 아닐까? 세계 콘택트렌즈계의 큰 회사들은 존슨앤존슨, 시바비젼, 쿠퍼비젼, 바슈롬이야. 인터로조도 언젠가는 이런 회사들과 어깨를 나란히 할 날이 오지 않을까?

선목 기술력이 있으니 그럴 수 있겠네요. 근데 더 많은 국가로 뻗어 나갈 기반은 마련되어 있는 건가요?

불곰 그게 바로 세 번째 매수 포인트야. 콘택트렌즈도 의료기기이기 때문에 반드시 인허가를 받아야만 판매를 할 수 있어. 인터로조는 KGMP(한국 식약청), FDA(미국), CE(유럽), 후생성(일본), SFDA(중국), CMDCAS(캐나다)에서 모두 인허가를 획득했어. 인허가를 받는 데는 굉장히 오랜 시간이 걸리지만, 인터로조는 높은 진입장벽을 다 뚫어 냈지.

선목 도대체 몇 개국인가요?

불곰 46개국에 고객은 121곳이야. 대단하지?

선목 예. 근데 조금 전 언급한 '빅4' 회사들에 비해서는 왜 그렇게 점유율이 떨어지나요?

불곰 아무래도 브랜드 가치에서 차이가 나지. 그래서 인터로조는 OEM 방식으로 납품 중인 거고.

선목 그래도 기술력이 있으니 언젠가는 따라잡을 날이 오겠죠?

불곰 가능하지. 그래도 그런 날이 언제 올지는 정확히 모르니, 우선 현재 상황을 충분히 고려해야겠지. 사업구조 자체가 좋은지를 알아봐야 해. 그렇게 해서 뽑은 네 번째 매수 포인트가 낮은 원재료비야. 13.3

퍼센트밖에 안 돼. 콘택트렌즈 크기가 작잖아? 그러니 팔면 팔수록 이익이 극대화되는 사업구조지.

그럼 이제 마지막 다섯 번째 매수 포인트 기업의 꿈, 바로 원데이(1-day) 렌즈 시장 진입.

선목 좋네요. 하루만 쓰고 버리는 거니 당연히 매출이 오르잖아요.

불곰 잘 알고 있네. 예전에는 렌즈 하나를 한 달씩 쓰고 그랬잖아? 잠자기 전에 씻고 아침에 다시 끼고. 하지만 요즘처럼 바쁜 세상에 누가 그러겠어? 그러니 당연히 원데이 렌즈 시장이 각광받을 수밖에 없지. 그 당시에도 원데이 렌즈 시장이 압도적으로 더 커진 상황이었어. 인터로조도 독일에는 원데이 렌즈를 많이 팔고 있었지. 이 시장에 본격적으로 뛰어들기 위해서 당시에 신공장 부지도 경매로 낙찰받았어.

선목 그런데 원데이 렌즈도 새로 품목허가를 일일이 받아야 하는 것 아닌가요?

불곰 그렇지. 또 받아야지.

선목 독일에는 이미 팔고 있었다면, 새 공장까지 차린 다음의 첫 타깃은 어디였나요?

불곰 일본 시장 공략! '파실(Facil)'이라는 콘택트렌즈 유통회사와 전략적 제휴를 맺었어. 우리나라 콘택트렌즈 시장 규모가 1400억 원 정도인데, 일본은 무려 1조 원이야. 그중에서 85퍼센트가 원데이 렌즈 시장이지.

선목 엄청나네요. 언제부터 진출하나요?

불곰 2011년 하반기에 진출하기로 계획하고 일본 후생성 품목허가를 기다리는 중이었는데, 전망이 꽤 긍정적이었어. 2015년 일본 시장 매출액 목표가 300억 원 정도였어. 그럼 당기순이익이 90~100억 원은 되겠지? 그리고 '러시아 시장도 가능성이 있다'고 업계 사람들이 판단했어.

선목 좋네요. 그래프를 보면서 저가 매수 타이밍인지만 확인하면 되겠군요.

출처: 삼성증권

불곰 공모가가 12,000원이었어. 공모가가 과대평가됐다는 시장의 판단으로 가격이 쭈욱 떨어졌지(①). 그러다가 2010년 10월에 8,000원대를 한 번 찍고(②) 다시 빠졌어(③). 그래서 난 오히려 이때가 바닥권이라고 생각했지.

선목 가격이 많이 떨어지기는 했네요. 이 종목으로 불곰주식연구소 회원들도 많이 벌었을 것 같은데요? 최종 수익률이 궁금합니다.

불곰 153퍼센트. 배당수익까지 더하면 156퍼센트야.

선목 성공이네요.

불곰 추천했을 때 시가총액이 378억 원이었어. 800억 원까지는 오를 거라고 예상했는데 무려 1000억 원까지 오르더군. 순자산이 360억

선목	원이 되었고, 순이익은 100억 원을 찍었어.
	그럼 PER가 10이군요?
불곰	응. 그래서 적정주가가 되었다고 생각해서 매도 신호를 보냈지. 그래프 보면서 자세히 알려 줄게.

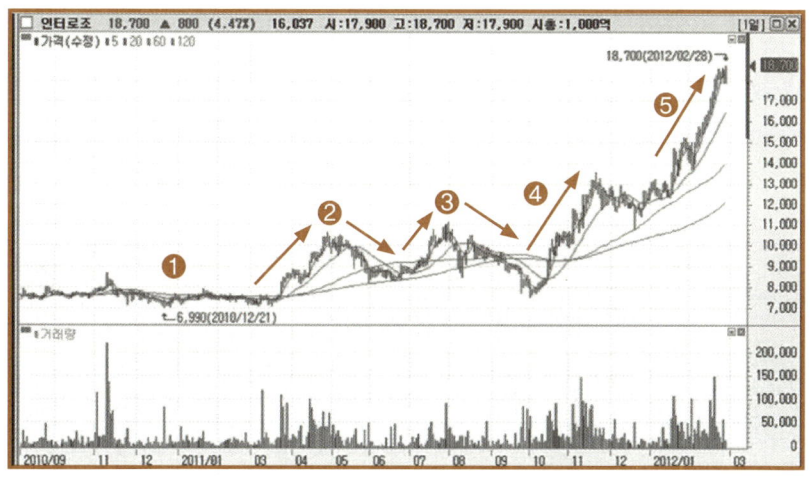

출처: 삼성증권

불곰	①쯤에서 내가 7,070원일 때 매수를 추천했지. 아무도 이 종목을 추천하지 않을 때였어. 거래량도 너무 적었거든. 그러다가 10,000~11,000원까지 오르고 나서 떨어졌다가(②) 다시 오르고 떨어진 다음(③) 쫘악 올랐지(④). 그리고 ⑤에서는 무려 14일간 올라갔어.
선목	조금 떨어질 때마다 불안하지 않았어요?
불곰	주가는 원래 오를 때도 있고 떨어질 때도 있어. 처음부터 800억 원까지는 오른다고 생각했고, 그러면 그렇게 믿고 가야지.

선목　　그래도 리스크가 있지 않습니까?

불곰　　주식시장에서 리스크는 항상 있어. 그래서 항상 분석하고 검토하면서 리스크를 줄여야지. 어쩔 수 없이 손절매를 해야 할 때도 있지만, 손절매할 주식을 처음부터 사지 않는 것이 답이지.

불곰의 인터로조 투자 포인트

매수

1. 라식/라섹 수술을 받는 사람 증가 수 < 콘택트렌즈 착용자 증가 수.
2. 기술력: 국내 1위 콘택트렌즈 업체. 해외 매출 비중이 81.7%인 수출기업.
3. 재무제표: 성장세. 낮은 예상 PER.
4. 주주를 배려하는 CEO의 마인드: 2011년부터 순이익의 10%를 배당하겠다고 약속했다.
5. 세계시장 점유율이 높지는 않지만 계속 성장 중이다.
6. 46개국에서 인허가를 받으면서 높은 진입장벽들을 뚫었다.
7. 13.3%의 낮은 원재료비 비중.
8. 원데이 렌즈 시장 진입.
9. 낮은 주가.

매도

1. PER가 10이 되어 적정주가가 되었다고 판단했다.
2. 14일간 가파르게 상승하는 등 수익이 확보되었다.

10

매도 10호 알에프세미

종목코드 096610
매수일 2011년 8월 31일
매도일 2012년 3월 15일
최종 수익률 +102%

불곰 9호 25번째 추천 종목
매수가 6,173원
매도가 12,450원

선목   형님은 휴대폰 관련 종목을 좋아하시는 것 같습니다.

불곰주식연구소에서 추천한 종목들을 훑어보니 휴대폰 관련 종목이 눈에 많이 띄었다.

불곰   좋아한다기보다는 하다 보니 그렇게 된 거지. 우리나라가 IT 강국이다 보니 괜찮은 기업 중 IT 기업이 많은 것뿐이야.

선목   어찌 보면 당연히 그렇겠군요.

불곰   휴대폰과 무관한 기업도 많았어.

선목   그럼 오늘 수업할 종목은 무엇과 관계있나요?

불곰   휴대폰! ㅎㅎㅎ.

선목   하하하! 이런 우연의 일치가!

불곰이 내 휴대폰을 불쑥 들었다.

불곰   자, 이게 뭐야?

선목 뭐긴 뭐예요, 휴대폰이죠.

불곰 당연히 이건 휴대폰이지. 내가 물어본 건 여기 구멍.

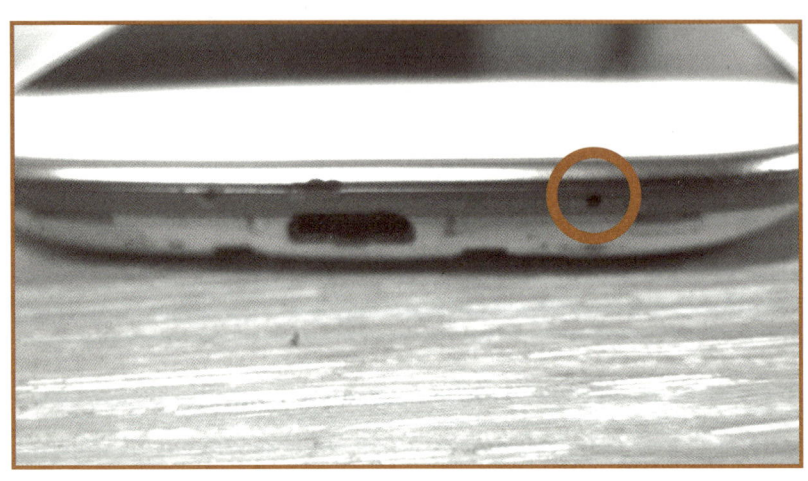

선목 마이크 아닌가요?

불곰 응, 이 구멍에 관련된 업체가 오늘의 추천 종목이다.

선목 아, 이것도 따로 만드는 회사가 있군요?

불곰 어, 휴대폰이든 자동차든 많은 부분을 다른 업체들이 만들고 삼성전자나 현대자동차 같은 큰 회사가 그것들을 조립하지. 여기에 들어가는 마이크로폰용 반도체 칩을 'ECM 칩'이라고 해. 세상에서 ECM 칩으로는 매출을 가장 많이 올리고 있는 기업이야. 회사명은 '알에프세미'. 1999년 10월에 설립됐고, 코스닥에 2007년 11월 상장했어. 주요 사업은 반도체 소자 제조 및 판매야.

선목 어서 재무제표로 들어가시죠.

재무제표(일부)

(단위: 백만 원)

	2010	2009	2008	2007	2006
자산총계	46,413	32,958	28,702	23,043	13,131
[유동부채]	7,508	3,605	2,910	2,805	1,337
[비유동부채]	5,459	1,793	2,434	2,240	1,334
부채총계	12,967	5,399	5,345	5,045	2,671
[자본금]	2,706	2,706	2,706	2,706	2,223
[자본잉여금]	7,303	7,303	7,303	7,303	3,795
[자본조정]			–	–	–
[기타포괄손익누계액]	−205	−204	–	–	–
[이익잉여금]	23,641	17,753	13,346	7,987	4,440
자본총계	33,445	27,559	23,356	17,997	10,459
매출액	29,134	23,184	16,880	13,852	10,408
영업이익	7,510	6,059	3,872	3,857	3,373
계속사업이익	7,591	5,825	6,157	3,946	3,278
당기순이익	6,401	4,823	5,629	3,547	2,769

출처: 전자공시시스템

불곰 2011년 8월 31일 종가 기준으로 시가총액이 501억 원이야. 자산총계는 2006년 131억 원에서 2010년 464억 원으로 올랐어. 그리고 자본총계는 104억 원에서 334억 원으로 올랐고, 부채총계는 129억 원이지.

선목 부채비율이 30퍼센트대네요.

불곰 응, 우량한 회사지. 매출액은 2006년 104억 원에서 2010년 291억 원으로 올랐어.

선목 거의 세 배가 뛰었네요.

불곰　영업이익도 계속 성장 중이지? 당기순이익도 27억 원에서 64억 원으로 올랐고.

선목　참 좋네요. 2011년 8월에 추천하셨으니까, 2010년 1~2분기와 2011년 1~2분기를 비교하면 되겠네요. 그러니까 반기보고서들을 살펴보면 되겠군요.

기간	실적	비고
2010년 12기 반기	매출액 135억 원 영업이익 37억 원 당기순이익 31억 원	영업이익률 27% 배당 105원
2011년 13기 반기	매출액 166억 원 영업이익 42억 원 당기순이익 33억 원	영업이익률 25%
2011년 13기 예상	매출액 350억~400억 원 영업이익 87억~100억 원 당기순이익 80억 원	예상 PER 6~6.5

출처: 전자공시시스템

불곰　그렇지. 2010년 반기와 2011년 반기를 비교해 보면, 매출액은 135억 원에서 166억 원으로 늘었어.

선목　영업이익과 당기순이익도 조금씩 늘었고요.

불곰　응, 근데 여기서 중요한 건 영업이익률이야. 2010년에 매출액 대비 27퍼센트, 2011년에는 25퍼센트지?

선목　예, 높네요.

불곰　이렇게 영업이익률이 높다는 말은, 매출만 높아진다면 아주 우량한 기업으로 성장할 가능성이 있다는 뜻이지. 실제로 보수적으로 잡아도 매출액도 영업이익도 증가할 것으로 예상됐어. 그래서 2011년 예상 실적을 매출액 350억~400억 원, 영업이익 87억~100억 원,

	당기순이익 80억 원으로 전망했지. 예상 PER가 6~6.5였고.
선목	어떻게 이토록 장사를 잘하는지 궁금합니다. 회사 아이템 좀 상세히 알려 주시죠.
불곰	우선 이 회사의 메인 아이템부터 보자. ECM 칩을 조금 더 설명해 줄게. 우리가 휴대폰으로 통화할 때 음성을 주고받잖아? 내 휴대폰이 음성을 전기신호로 바꾸어 보내면, 상대방 휴대폰이 이 전기신호를 받아 다시 음성으로 변환해서 들려주지. ECM 칩은 바로 음성을 전기신호로 바꿔 주는 부품이야.
선목	그럼 음성 인식을 하는 모든 기기에 반드시 필요하겠네요.
불곰	응. 2000년대 초반까지만 해도 일본 회사에서 이 칩 시장을 독점했어. 그러다가 2008년에 알에프세미가 뛰어들면서 세계시장의 31퍼센트를 차지해. 그리고 불과 2년 만인 2010년에 무려 60퍼센트를 장악하지.
선목	중소기업이 대단하네요.

세계 ECM 칩 수요량

(단위: 백만 대)

제품	2008년	2009년	2010년	2011년	2012년
휴대폰	1,259	1,359	1,433	1,507	1,571
이어폰	1,259	1,359	1,433	1,507	1,571
기타	226	244	259	275	293
합계	2,744	2,962	3,125	3,289	3,435

출처: 산은경제연구소 산업이슈 자료를 (주)알에프세미에서 재정리

불곰   이 표 한번 보자. 세계 ECM 칩 수요량을 연도별로 정리한 거야. 2008년에 27억 대였는데 2012년에는 34억 대로 늘었지.

선목   수요량 자체가 무척 많고, 조금씩 늘어 왔다는 것도 알겠는데, 생각보다 성장률이 크지는 않네요.

불곰   응, 성장률이 10퍼센트 미만이기는 해. 그래서 시장이 포화상태라는 의견도 좀 있었지. 그래도 전망이 어두운 건 아니지?

선목   예, 그 당시의 휴대폰 증가율을 생각해 보면 조금씩이라도 계속 성장하긴 할 것 같습니다.

불곰   그렇지. 두 번째 아이템은 LED용 보호소자야. LED의 장점이 긴 수명이잖아? 그 이유가 바로 이 보호소자 때문이야.

LED용 보호소자 수요량

(단위: 백만 대)

구 분	2009년	2010년	2011년
LED TV 출하량 (수요 LED 수량)	3.3 (2,115)	22.6 (12,171)	52.2 (23,365)
노트북 출하량 (수요 LED 수량)	152 (1,127)	169 (6,774)	211 (9,460)
조명 및 기타 (수요 LED 수량)	2,320 (11,897)	3,016 (15,874)	4,072 (21,429)
합계 (수요 LED 수량)	2,475.3 (15,139)	3,411.6 (34,819)	4,335.2 (54,254)
LED용 TVS 다이오드 수요량	15,139	34,819	54,254

출처: 삼성증권 자료를 (주)알에프세미에서 재정리

불곰   이 LED 보호소자 수요량은 크게 증가하고 있어. 이 표를 보면 2009년 151억 대에서 2011년 542억 대로 급상승했잖아.

선목 알에프세미가 아이템을 아주 잘 선택하는 회사네요.

불곰 응, 늘 말했지만 나는 투자하기 전에 재무제표와 아이템을 꼭 보거든. 그러면서 아이템이 팔릴지 안 팔릴지 판단하지. 아이템이 잘 팔리면 당연히 실적이 좋겠지? 실적이 좋으면 주가는 결국 올라가게 되어 있어.

선목 뇌에 문신으로 새겨 놓겠습니다. 그럼 이제 매수 포인트 볼 차례인가요?

불곰 매수 포인트 첫 번째는 전형적인 성장 초기단계 회사라는 점이야. 앞으로 많이 성장하기 직전이지. 재무제표에서 이야기했던 25퍼센트가량의 영업이익률을 생각해 보면 그래. 매출만 늘면 엄청나게 클 수 있는 회사야. 그리고 예전에는 ECM 칩 하나로 성장을 도모했지만, 이제는 LED용 보호소자를 비롯한 다른 아이템들도 있어. 그렇다고 아이템 가짓수만 늘리는 회사도 아니야. 이제까지 걸어온 길을 보면, 아이템을 잘 내다보고 잘 만들어. 그런 회사가 아이템을 늘린다는 것은 그만큼 리스크는 줄고 매출은 늘 가능성이 크다는 뜻이지.

선목 좀 더 안정적으로 굴러가겠네요.

불곰 맞아. 두 번째 매수 포인트는 1차 성장엔진의 안정화. 조금 전에 이야기한 대로 ECM 칩 분야에서는 세계시장의 60퍼센트를 점유하고 있는 1위 업체잖아?

선목 예, 이 업계에 뛰어든 지도 얼마 안 된 기업인데, 생각할수록 신기합니다.

불곰 알에프세미가 이 시장을 장악할 수밖에 없었던 이유가 있어. 우선 불량품이 적어. 그러면서도 원가가 낮아서 다른 회사 제품들보다 15퍼센트 정도 더 싸. 일본 기업들도 못 따라오지.

선목 이 기세가 계속 유지될까요?

불곰 일반 ECM 칩만 있는 것이 아니라 고감도 ECM 칩도 자체 기술로 개발했어. 진입장벽을 계속 높이고 있는 거야. 그리고 제품 포장(packaging) 기술도 좋아. 세계에서 가장 작고 얇게 만들 수 있어. 이 1차 성장엔진이 캐시 카우(cash cow)가 되었지.

선목 메인 아이템이 아주 든든하네요. 이렇게 기술력이 있는 데다가 캐시 카우까지 보유하고 있으니 다른 아이템에도 안전하게 도전할 수 있겠네요.

불곰 응, 세 번째 매수 포인트가 바로 그 점과 관계가 있어. 바로 기술력을 바탕으로 한 신규사업 진출이야. 지금 추진하고 있는 것이 세 가지 정도인데, 그중에서도 'LED 드라이브 IC'가 주목할 만한 아이템이야.

선목 그게 뭔가요?

불곰 가정용 전압이 보통 220볼트잖아? 220볼트에서 LED를 사용하려면 감압을 해 줘야 하는데, 바로 이 드라이브 IC가 그런 역할을 하지. 2011년 당시에는 한창 개발하는 중이었고 2012년부터는 매출이 발생할 것이라 판단했어. 향후 크게 성장하리라고 기대해 볼 만한 아이템이야.

선목 그 당시에도 우리나라에 이미 있지 않았나요?

불곰 그때 있던 것들은 다 수입품이야.

선목 아하!

불곰	그럼 마지막 매수 포인트 기업의 꿈, 2차 성장엔진의 급성장.
선목	역시 ECM 칩 하나로는 뭔가 아쉬움이 있죠.
불곰	맞아, 안정적으로 성장하고 있기는 하지만 성장률이 크지는 않으니까. 2차 성장엔진의 급성장이 뒤따라 줘야 큰 성장이 가능해. 그리고 그럴 가능성이 커. 2010년에 삼성전자 1차 벤더로 선정되었거든. 삼성에게 꼭 필요한 사업 파트너라는 뜻이지.
선목	그 이유는 무엇인가요?
불곰	앞에서 설명한 LED용 정전기 보호소자, 그리고 패키지형 TVS 다이오드 때문이지. 이건 휴대폰을 비롯한 모든 통신기기를 전기적 충격으로부터 보호하는 부품이야. 아이템들이 대략 어떤 것인지는 알겠지?
선목	예, 그건 알겠는데요. 하지만 무엇이 얼마나 팔리고 있는지는 잘 모르겠어요.
불곰	ECM 칩은 알잖아?
선목	그것도 몇 대가 팔렸는지에 대한 표였지, 금액은 적혀 있지 않았잖아요.
불곰	이래서 내가 표를 준비했어.
선목	아, 그럼 처음부터 보여 주시지.
불곰	하하하, 바로바로 보여 주면 수업은 더 빨리 진행되겠지만, 네가 질문을 하게끔 만드는 것이 진짜 교육이지. 좋은 질문을 던지면, 좋은 답을 구할 수 있는 법이야.

아이템별 매출구조

(단위: 백만 원)

제 품	13(반)기 매출	비율	12기 매출	비율
일반 ECM Chip	12,835	77.20%	23,035	79.00%
고감도 ECM Chip	2,254	13.60%	4,857	16.70%
TVS Diode 외	1,537	9.20%	1,241	4.30%
합계	16,626	100%	29,134	100%

출처: 전자공시시스템

불곰   이 표는 알에프세미의 '아이템별 매출구조'야. 2010년 12기에는 TVS 다이오드 및 다른 제품들의 매출액이 12억 원이야. 비율이 4.3퍼센트밖에 안 돼. 근데 2011년 13기에는 반기까지만 해도 벌써 15억 원이지. 비율도 9.2퍼센트로 늘었고.

선목   예, 메인 아이템인 ECM 칩보다 성장세가 빠르네요. 근데 ECM 칩은 매출이 줄었네요?

불곰   무슨 소리야? 2011년 것은 반기 실적이라니까. 조금씩은 성장하고 있어. 2010년 일반 ECM 칩과 고감도 ECM 칩의 매출 합계가 278억 원이고, 비율은 95퍼센트가 넘어. 2011년 반기에도 두 제품의 매출 합이 150억 원 남짓이고, 비율도 90퍼센트가 넘지. 여전히 메인 아이템이야.

자, 이제 그래프 한번 볼까?

거래량이 많았던 ①에서는 가격이 엄청 올랐지. 그리고 거래량이 줄면서 가격이 계속 떨어졌어(②). 그래서 내가 ③에서 매수 추천을 했지. 회사는 탄탄하고 좋은 아이템들도 보유하고 있는데, 주가는 이만큼이나 내렸어. 주식을 이제 배우기 시작한 네가 봐도 이때가 타

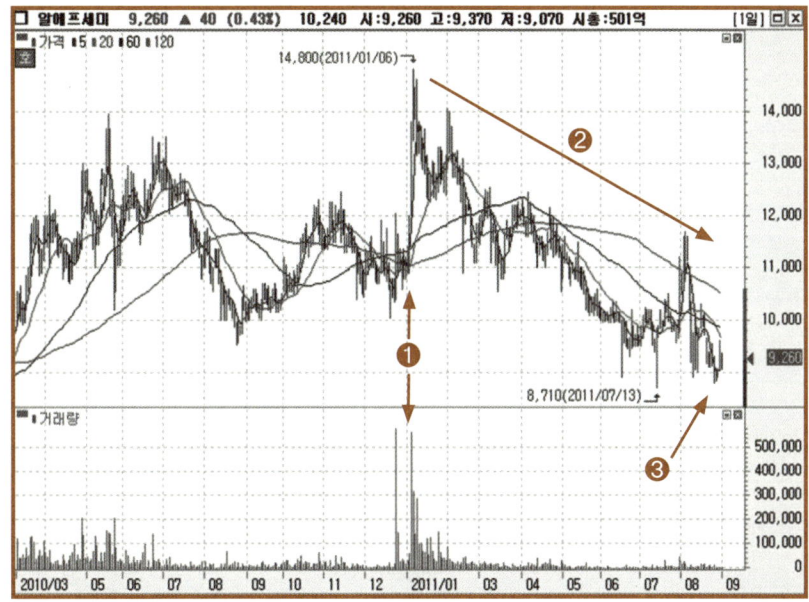

출처: 삼성증권

이밍이지?

선목   예, 이건 뭐 가장 이해하기 쉬운 그래프네요. 질문할 것도 없네요, 하하. 바로 '매도 포인트'로 넘어가시죠.

불곰   투자수익률 101퍼센트에 배당수익률 1퍼센트를 더해서 최종 수익률 102퍼센트. 2011년 예상 실적이 거의 다 맞았어. 매출액 370억원, 영업이익 96억 원, 당기순이익 74억 원. 당기순이익 빼고는 다 맞혔지?

선목   당기순이익도 거의 맞혔네요.

불곰   시가총액이 1000억 원인데 당기순이익이 74억 원이니 PER가 13.5지?

선목   그럼 주가가 적정 가격이겠네요.

| 불곰 | 맞아. 그 당시 재무제표를 정리해서 이야기해 주자면, 자산총계가 613억 원, 부채총계가 205억 원, 자본총계는 408억 원이었어. 그리고 방금 말한 대로 시가총액은 1000억 원이었고. 이 정도면 팔 때가 됐어. 많이 올랐고, 적정 가격이니 파는 거지. |

| 선목 | 성공한 케이스일수록 매도 포인트는 짧군요? |
| 불곰 | 응, '올랐습니다. 팔겠습니다'지 뭐, 하하. |

불곰의 알에프세미 투자 포인트

매수

1. 재무제표: 부채비율이 낮고, 꾸준한 성장세를 보인다. 전형적인 성장 초기단계 회사로, 급성장할 가능성이 크다. 낮은 예상 PER.
2. 1차 성장엔진의 안정화: 낮은 불량률과 저렴한 가격으로 세계 ECM 칩 시장의 60%를 차지했으며, 높은 기술력으로 진입장벽을 계속 높이고 있다.
3. 기술력을 바탕으로 'LED 드라이브 IC' 등의 신규사업에 진출할 계획이다.
4. 2차 성장엔진의 급성장: LED용 정전기 보호소자, 패키지형 TVS 다이오드 등을 통해 2010년 삼성전자 1차 벤더로 선정되었다.
5. 낮은 주가.

매도

1. PER 13.5로 주가가 적정 가격에 이르렀다고 판단했다.
2. 수익 확보.

11

매도 11호 대성파인텍

종목코드 104040
매수일 2011년 11월 17일
매도일 2012년 4월 15일
최종 수익률 +102%

불곰 10호 29번째 추천 종목
매수가 2,710원
매도가 5,400원

선목 다음 강의 종목은 무엇인가요?

불곰 자동차 부품회사야.

선목 자동차도 휴대폰처럼, 현대자동차 같은 큰 회사들이 메인 부품을 만들고, 작은 부품들은 다른 작은 회사들이 만드는 건가요?

불곰 맞아. 종목명은 '대성파인텍'. 설립일은 1988년, 당시 이름은 '대성정밀'이었어. 2000년에 법인으로 전환했고, 2009년 1월 코스닥에 상장했어. 주요 아이템은 딱 하나, '파인 블랭킹(fine blanking)' 금형 제작 및 금형을 이용한 제품 생산이야.

선목 파인 블랭킹이 뭔가요?

불곰 자, 이 사진들을 봐.

 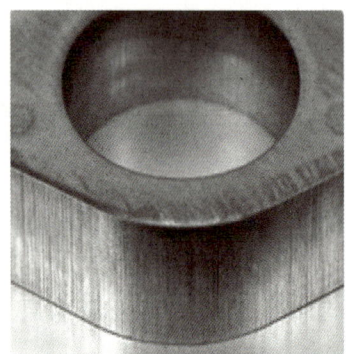

노멀 스탬핑(normal stamping)   파인 블랭킹(fine blanking)

출처: (주)대성파인텍 홈페이지

선목   사진을 보니 대충 감이 오네요.

불곰   이렇게 자르는 걸 '전단 공정'이라고 하는데, 이 공정이 워낙 정밀해서 후가공이 필요 없는 것을 '블랭킹(blanking)'이라고 해. 오른쪽 사진처럼 자름과 동시에 정밀하고 깨끗하게 되는 것이 '파인 블랭킹'이지.

선목   후속 공정이 없으니 인력과 원가가 줄어들고 정밀도는 높겠네요?

불곰   그렇지. 이 기술을 가지고 어떤 부품들을 만드는지 자세히 알아볼까? 옆 페이지 사진에서 ①에 들어가는 것을 '시트 리클라이너(seat recliner)'라고 하는데, 자동차 의자의 등받이를 조절하는 부품이야. 높은 정밀도가 필요하지. 자동차는 안전 문제가 가장 중요하잖아? 등받이가 갑자기 고장 나거나 사고가 날 때 잘못 젖혀지면 목숨을 잃을 수도 있지. 이런 일을 방지하려면 튼튼하고 정밀해야 해.

선목   정밀하지 않으면 '안전 테스트'를 통과하지도 못하겠네요. 이게 메

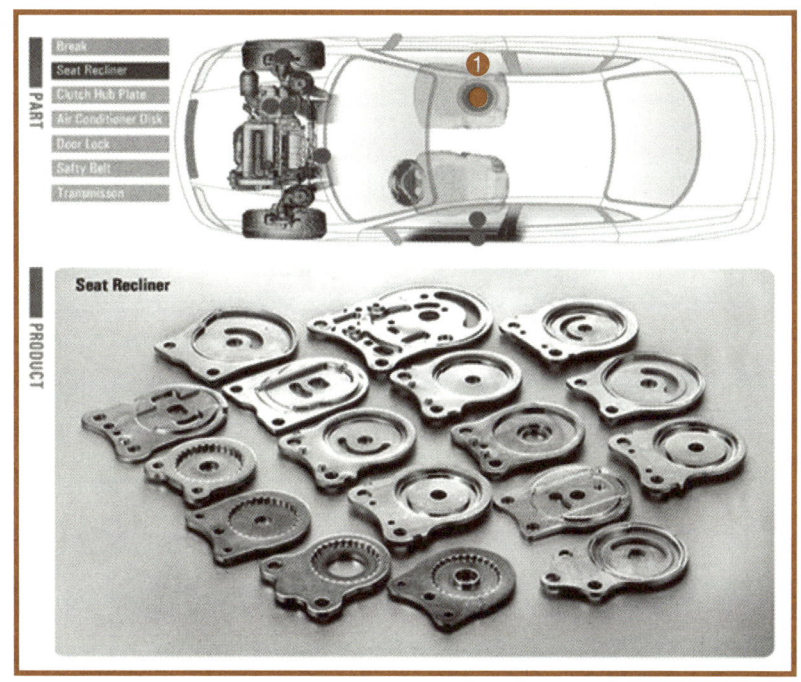

출처: (주)대성파인텍 홈페이지

인 아이템인가요?

불곰   이것과 '도어락(door lock)'이 매출의 60퍼센트를 차지하고 있어. 다음 페이지 사진을 봐. ①에 들어가는 부품이 도어락이야. 당연히 문이 잘 닫히고 열리도록 만들어야겠지?

선목   메인 아이템들 말고 또 어떤 것들이 있나요?

불곰   안전벨트(②), 클러치(③), 기어를 바꾸는 트랜스미션(④), 에어컨(⑤), 브레이크(⑥) 등에 들어가는 부품들을 생산하지.

선목   무척 정밀하고 내구성 좋은 부품들을 만드는군요.

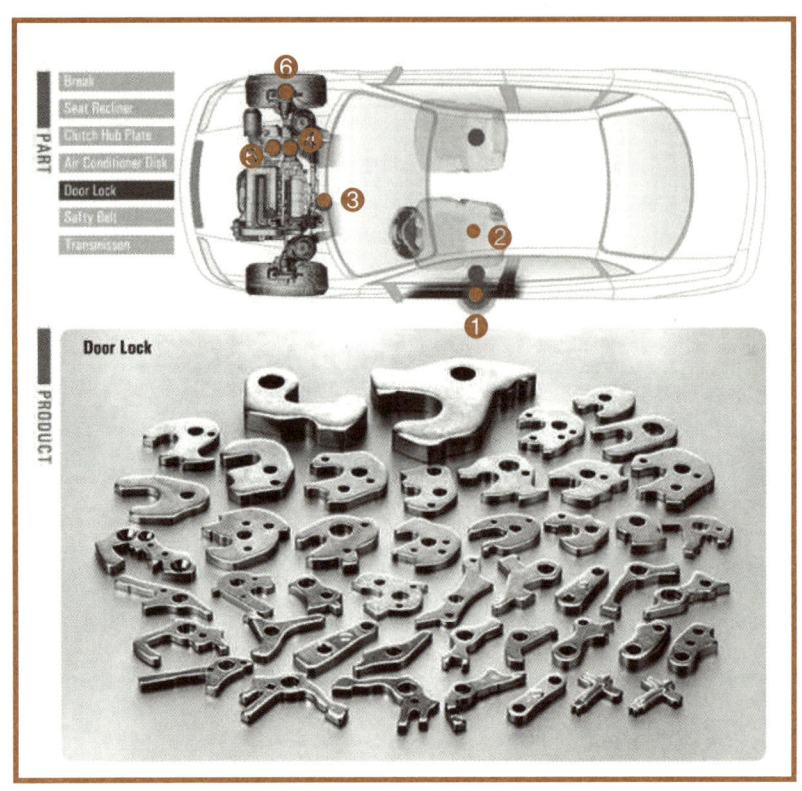

출처: (주)대성파인텍 홈페이지

불곰   사람의 생명이 달린 부품이니 고난이도 기술이 필요하지. 재무제표로 넘어갈까?

우선 이 회사의 시가총액은 141억 원이야.

선목   왜 이렇게 작아요?

불곰   초소형주지. 당시 불곰주식연구소에서 추천한 것 중 가장 규모가 작은 종목이었어. 그래도 성장성이 보였기에 추천했지. 2010년 자산이 319억 원, 부채가 138억 원, 자본이 181억 원이니 부채비율이

재무제표(일부)

(단위: 백만 원)

	2010	2009	2008	2007	2006
자산총계	31,998	28,659	22,327	21,629	19,685
[유동부채]	9,776	7,592	4,284	4,621	4,372
[비유동부채]	4,080	4,881	5,157	5,469	5,877
부채총계	13,856	12,473	9,441	10,090	10,249
[자본금]	2,604	1,447	1,222	1,222	1,222
[자본잉여금]	130	1,287	271	271	271
[자본조정]	△0.5				
[기타포괄손익누계액]	△8	△39	△189	60	△101
[이익잉여금]	15,416	13,491	11,582	9,986	8,044
자본총계	18,142	16,186	12,886	11,539	9,435
매출액	22,959	14,390	16,545	15,899	13,958
영업이익	2,267	1,693	1,611	2,096	1,714
계속사업이익	2,548	1,663	1,931	2,332	719
당기순이익	2,143	1,909	1,596	1,941	373

출처: 전자공시시스템

양호하지? 매출액을 보면, 2006년 139억 원에서 2010년 229억 원으로 늘었고.

선목 2009년에는 조금 줄었네요?

불곰 하지만 2010년에는 크게 성장했지. 영업이익을 봐도 전년에 비해 줄어든 적은 있어도 회사가 휘청할 정도는 아니잖아? 당기순이익도 마찬가지고. 더 중요한 건 2010년, 즉 추천 당시의 실적이 다른 해에 비해 아주 좋다는 점이야. 2011년에는 더 크게 성장할 것이라고 예상할 수 있지.

선목　그래도 다소 들쭉날쭉하다는 점이 마음에 걸리네요.

불곰　흠, 그렇다면… 2000년에 법인으로 전환했다고 했잖아? 그 이후로 적자가 난 적이 한 번도 없어. 자, 어때?

선목　불안감이 말끔히 사라졌습니다.

불곰　오케이. 그럼 2011년 11월에 추천했으니, 2010년 3사분기와 2011년 3사분기를 비교해 보자.

기간	실적	비고
2010년 12기 3사분기	매출액 168억 원 영업이익 23억 원 당기순이익 17억 원	배당 100원
2011년 13기 3사분기	매출액 224억 원 영업이익 30억 원 당기순이익 25억 원	
2011년 13기 예상	매출액 280억~290억 원 영업이익 35억 원 당기순이익 30억 원	

출처: 전자공시시스템

불곰　매출액이 2010년 3사분기에 168억 원, 2011년 3사분기에 224억 원이니 많이 늘었지? 영업이익과 당기순이익도 상당히 늘었고. 2010년에 배당을 주당 100원씩 했으니까 매출액이 더 느는 2011년에도 적어도 100원은 하겠지?

선목　네, 2011년 예상 실적이 아주 좋군요.

불곰　이것도 보수적으로 잡은 거야. 그럼 PER가 얼마지?

선목　시가총액이 141억 원이니, PER가 4~5 정도네요. 굉장히 낮군요.

불곰　그렇지? 법인으로 전환하고 나서 적자를 한 번도 낸 적이 없고, 당

	기순이익도 계속 성장 중인 데다 상장한 후 매출액이 급속히 느는 추세여서 전망도 밝지.
선목	알찬 회사네요. 그럼 매수 포인트로 넘어가시죠.
불곰	매수 포인트 첫 번째, 전형적인 길목투자 종목이야. 불곰이 연어를 기다리듯이 하면 돼. 주가는 계속 하락하는데 실적은 좋아지고, 심지어 성장성도 좋지.
선목	실적이 좋다면 당연히 주가도 올라야 하는 것 아닌가요?
불곰	시장에서 관심을 못 받고 있는 거지. 남들이 관심을 안 가질 때 조용히 매수하고 기다리면 돼. 두 번째는, 내가 앞에서도 언급했듯이, 단 한 번도 적자를 내지 않은 경쟁력.
선목	아까부터 궁금했는데, 단 한 번도 힘들지 않았던 비결이 뭘까요? 기술력이 있다는 것은 알겠는데, 그런 회사들도 가끔씩 힘들 때가 있잖아요?
불곰	기술력도 중요하지만, 팔 곳들, 그러니까 거래선이 확실해야지.
선목	거래선이 어디인가요?
불곰	우리나라에서 '완성차'를 생산하는 모든 기업에 납품하고 있어. 현대자동차, 기아자동차, 르노삼성자동차, 대우자동차, 쌍용자동차… 여기서 끝이 아니라 BMW, GM, 닛산, 폭스바겐에도 납품하지. 특히 2011년에 폭스바겐이 대성파인텍을 글로벌 아웃소싱 기업으로 선정했어. 이렇게 거래선이 많다는 것 자체가 기술력이 뛰어나다는 뜻이지. 이 정도면 '기술력'을 넘어선 '장인정신'이라고 할 수 있지. 최고 수준의 금형 전문가 15명이 이 회사에 있어. 사장도 이 길을 30년 동안 걸어온 장인이고.

선목 15명이면 많은 건가요?

불곰 많다면 많고 적다면 적은데, 여기 종업원 수가 100명 남짓인데 그 중 전문가가 15명이야. 그만큼 기술력에 신경 쓴다는 말이고, 그 결과 세계적인 기술력을 가지게 됐지.

선목 여기서 질문, 기술력도 중요하지만 가격 문제도 있지 않습니까? 가장 좋은 제품이라고 해서 가장 잘 팔리는 건 아니잖아요? 기술력에 비해 싸야 되는 것 아닌가요?

불곰 대성파인텍은 가격 경쟁력도 좋아. 금형 기술이라고 하면 스위스가 유명한데….

선목 그러니 시계를 그토록 잘 만들겠죠?

불곰 응, 그다음이 한국과 일본인데, 대성파인텍의 기술력은 일본과 비슷하거나 더 나아. 그리고 수주물량도 더 많은 이유가 바로 가격 경쟁력이야.

선목 아, 그러고 보니 닛산에도 납품한다고 하셨죠?

불곰 맨 처음에 이야기했듯이 파인 블랭킹 기술 때문에 후속 작업이 필요 없잖아? 그래서 웬만한 다른 업체들보다 가격이 3분의 1 정도 더 싸. 기술 수준은 비슷한데 가격은 더 싸다면?

선목 그럼 게임 끝이죠. 근데 파인 블랭킹 기술이 대성파인텍에만 있나요?

불곰 그런 건 아니야. 프레스 기계는 일본이나 독일제인데, 이 기계를 사용하는 회사는 아마 국내에도 2~3개 있을 거야.

선목 그럼 그 회사들도 같은 수준의 기술력이 있는 것 아닌가요?

불곰 중요한 건 같은 기계로 해도 같은 품질의 제품이 나오지 않는다는 점이야. 고급 사시미칼만 있다고 해서 누구나 회를 잘 뜨는 건 아니잖아? 똑같은 자동차를 운전해도 카레이서가 일반인보다 빠르지 않겠냐?

선목 그렇군요.

불곰 그 프레스 기계를 이용한 금형의 제작과 설계가 중요해. 15명의 장인이 괜히 있는 게 아니야. 그리고 그 프레스 기계를 수입한 회사들 중에서 대성파인텍만 상장했어. 발전 가능성이 더 크다는 뜻이지.

선목 이해 완료!

불곰 세 번째 매수 포인트, '앗쎄이'.

선목 일본말인가요?

불곰 아니, 사실은 나도 몰랐는데 대성파인텍 관계자가 계속 '앗쎄이', '앗쎄이' 하더군. 알고 보니 '어셈블리(assembly)'라는 말이었어.

선목 어셈블리 라인(assembly line), 그러니까 조립 라인을 가리키는 건가요?

불곰 맞아, 부품만 만드는 데서 더 나아가 조립완성품을 만드는 게 이 회사의 꿈이야. 기계 부품만 만들면 마진이 크지 않아. 예를 들어 자동차 시트에 들어가는 부품만 만드는 것보다는 시트 자체를 만드는 것이 더 돈이 되겠지? 이런 완성품을 만들어야 1차 벤더가 될 수 있어. 현재는 2차 벤더야. 예를 들면, BMW에 바로 부품을 납품하는 것이 아니라 조립완성품을 만드는 '매그나'에 납품하고 있어.

선목 '매그나'라는 회사는 우리나라로 치면 모비스 같은 곳인가요?

불곰 잘 알고 있네. 직접 납품하는 게 대성파인텍에 더 유리하겠지?

선목 예, 매수 포인트도 정리가 잘 됐네요. 자동차 관련 종목이어서 잘 이해하지 못할 줄 알았는데, 역시 형님은 쉽게 가르쳐 줘서 좋아요.

불곰 하하, 열심히 배워 줘서 고맙다. 매수 포인트는 이 정도로 정리됐으니, 그래프를 한번 보자.

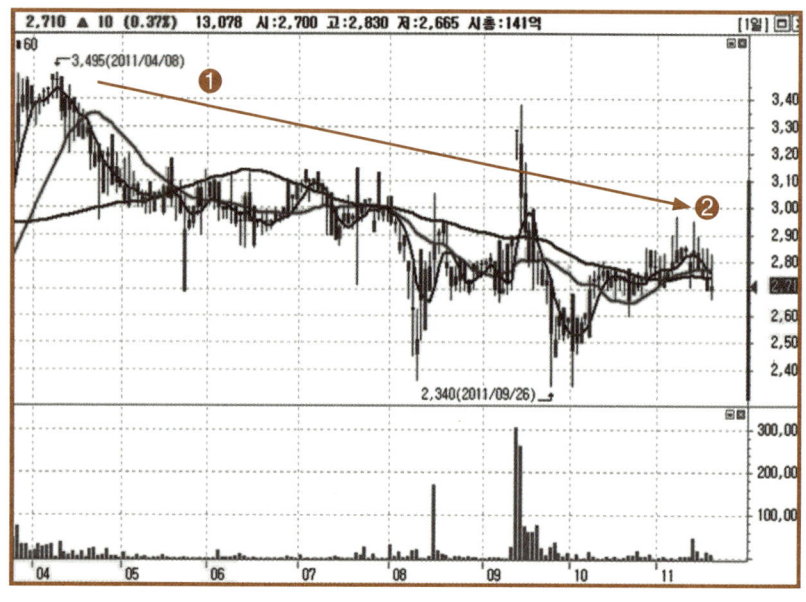

출처: 삼성증권

불곰 3월에 3,495원으로 정점을 찍고 쭈욱 떨어져서(①) 2,710원이 됐지(②). 계속 내려가는 상태야. 당장 올라갈 일이 없으니까 급하게 살 필요가 없지. 마음을 느긋하게 먹고 저가에 매수하면 그만이었어. 쉽지?

선목 살 만한 타이밍이었네요. 생각할수록 신기하군요. 회사는 잘나가고 있는데, 가격은 계속 떨어지다니. 바로 매도 포인트를 봐도 되겠습니다.

불곰 최종 수익률이 102퍼센트였어. 투자수익률 99퍼센트에 배당수익 3퍼센트였지.

선목　5개월 만에 100퍼센트 넘게 수익률이 나온 건가요?

불곰　150일 정도인가? 좀 빠르게 오르긴 했지. 그래프 보면서 설명해 줄게.

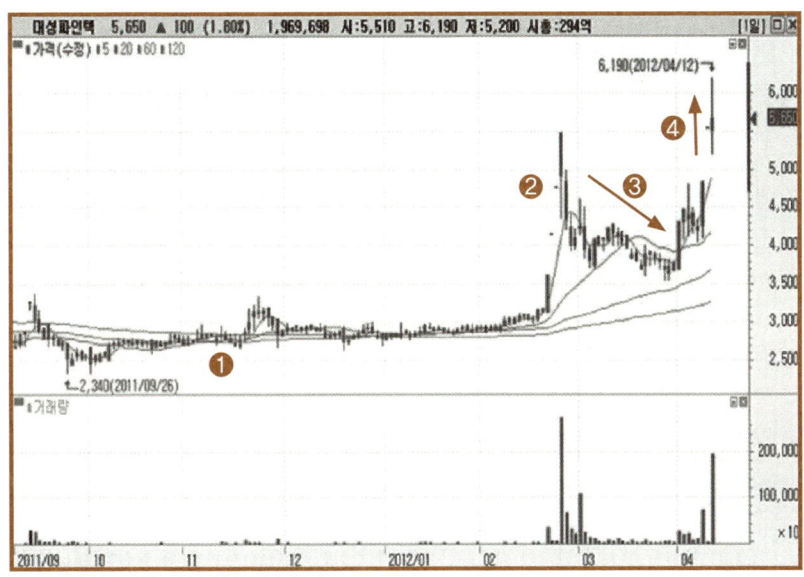

출처: 삼성증권

불곰　①쯤에서 2,710원일 때 매수를 추천했지. 그리고 2012년 2월 말쯤 급등해서 매도할까 했는데 바로 떨어지더군(②). 급락하긴 했지만, 조짐을 보니 다시 오를 것 같아서 기다렸지. 거의 3,500원까지 내려가더라고(③).

선목　불안하지 않으셨어요?

불곰　주가는 원래 오르락내리락한다니까. 회사에 문제가 있었던 건 아니니 다시 기다린 거지. 그러다가 테마주가 되면서 갑자기 다시 급등했어(④).

선목 더 오를 수도 있는 것 아닌가요?

불곰 너무 욕심 부리면 안 돼. 테마주가 됐다고 해서 끝없이 오르는 것도 아니고. 이 정도면 만족할 만하잖아?

선목 네, 그렇죠.

불곰의 대성파인텍 투자 포인트

매수

1. 재무제표: 성장세. 낮은 예상 PER. 전형적인 길목투자 종목.
2. 2000년 법인으로 전환한 후 한 번도 적자를 내지 않은 경쟁력: 최고의 기술력과 낮은 가격으로 국내외 여러 완성차 업체에 안정적으로 납품하고 있다.
3. 조립완성품을 만들어 1차 벤더가 되는 것을 목표로 하고 있다.
4. 낮은 주가.

매도

1. 수익 확보.
2. 테마주가 되었다.

12
매도 12호 메디톡스

종목코드 086900
매수일 2011년 3월 22일
매도일 2012년 5월 3일
최종 수익률 +98%

불곰 6호 16번째 추천 종목
매수가 24,000원
매도가 47,250원

불곰 이번 수업 종목은 여성 미용과 관련된 거다.

불곰이 얼굴에 주사를 놓는 시늉을 했다.

선목 아, 보톡스?

불곰 정확히는 '보톡스'가 아니라 '보툴리눔 톡신(botulinum toxin)'이야. 근육을 마비시켜 수축하게 만드는 '균주'지.

선목 톡신? 독인가요?

불곰 독도 잘 사용하면 약이지. 맞으면 주름도 없어지고 사각턱도 좀 완화돼. '나잇살을 없애 주는 주사'라고 생각하면 돼.

선목 한 번만 맞으면 영원히 젊어지는 건가요?

불곰 그렇진 않고, 6개월 정도 지나면 원래 모습으로 돌아온대.

선목 그럼 한 번 맞으면 계속 맞아야 하나요?

불곰 반드시 그래야 하는 건 아닌데, 한 번 맞으면 다시 젊어지고 싶어서

	6개월마다 맞는 사람들이 많대.
선목	아름다워지고 싶은 욕심이란 끝이 없으니 그렇겠네요. 근데 왜 '보톡스'가 아니라는 거죠? 콩글리시예요?
불곰	'보톡스'는 1996년에 등록된 미국 엘러간 사의 제품 이름이야. 가장 유명한 제품이어서 '미원'처럼 보통명사가 됐지. 전 세계 시장의 80퍼센트를 장악하고 있어.
선목	그럼 한국에서도 1등이겠네요?
불곰	아니, 한국에서는 2등이야. 1등은 바로 오늘 공부할 메디톡스의 '메디톡신'이지. 2006년에 등록된 제품인데, 시장점유율은 35~37퍼센트로 보톡스보다 조금 더 높아. 3위는 젤라틴이 들어 있는 BTXA(중국)로, 2002년에 등록됐고 시장점유율은 12퍼센트야. 4위는 1999년에 등록된 디스포트(프랑스)인데 시장점유율이 11퍼센트지. 유럽에서는 1위야.
선목	국내시장만이라고 해도 후발주자가 1위인 것은 대단하네요.
불곰	보톡스와 동일한 균주를 쓰면서 가격은 더 싸.
선목	아무래도 국산이어서 유리한 점도 있지 않을까요?
불곰	무슨 소리! 엄연한 의약품인데 애국심에 호소한다고 팔리겠냐? 분명히 좋은 제품이라는 증거지. 추천할 당시에 벌써 20개국에서 등록을 완료했을 정도로 세계적으로 인정받은 제품이야. 한국, 홍콩, 인도, 태국, 우크라이나, 아제르바이잔, 조지아, 콜롬비아, 페루, 볼리비아, 과테말라, 니카라과, 파나마, 도미니카공화국, 코스타리카, 엘살바도르, 브라질, 칠레, 우즈베키스탄, 카자흐스탄… 휴, 숨차네.
선목	여기 물 한 잔 드세요, 하하.

불곰은 벌컥벌컥 물을 들이켰다.

불곰 등록을 신청한 국가도 30개국이 더 있었고, 2015년 미국 FDA 허가를 목표로 하고 있었어.

선목 그럼 전 세계 시장점유율은 어떤가요?

불곰 그 당시 1.8퍼센트였어.

선목 너무 낮은 것 아닌가요?

불곰 품질이 좋다는 점을 생각해 보면 발전할 가능성이 무궁무진하지. 다른 종목들 공부할 때도 시장점유율은 낮지만 회사가 문제없고 제품이 탁월한 경우 좋은 결과를 보였던 적이 많았잖아? 그 당시 시장점유율이 높았다면 저가 매수가 불가능했겠지. 세계적으로 유명해지기 전에 매수해야 좋지. 잊지 마라, 우리나라 성형수술로 유명하다.

선목 음… 다시 말해, 문제가 있어서 시장점유율이 낮은 게 아니라 아직 시장점유율이 높아지기 전일 뿐이라는 거죠?

불곰 응, 메디톡신이 세계시장의 10퍼센트 이상을 차지하고 있었다면 주가가 이미 많이 올라 있었겠지? 그럼 내가 추천하지 못했겠지. 자,

기간	실적	비고
2009년 10기	매출액 171억 원 영업이익 87억 원 당기순이익 88억 원	
2010년 11기	매출액 210억 원 영업이익 106억 원 당기순이익 103억 원	PER 13
2011년 12기 예상	매출액 240억 원 영업이익 120억 원	

출처: 전자공시시스템

이제 본격적으로 메디톡스라는 회사를 알아보자. 설립일은 2000년 5월, 상장일은 2009년 1월. 앞 페이지의 재무제표를 볼까?

매출액이 2009년에 171억 원이었다가 2010년에 210억 원으로 22퍼센트 정도 성장했어. 당기순이익은 18퍼센트 정도 늘었고. 여기서 눈여겨볼 것은 영업이익이야. 매출액은 그렇게 크지 않지만 영업이익률이 50퍼센트 정도잖아. 우리나라 상장기업 중에서 이렇게 영업이익률이 높은 곳은 많지 않아. 배당도 300원씩 했지. PER는 13 정도야.

선목 영업이익이 엄청나네요. 그런데 PER는 좀 높은 편이군요.

불곰 어, 하지만 성장성도 좋고 아이템도 유망하니까 괜찮아. 기업 탐방을 통해서 2011년 실적을 예상해 보니 매출액은 240억 원, 영업이익은 120억 원 정도였어.

선목 영업이익률이 높은 이유는 원가가 낮기 때문인가요?

불곰 응. 예를 들어 2005년에 엘러간 사의 매출이 1조 원이었는데, 조금 과장해서 말하자면 보툴리눔이 1그램밖에 안 들어가. 계속 배양하는 거야. 원가는 이 배양하는 비용이겠지. 신기하지?

선목 입이 안 다물어지네요, 하하.

불곰 자, 그럼 매수 포인트로 넘어가 보자. 첫 번째, 메디톡스 CEO의 경영 마인드.

선목 예전부터 궁금했는데, 그런 마인드는 어떻게 알 수 있는 건가요?

불곰 그야 당연히 경영하는 모습을 보면 알 수 있지. 메디톡스의 국내 판매책은 태평양제약이야. 태평양제약이 수익을 더 많이 가져가지.

선목 메디톡스는 공급책이고요?

불곰 그렇지.

선목 아니 그럼, 계약을 다시 맺든가 다른 큰 회사와 계약하면 수익을 더 많이 가져갈 수 있지 않을까요?

불곰 메디톡스가 2000년 5월에 설립됐다고 했잖아? 2001년 9월에 태평양제약과 국내 판매책 계약을 맺었어. 2001년 7월에 메디톡스가 독소연구소를 차렸는데, 태평양제약이 키워 줬거든. 그때만 하더라도 메디톡스는 아이디어만 있는 벤처기업이었어. 태평양제약이 메디톡스를 믿어 줬으니, 메디톡스는 배신하지 않고 끝까지 함께 가는 거지. 이런 의리, 이런 마인드는 좋은 거야.

선목 의리도 좋지만, 비즈니스는 비즈니스 아닌가요?

불곰 반대의 경우를 알려 줄게. 바로 '보톡스'를 만든 엘러간인데, 1996년에 등록해서 2008년까지 독보적인 국내 판매 1위였어. 이때만 해도 판매책은 대웅제약이었지. 근데 2009년에 엘러간에서 직접 팔기 시작했어. 그 일이 바로 메디톡스한테 기회가 되어 국내시장 1위를 차지했지. 의리를 지킨 자에게 복이 온 거야. 너 이런 질문하니까 이상하다? 나중에 비즈니스는 비즈니스라며 형 배신할 거 아니지?

선목 설마요, 죽으나 사나 같이 갑니다.

불곰 하하, 그래. 수업으로 돌아와서, CEO 마인드가 좋다는 것을 또 어떻게 알았냐면, '자기주식처분'이 있었어.

선목 그건 뭔가요?

불곰 이 회사의 경우에는 2010년 10월 5일에 1만 5450주를 팔았는데, 목적이 '주식매수선택권 행사에 따른 자기주식 교부'였어.

선목 어라, 신주발행 같은 것 아닌가요? 그러면 주주들이 손해를 입잖아

	요?
불곰	아니, 신주발행을 한 게 아니라 자기가 원래 가지고 있던 주식을 행사자한테 이체한 거야. 주주 중심의 경영을 하는 회사라는 뜻이지. 이런 태도를 알 수 있는 또 다른 조치는 '현금배당'이야. 바이오회사들 중에서는 배당하는 곳이 많지 않지만 메디톡스는 시행했어. 역시 주주를 위한 경영을 하겠다는 의지가 보이지.
선목	멋있네요.
불곰	그렇지? 매수 포인트 두 번째는 생물무기 금지협약. 바이오테러를 막기 위한 협약이지. 보툴리눔은 생물학 무기로 쓰일 수도 있는데, 'ATCC'라는 균주 배포 협회가 보툴리눔 균주를 배포하는 것을 금지했어. 나쁜 용도로 쓰일 수도 있으니 아무나 생산하지 못하게 한 거지. 이게 맹독성 단백질 원료제품이어서 나라별로 정부의 허락이 필요해. 이런 진입장벽이 몇 가지 있어. 그러니까 새로운 경쟁자들이 많지 않을 것으로 볼 수 있겠지?
선목	그러네요.
불곰	매수 포인트 세 번째는 '치료제 시장'이야. 이게 치료용으로도 쓰일 수 있거든. 우리나라의 경우에는 미용 시장이 80퍼센트, 치료제 시장이 20퍼센트야. 하지만 2009년 미국에서는 미용이 46퍼센트, 치료제가 54퍼센트였어. 사실은 원래 치료용으로 개발되었는데, 미용에도 효과가 있어서 시장이 넓어진 거야.
선목	이걸로 뭘 치료하나요?
불곰	근육의 움직임과 관련된 모든 증상에 쓰일 수 있어. 예를 들어 소아 뇌성마비 환자의 뒤틀린 팔다리 근육을 이완시켜 주지. 2011년

하반기에 이 치료제가 나올 것이라고 했어. 엘러간의 보톡스는 만성 편두통도 치료할 수 있다고 하더군. 그러니 치료제 시장이 엄청나게 성장할 가능성이 있어. 메디톡스도 여러 가지 치료용 제품을 만들 수 있겠지?

선목 예, 시장이 확 커지겠네요.

불곰 마지막 매수 포인트 메디톡스의 꿈, 2015년 미국 FDA 신약 등록!

선목 추천하셨을 때가 2011년인데, 너무 먼 이야기 아닌가요?

불곰 이 회사는 계속 성장하고 있는데 저평가되어 있어. 더구나 매출이 조금씩 성장을 하더라도 영업이익률이 50퍼센트니, 설사 꿈이 빨리 이루어지지 않는다고 해도 초조해할 필요는 없지.

선목 추천했을 당시에 실현 가능성이 어느 정도였나요? 등록하는 데 비용도 무척 많이 들 것 같은데요?

불곰 신약 등록 비용은 정말 막대하지. 800억에서 900억 원은 들어. 하지만 제약업계 특성상 확실한 가능성이 보이면 투자자들은 나타나. 프랑스 보톡스 회사인 디스포트를 예로 들어 줄게. 이 회사가 미국 FDA에 등록을 하면서 제약회사인 메디시스에 미국, 일본, 캐나다 판매권을 팔았어. 메디시스가 7500만 달러를 디스포트에 지불하고 앞으로 발생하는 순매출의 30퍼센트를 로열티로 가져간다는 조건이었지. 유럽을 장악한 디스포트의 기술력을 보고 메디시스가 그만한 돈을 쓴 거야.

선목 와, 시장이 앞으로 얼마나 커지길래요?

불곰 2016년 보톡스 시장 규모가 3.3조 원이야. 기꺼이 투자할 만하지 않나? 이런 시장에 메디톡스도 디스포트처럼 파트너를 잘 잡아서

	진출해야지.
선목	서로 손해 보는 장사는 아니네요. 메디톡스는 어떤 신약을 개발 중인가요?
불곰	메디톡스의 목표는 신약의 안전성을 더 높이는 거야. 그리고 동결건조제형이었던 기존 제품을 용액제형으로 바꾸려고 해. 또 예전에는 냉장보관을 해야만 했는데 상온에서도 문제가 없도록 만들려고 해. 용액제형으로 바뀌고 상온보관이 가능해지면 뭐가 좋을까?
선목	편의성이 증가하겠죠.
불곰	맞아, 더 안전하고 더 편리한 신약이 나오지. 전 세계에 보툴리눔 톡신 제품은 여섯 가지밖에 없어. 경쟁이 심하지 않아. 800억~900억 원으로 3.3조 원 시장에 진입할 수 있으니 다국적기업이 눈독을 들이지 않을까? 파트너가 자연스럽게 따라붙는 거지.
선목	매수!

나는 로또에 당첨된 것처럼 크게 소리쳤다.

불곰	깜짝이야! 하하하. 이 당시 메디톡스 주가가 하락해 있었으니 매수하기에 아주 좋은 시기였지. 그럼 그래프를 보기 전에 '매도' 결과부터 이야기해 줄게. 투자수익률 97퍼센트에 배당수익 1퍼센트가 더해져 최종 수익률이 98퍼센트였어.
선목	이번에도 높네요. 100퍼센트 수익률이 정말 쉬운 게 아닐 텐데, 형님은 진짜 주식 천재입니다.
불곰	그런 말 마라. 매도한 뒤에 엄청 올랐다, 흐흐. 600,000원 넘게 올랐어.
선목	헉….

| 불곰 | 메디톡스가 신약을 가지고 2013년 9월에 엘러간과 4000억 원대의 차세대 기술수출 계약을 맺었거든.
| 선목 | 형님이 늘 말하시던 기업의 꿈이 완벽하게 실현됐군요.
| 불곰 | 그래도 수익률 100퍼센트 정도면 만족할 만하니까 여기서 팔고 다른 종목을 사는 것이 더 유리하다고 생각했지. 나도 미래는 어떻게 될지 몰라. 그저 '가치투자를 지향하면서, 잘 분석하고 저가에 투자해서 운을 조금이라도 더 좋게 만들자'는 생각뿐이야. 주가가 어떻게 될지 안다고 말하는 건 사기야. "실적이 이렇고 회사 상황이 저렇고 하니 주가는 오를 것으로 예상됩니다" 하는 게 솔직한 답변이지.
| 선목 | 맞습니다. 근데 너무 잘 맞아서 신기하기는 합니다.
| 불곰 | 어쨌든 그래프 한번 보자.

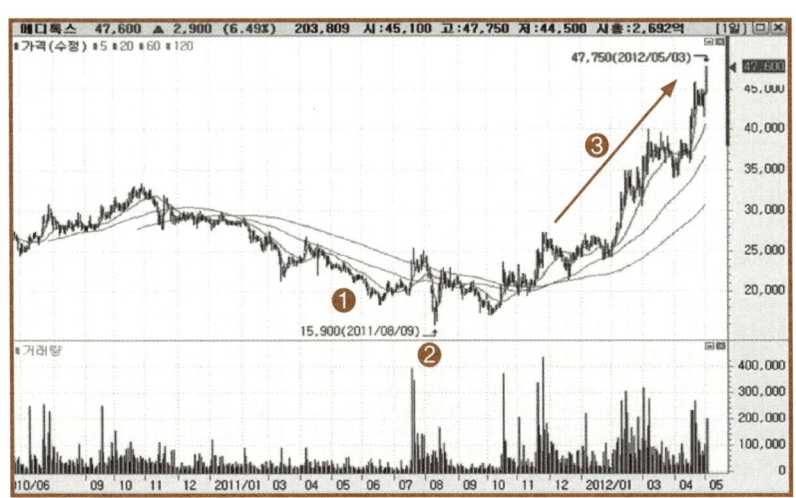

출처: 삼성증권

| 불곰 | ①에서 추천했어. 그 당시에도 꽤 떨어진 상태지? 그런데 ②에서

선목	사람들이 놀랐겠는데요?
불곰	놀란 사람도 있고, 내 강의를 수없이 들어서 그저 덤덤해한 사람도 있었지. 그래도 기다리니까 ③처럼 올라갔지. 확신이 섰으면 기다려야 해.

15,900원까지 떨어졌어.

불곰의 메디톡스 투자 포인트

매수

1. 국내 보툴리눔 톡신 시장 1위. 세계 20개국에서 등록했고, 추가로 30개국에 등록을 신청했다.
2. 거대한 한국 성형수술 시장.
3. 재무제표: 성장세. 영업이익률 50%.
4. CEO의 마인드: 국내 판매책인 태평양제약과의 의리를 지키고 있다. 주주들을 위해 '자기주식처분'과 '현금배당'을 시행했다.
5. 높은 진입장벽: 생물무기 금지협약으로 인해 보툴리눔 균주를 아무나 취급할 수 없게 되었다.
6. 치료제 시장의 급성장 가능성.
7. 2015년 미국 FDA 등록을 목표로 신약을 개발 중이다.
8. 낮은 주가.

매도

1. 수익 확보.

13

매도 13호 화진

종목코드 134780
매수일 2012년 1월 18일
매도일 2012년 5월 9일
최종 수익률 +57%

불곰 11호 33번째 추천 종목
매수가 3,850원
매도가 6,040원

선목 가는 길에 할 일도 없는데, 강의 하나 하시는 거 어떻습니까?

불곰과 캠핑장으로 가는 길, 지루해서 주식 강의를 제안했다.

불곰 매도 몇 호 할 차례지?

선목 마지막으로 강의한 종목이 매도 12호 '메디톡스'였으니, 13호 차례네요.

그러자 불곰이 강의 폴더를 열었다.

불곰 매도 13호는 화진이라는 회사네.

선목 뭘 만드는 회사인가요?

불곰 이거, 이거, 이거.

그러면서 자동차 내부 앞부분을 가리켰다.

출처: 불곰주식연구소

선목 이 앞부분만 만드는 회사가 있나요?

불곰 그게 아니라, 자동차 내부 표면처리를 하는 회사야.

선목 이거 나무 아니에요?

불곰 플라스틱인데 나무처럼 보이게 표면처리를 한 거지.

선목 아, 제가 차에 관심이 없으니 전혀 그렇게 생각하지 못했네요.

불곰 세상 모든 일이 관심이 없으면 안 보여. 이 회사는 1992년 4월에 설립됐고, 코스닥에 2011년 8월 10일 상장했어. 아이템은 자동차 내장재용 우드그레인과 IPE 생산이야.

선목 아까 말하신 표면처리?

불곰 표면처리 기술 및 제품이지. 이것 외에, 출시될 자동차를 포장하는 '카랩(car wrap)'이 매출의 20퍼센트 정도를 차지해.

선목 우드그레인이 어려운 작업인가요?

불곰	우선 이해를 돕기 위해 표면처리 기술을 설명해 줄게. 가장 일반적으로 알려진 게 도장과 도금이잖아?
선목	예, 도장과 도금 정도야 알죠.
불곰	이게 환경에 무척 좋지 않아. 그래서 영세기업에서만 한다는 인식도 있고, 그러면서 사양화되고 있지.
선목	그게 사양화되는 유일한 이유인가요?
불곰	그것 말고도 또 다른 단점은 단색만 가능하다는 거야. 금이면 금, 은이면 은, 이런 식이어서 기술적 한계가 있어. 무늬를 표현할 수가 없지.
선목	그럼 그런 단점을 보완한 것이 있나요?
불곰	'라미네이팅', '인몰드', '인서트 몰드'라는 게 있어. 피전사체에 고체 필름을 접착하는 방식이지. 하지만 이것도 단점이 있는데, 곡면을 표현하기가 힘들어. 평면 위주로 인쇄해야 해. 예를 들어 냉장고 문 같은 거지.
선목	곡면이 조금만 있어도 안 되나요? 냉장고 문도 완전한 평면은 아니잖아요?
불곰	약간의 곡면까지는 가능해. 이 작업의 또 다른 단점은 금형이 필요하다는 거야. 그러면 원가가 많이 올라가지.
선목	이런 단점을 해결하기 위한 기술은?
불곰	바로 화진의 메인 아이템, 우드그레인이지. 라미네이팅, 인몰드, 인서트 몰드와 달리 우드그레인은 액체 필름을 쓰지. 액체 필름을 물 위에 올려 두고 인쇄할 대상을 물에 담그는 것으로, '수압전사 방식'이라고 해.

선목   액체여서 곡면도 잘 표현할 수 있겠네요?

불곰   게다가 금형도 필요 없어. 그러면 원가도 더 싸겠지?

선목   과정이 한 단계 줄어드니 아무래도 그렇겠죠?

불곰   지금 이 차량에서 여기, 여기, 여기, 나무처럼 표현된 곳들이 전부 우드그레인이야.

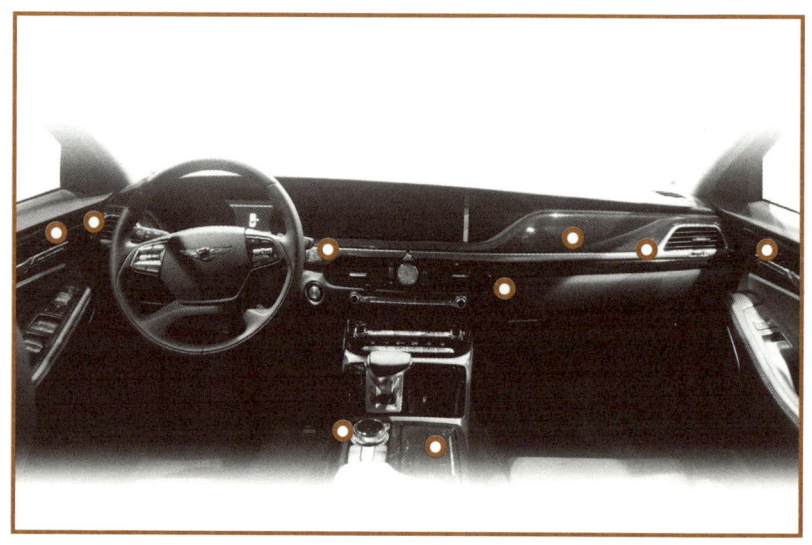

선목   설명을 듣고 보니 우드그레인으로 된 곳이 굉장히 많네요.

불곰   국내시장에서는 점유율 56퍼센트로 1위야. 현대, 기아, 쌍용에 납품하고 있지. 그리고 2011년 닛산에 공급하기 시작해서 2012년부터는 본격적으로 공급하고 있지. 혼다에는 2012년 말부터 시작해서 2013년 초에 본격적으로 공급할 것이라고 했어. 자동차뿐만 아니라 LG전자의 세탁기 표면처리도 담당하고 있어. 이 사진 좀 봐.

선목   역시 이렇게 표면처리하니까 고급스러워 보이네요.

불곰	이런 게 다 디자인이고 마케팅이야. 가전제품은 기능도 중요하지만 가구이기도 하잖아? 집에서 매일 보는 제품이니 예뻐야지.

선목	아까 화진이 한국 시장의 56퍼센트를 차지하고 있다고 하셨는데, 나머지는 어느 회사들이 얼마나 점유하고 있나요?

불곰	단 두 곳이야, 화진과 한국큐빅.

그러면서 그래프를 내밀었다.

불곰	우드그레인에서 중요한 게 '액화 필름'이라고 했잖아? 이걸 만드는 회사가 세상에 두 곳밖에 없어. 둘 다 일본 회사인데, DIC는 화진에, DMP는 한국큐빅에 팔고 있어. 각각 독점이어서 신규진입자가 아예 없지.

선목	좋네요. 화진의 다른 기술이 뭐였죠?

불곰	IPE라는 건식 표면처리 방법이지. 다른 기술들은 대부분 습식이어

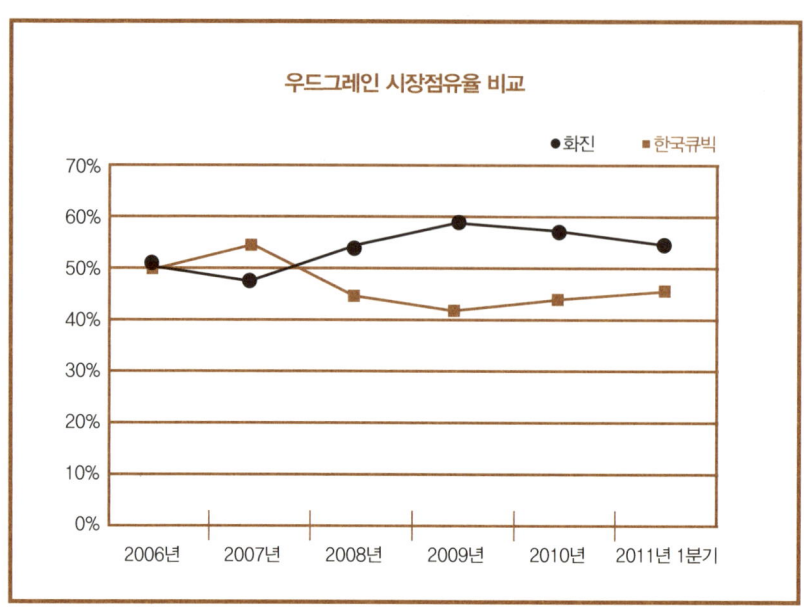

출처: 전자공시시스템

서 폐수를 발생시켜. '6가 크롬'이라는 중금속도 나오는데 인체에 해롭지. 하지만 IPE는 건식이니 폐수가 안 나와. 한마디로 친환경적이야.

선목　물을 안 쓰니 폐수가 안 나온다는 말은 이해하겠는데, 물 없이 어떻게 붙이거나 칠하죠?

불곰　간단하게 설명하자면, 금속을 작게 분해해서 진공상태에서 증착하는 식이지.

선목　'증착'이라는 말이 '붙인다'는 뜻이죠?

불곰　어, 자동차 내장재 IPE는 화진이 점유율 100퍼센트로 시장을 다 차지하고 있어. 화진만 자동차 분야에서 테스트를 통과했지. 현대로부터 표면처리 육성기업으로 선정되었고. 현대, 기아, 쌍용 모두

IPE는 화진 제품을 써. 이 차에서도 이렇게 도금 처리된 부분들 보이지? 이게 다 IPE야.

선목	얼핏 봤을 때는 그렇게 까다로운 기술이 아닌 것 같은데요?
불곰	보기에는 그냥 페인트칠한 것 같지? 근데 여기에도 특별한 기술이 필요해. '무통전'이어야 하거든.
선목	무슨 말인가요?
불곰	정전기가 발생하지 않게 만든다고. 정전기 때문에 오디오가 잘못 작동될 수도 있거든. 화진에는 이 기술이 있어.
선목	아, 이제 이해했습니다. 혹시 재무제표도 준비하셨나요?
불곰	네가 이 재무제표를 보면서 한번 말해 봐.

재무제표(일부)

(단위: 천 원)

	2011년 1분기 (제20기 1분기)	2010년 (제19기)	2009년 (제18기)	2008년 (제17기)	2007년 (제16기)	2006년 (제15기)
자산총계	47,085,561	41,758,082	44,105,101	33,301,534	29,122,135	29,570,772
[유동부채]	15,900,484	11,384,940	23,561,549	20,974,596	18,394,210	17,366,434
[비유동부채]	8,845,507	9,344,797	4,041,871	3,013,559	3,504,871	6,155,298
부채총계	24,745,991	20,729,737	27,603,420	23,988,155	21,899,080	23,521,733
[자본금]	4,619,200	4,519,200	4,519,200	3,500,000	3,500,000	2,500,000
[자본잉여금]	3,547,894	3,515,939	3,515,939	18,044	18,044	18,044
[자본조정]	0	0	0	0	-5,448	0
[기타포괄손익누계액]	-48,391	2,661,830	2,652,182	2,298,418	-592,043	-1,073,014
[이익잉여금]	14,220,867	10,331,377	5,814,361	3,496,917	4,302,502	4,604,009
자본총계	22,339,570	21,028,345	16,501,681	9,313,379	7,223,055	6,049,039
매출액	11,455,415	41,622,148	35,490,729	33,788,811	26,643,002	24,052,157
영업이익	1,402,366	4,950,325	2,468,537	288,991	1,745,035	902,593
당기순이익	1,248,620	4,968,936	2,317,444	-800,137	1,047,686	142,783

출처: 전자공시시스템

선목 2006년부터 2011년 1분기까지면… 2011년 8월에 상장했으니까, 상장 전 재무제표군요?

불곰 가장 쉬운 건 맞혔네, 하하.

선목 하하. 2011년 1분기 자산총계가 470억 원이고, 부채가 247억 원, 자본이 223억 원이니 부채비율이 110퍼센트 정도네요. 100퍼센트가 넘으면 좋지 않잖아요?

불곰   공모전에는 이랬는데 공모후에는 좀 달라지니까 그 점은 너무 걱정하지 마.

선목   매출액, 영업이익, 당기순이익은 잘 성장하고 있네요. 특히 2010년부터는 훨씬 더 커질 조짐이 보이네요.

불곰   응, 2011년 예상 실적이 매출액 812억 원, 영업이익 105억 원, 당기순이익 66억 원이야. 2012년에도 매출이 폭발적으로 성장할 것으로 예상됐어.

선목   그럼 이제 공모후 재무제표를 확인해야겠네요. 부채비율이 110퍼센트라는 점이 계속 마음에 걸립니다.

재무제표(일부)

(단위: 원)

회계처리기준	2011년 3분기 (제20기 3분기) K-IFRS	2010년 (제19기) K-IFRS
자산총계	54,676,961,935	42,749,131,197
[유동부채]	13,823,684,876	12,377,951,135
[비유동부채]	3,608,904,335	9,588,501,743
부채총계	17,432,589,211	21,966,452,878
[자본금]	6,050,000,000	4,519,200,000
[주식발행초과금]	14,023,772,660	3,497,894,400
[이익잉여금]	17,266,398,714	12,825,166,638
[기타자본구성요소]	-95,798,650	-59,582,719
자본총계	37,244,372,724	20,782,678,319
매출액	37,100,299,726	31,294,777,868
영업이익	7,098,447,790	4,339,991,494
당기순이익	5,130,108,768	2,523,141,974

출처: 전자공시시스템

불곰 공모후 재무제표를 보면 자산이 546억 원, 부채가 174억 원, 자본이 372억 원이야. 안심이 좀 돼?

선목 그러면 부채비율이 47퍼센트 정도로 떨어진 거죠? 이제 좀 마음이 놓이네요.

불곰 매출액도 꽤 늘었지?

선목 2011년 실적은 3분기까지만 반영된 것인데도 늘었네요. 하지만 조금 더 확신을 가지려면 분기별로 정리된 것을 봐야 하지 않을까요?

불곰 다 준비해 놨지. 네 질문의 수준이 점점 올라가는구나, 하하.

기간	실적	비고
2010년 19기 3사분기	매출액 312억 원 영업이익 43억 원 당기순이익 25억 원	배당 75원
2011년 20기 3사분기	매출액 371억 원 영업이익 70억 원 당기순이익 51억 원	
2011년 20기 예상	매출액 812억 원 영업이익 105억 원 당기순이익 66억 원	
2012년 21기 예상	매출액 1026억 원 영업이익 144억 원 당기순이익 90억 원	공정공시

출처: 전자공시시스템

선목 2011년 3사분기 실적이 2010년 3사분기에 비해 다 늘었군요. 특히 영업이익과 당기순이익 성장세가 굉장히 가파르네요.

불곰 여기서 뭔가 특이한 게 보여?

선목 음… 아! 2010년에 배당을 했군요. 근데 상장을 안 해도 배당할 수

	있나요?
불곰	못할 이유도 없지. 그리고 이렇게 했으니, 상장한 뒤에도 당연히 배당할 거라고 볼 수 있겠지?
선목	틀림없이 그러겠네요.
불곰	그럼, 재무제표에서 마지막으로 볼 것은 2012년 예상 실적이겠지?
선목	예, 2012년에 추천하셨으니 당연히 그해 실적을 알아봐야겠죠.
불곰	2011년 11월 3일에 예상 영업실적을 공시했어. 매출액이 1026억 원, 영업이익이 144억 원, 당기순이익이 90억 원이야. PER는 나중에 그래프 보면서 이야기해 줄게.
선목	2011년 예상 실적보다 크게 늘겠군요?
불곰	응, 매출액이 26퍼센트, 영업이익이 37퍼센트, 당기순이익이 36퍼센트 정도 늘게 되지.
선목	근데 회사 측에서 공정공시를 한 건데, 진짜인지 가짜인지 어떻게 알죠?
불곰	여러 가지를 종합하여 판단하는 거지. 특정한 기준이 있는 건 아니야. 너도 사람을 많이 만나고 본업에 충실하다 보면 내공이 쌓이게 돼. 나라고 해서 처음부터 잘 봤겠냐? 나도 경험과 공부를 계속하다 보니 100퍼센트까지는 아니어도 맞히는 확률이 꽤 높아진 거야.
선목	매수 포인트를 보면서 저도 한번 연구해 보겠습니다.
불곰	첫 번째 매수 포인트, '높은 진입장벽'. 세계 '수압전사형 필름' 시장을 석권하고 있는 곳이 일본에 있는 두 회사인데, 우리나라에서는 화진과 한국큐빅 두 회사만 각각 이 필름을 공급받으니 시장이 양분화됐다고 이야기했잖아. 그럼 당연히 진입장벽이 높겠지?

선목 아, 아까 말하신 그 액체형 필름요?

불곰 게다가 IPE 기술을 자동차에 사용할 수 있도록 허가받은 곳은 화진밖에 없잖아? 엄청난 진입장벽이지. 두 번째 매수 포인트는 '시장의 확대'. 지금은 자동차 부품이 메인 아이템이지만, 시장은 점차 확대될 거야. 디자인에 대한 사람들의 관심이 커질수록 표면처리를 예쁘게 해야겠지? 그럼 화진의 제품이 건축자재, 실내장식, 생활용품, 가전제품에도 점점 더 많이 쓰이게 되겠지.

선목 지금도 LG전자에 납품하고 있다고 하지 않으셨나요?

불곰 어, 매출의 15퍼센트는 LG전자 납품이 차지해. 그러니 가전제품에도 많이 쓰일 가능성이 커. 이 표면처리 기술은 원가 비중도 낮으니, 전자제품 회사들이 화진의 기술을 통해 매출을 높여 볼 만하겠지?

선목 디자인도 소비자들이 구매를 결정하는 데 중요한 요소니까요.

불곰 세 번째 매수 포인트는 '매출처의 다변화'. 앞서 이야기했듯이 닛산과 혼다에도 납품을 시작한다는 것이 아주 중요한 요소야. 해외로 진출하게 되면 성장성이 더 좋아지지. 우선 닛산의 경우에는, 2012년부터 5년 동안 중국, 미국, 멕시코, 태국 공장에 세 가지 모델의 자동차용으로 납품할 거야.

선목 매출액이 얼마나 될까요?

불곰 2012년 매출액의 15퍼센트, 그러니까 150억 원 정도야. 2014년에는 300억 원 정도로 예상돼. 닛산 공장이 미국에도 있으니, 잘하면 한미 FTA 수혜주가 될 수도 있지.

선목 혼다에는요?

불곰	2012년 말에 시작해서 2013년부터 본격적으로 납품할 거야. 혼다에서는 원래 우드그레인을 쓰지 않다가 이번에 사용하기로 했으니 당연히 매출 규모가 크겠지? 게다가 혼다가 중국에도 공장을 차릴 것 같다는 예상이 지배적이었어.
선목	오, 아까 언급하신 '공정공시'가 맞아 보이네요.
불곰	그렇지? 그럼 이제 마지막 매수 포인트 기업의 꿈, 바로 이거야!

그러면서 핸들을 가리켰다.

선목	핸들까지 만드나요? 아니면 핸들 도색?
불곰	겨울에는 핸들이 너무 차가워서 운전하기 힘들잖아?
선목	장갑을 끼면 되잖아요.
불곰	그렇긴 하네, 하하하. 근데 사람들이 장갑을 잘 안 껴. 운전할 때 장갑 끼는 사람이 많을까, 안 끼는 사람이 많을까?
선목	안 끼는 사람이 더 많을 것 같습니다.
불곰	거봐, 그래서 요즘 차량들은 핸들에 구리선이 깔려 있어서 온도를 올릴 수 있지.
선목	화진도 그걸 만드나요?
불곰	아니, 그것보다 한 수 위지. 화진이 2011년 12월 19일에 특허권을 취득했어. 바로 구리선 없이 발열하는 핸들(Wireless Heated Steering Wheel)이야. 세계 최초로 개발했지. 특허 명칭은 '발열 스티어링 휠 및 이의 제조방법'이야.
선목	세계 최초라고 하니까 엄청나 보이네요.
불곰	화진에서는 1999년부터 구리선 발열 핸들을 숱한 실패를 겪으면서 연구해 왔어. 그러다가 2009년에 핸들을 따뜻하게 할 수 있는 '전

	도성 잉크'를 개발하지. 이것을 핸들에 프린트한다고 생각하면 돼. '패드 페인팅(pad painting)'이라는 공법으로 얇은 막을 입히는 거지.
선목	효과가 왠지 구리선보다는 약할 것 같은데요?
불곰	구리선보다 60배 얇고, 원하는 온도까지 30퍼센트 빠르게 올라가. 효율도 두 배지.
선목	오호, 그럼 그 당시에 어디서 사용하고 있었나요? 아니면 아직은 기술로만 존재하는 단계였나요?
불곰	그 당시에 기아자동차 '모닝'에 접목하기 시작했고, 현대자동차에서는 전 차종으로 확대할 예정이었어. 열심히 테스트 중이었지.
선목	급성장할 가능성이 있는 아이템이네요. 이제 주가를 확인하기 위해서 그래프만 보면 되겠네요.
불곰	근데 우리 캠핑장에 거의 다 도착했다. 텐트 치고 밥 좀 먹고 나서 다시 하자. 강의 폴더 챙겨.
선목	네!

우리는 텐트를 치는 등 야영 준비를 하고 식사를 했다. 마침 캠핑장에 다른 사람들도 있어서 이런저런 이야기를 나누다가 밤이 되었다. 내 인생의 첫 캠핑이었다. 어둠이 내린 뒤 지핀 불이 그렇게 예뻐 보일 수가 없었다. 몇 시간을 봐도 질리지 않을 것 같았다.

불곰	불 예쁘지?
선목	불나방이 죽더라도 불을 쫓아가는 이유를 알 것 같습니다.
불곰	주식시장에서는 사람들이 미인주, 테마주 같은 것을 쫓아가다가 타 버리지. 아무리 예뻐도, 아무리 유혹이 심해도 그런 건 거리를 두고 조심해야 돼. 불처럼 말이야.

출처: 불곰주식연구소

선목 예….

불곰 그런 의미에서 강의나 마저 할까?

선목 좋죠. 그래프 볼 차례입니다.

불곰 2011년 8월 10일에 상장했고 시초가가 6,330원이었어. 다음 페이지 그래프를 보면, ①에서 최고가가 6,970원이었지. 근데 이때 미국 정부가 신용등급 강등을 당하는 바람에 주가가 쭈욱 떨어져서 2,710원까지 내려갔어(②). 그리고 나서 좀 오르락내리락하다가, ③에서 내가 추천할 때 3,850원이었어. 시가총액이 477억 원이었으니, 2011년 당기순이익을 90억 원 정도로 예상한다면 PER는 5.3 정도였지. 이 정도면 충분히 저평가된 상태이고, 성장 가능성이 높다고 볼 수 있었어.

선목 충분히 알겠습니다. 매도 포인트로 넘어가시죠.

불곰 생각해 보니 매도 포인트 강의가 엄청 긴데 괜찮아?

출처: 삼성증권

선목   매도 이야기가 길 때도 있나요? 하긴 뭐 시간도 많은데요.

불곰   112일 만에 팔았어.

선목   왜요?

불곰   단기간에 급등하더군. 112일 만에 3,850원에서 6,040원까지 올랐어. 최종 수익률 57퍼센트.

선목   112일 만에 57퍼센트 올랐다고요?

불곰   어. 강의 끝.

선목   매도 포인트 강의가 길다고 하지 않았나요?

불곰   농담 한번 해 봤어. 빨리 오른 걸 어떡해? 팔아야지.

선목   세상에서 가장 빠른 가치투자 같네요.

불곰　　뭐… 운이 좋았지.

우리는 불이 다 꺼질 때까지 이야기를 나누다가 텐트로 들어가서 잠을 청했다. '공부할수록 느끼는 거지만, 주식투자에서 중요한 것은 결국 운이다. 그 운을 높이는 방법을 공부해야 한다'는 다짐과 함께….

불곰의 화진 투자 포인트

매수

1. 탁월한 자동차 내장재용 표면처리 기술: 국내 우드그레인 시장 1위(56%), IPE 시장 1위(100%).
2. 재무제표: 성장세. 낮은 예상 PER.
3. 높은 원료·기술 진입장벽 구축.
4. 시장의 확대: 자동차 이외의 제품에도 점점 더 많이 쓰일 것으로 예상된다.
5. 매출처의 다변화: 닛산, 혼다에 납품할 예정이다.
6. 구리선 없이 발열하는 핸들을 세계 최초로 개발했다.
7. 주식시장에서 저평가되어 있고, 성장 가능성이 높다.

매도

1. 단기간에 급등하여 수익이 확보되었다.

14

매도 14호 쎌바이오텍

종목코드 049960
매수일 2010년 10월 19일
매도일 2012년 9월 4일
최종 수익률 +94%

불곰 3호 7번째 추천 종목
매수가 5,290원
매도가 9,840원

불곰 이번 강의는 영어 단어와 함께 시작할게. '프로바이오틱스(probiotics)'가 뭔 줄 알아?

선목 생균제죠. 몸에 유익한 유산균 같은 거요.

불곰 오늘 배울 종목이 바로 그것과 관련이 있어. 종목명은 '쎌바이오텍'. 1995년에 설립됐어.

선목 오래전부터 바이오 관련업체들이 많았나 보네요?

불곰 바이오벤처 1세대야. 1세대 중에서 살아남은 회사는 몇 안 돼.

선목 계속 프로바이오틱스만 취급한 거예요?

불곰 어, 계속 그것만 다뤘어.

선목 위기도 있었을 것 같은데요?

불곰 당연히 있었지. 그리고 그 어려움을 극복해서 아주 건실한 회사가 되었지.

선목 멋지네요. 구체적인 아이템이 뭔가요? 유산균?

불곰 프로바이오틱스가 제품이야. 세계보건기구(WHO)에 따르면 프로바이오틱스란 '적당량 섭취하면 몸에 좋은 살아 있는 균'이야. 일반적으로 사람들은 요구르트에 들어 있는 유산균만 생각하는데, 유산균, 박테리아, 곰팡이균 등 유익한 성분이 있는 균이라면 다 프로바이오틱스에 포함돼. 유산균은 요구르트 위에 동동 떠 있는 거고, 쎌바이오텍 제품은 이런 유산균을 정제나 분말로 만든 거야. 건조된 상태지. 그러다가 물을 만나면 다시 살아나.

선목 그렇게 하면 어떤 점이 좋나요?

불곰 우리가 흔히 알고 있는 유산균은 공장에서 갓 나왔을 때는 많이 살아 있다가 시간이 지나면서 많이 죽어. 그에 비해서 프로바이오틱스는 더 오래 살아.

선목 그런데 왜 유산균이 쎌바이오텍의 프로바이오틱스보다 훨씬 더 유명한가요? '프로바이오틱스'라는 말을 아는 사람들도 많지 않잖아요. 더 좋은 제품이 더 유명하지 않다니 뭔가 좀 이상하네요. 쎌바이오텍이 바이오벤처 1세대 회사인데, 추천을 발표하실 당시까지 그렇게 유명하지 않았다는 점도 이상하고요.

불곰 유산균보다 덜 유명한 것은 알고 보면 당연한 일이야. 유산균은 농수산부에서 관리하니 마케팅하기가 쉬워. 반면에 프로바이오틱스는 식약청에서 관리해. 그러니 규제도 많고 광고하기도 힘들어. 그래서 많은 회사들이 유럽으로 진출하지.

선목 아, 그렇게 단순한 이유가 있었군요. 그럼 쎌바이오텍의 프로바이오틱스가 좋다는 증거는요? 어디에 사용되고 있나요?

불곰   암웨이(Amway) 알지? 대장에 프로바이오틱스를 공급해 준다는 암웨이의 '뉴트리라이트(Nutrilite)'라는 제품에 쓰여. 그 당시 6개국에서 팔리고 있었고, 점차 더 퍼져 나가고 있었지.

선목   그 말은 암웨이가 인정했다는 뜻이죠?

불곰   그러니까 납품하지.

선목   그럼 품질이 괜찮다는 말이네요. 재무제표로 넘어가시죠.

기간	실적	비고
2007년 13기	매출액 107억 원 영업이익 14억 원 당기순이익 17억 원	배당 100원
2008년 14기	매출액 122억 원 영업이익 16억 원 당기순이익 23억 원	배당 100원
2009년 15기	매출액 158억 원 영업이익 46억 원 당기순이익 42억 원	배당 100원

출처: 전자공시시스템

불곰   그 당시 시가총액은 500억 원이었어. 매출액은 2007년 107억 원에서 2009년 158억 원으로 늘었지.

선목   그리 크지는 않네요?

불곰   그래도 성장은 꾸준히 하고 있지?

선목   예, 그건 좋은 징조네요. 영업이익과 당기순이익도 꾸준히 성장했고요.

불곰   특히 여기서 유의해서 볼 점이 있어. 2007년에는 매출액이 107억 원, 당기순이익이 17억 원이었잖아. 그렇다면 당기순이익이 매출액의 약 16퍼센트밖에 안 되지? 그런데 2009년 실적으로 계산해 보선목 면 약 27퍼센트나 돼. 이게 무슨 뜻이지?

선목 매출이 오르면 오를수록 이익률이 점점 오르는 사업구조네요.

불곰 그렇지! 변동비와 고정비가 적다는 이야기지. 바이오업체가 배당도 매년 100원씩 하고 있다는 점도 좋고. 자, 그럼 2010년 3사분기에 매수 추천을 했으니, 2009년과 2010년 2사분기들을 비교해 보자. 2010년 실적 예상도 해 보고.

기간	실적	비고
2009년 15기 2사분기	매출액 67억 원 영업이익 17억 원 당기순이익 15억 원	
2010년 16기 2사분기	매출액 101억 원 영업이익 30억 원 당기순이익 29억 원	매출액 50% 상승 영업이익 76% 상승 당기순이익 93% 상승
2010년 16기 예상	매출액 180억 원 영업이익 55억 원 당기순이익 55억 원	업체 목표치 90% 적용 예상 PER 9

출처: 전자공시시스템

불곰 2009년 2사분기 매출액이 67억 원이었는데, 2010년 2사분기에는 101억 원으로 약 50퍼센트 늘었지. 영업이익은 76퍼센트, 당기순이익은 93퍼센트 증가했고.

선목 2010년이나 2011년에 일 한번 내겠는데요?

불곰 2010년 예상 실적이 대단히 좋았어. 업체 목표치의 90퍼센트를 적용하면 매출액이 180억 원, 영업이익이 55억 원, 당기순이익이 55억 원이야. 그렇다면 PER는 9 정도지.

선목 왜 90퍼센트를 적용한 거죠?

불곰 좀 안전하게 잡았지. 허황된 꿈을 가지지 않게.

선목   그럼 80퍼센트로 할 수도 있지 않나요? 제 뜻은 어떻게 그 정도로 예상할 수 있냐는 거죠.

불곰   회사가?

선목   형님도 그 업체의 목표치를 믿었다는 말이잖아요? 그 목표치가 진짜인지 가짜인지 어떻게 알 수 있죠?

불곰   나는 종목을 선택할 때마다 항상 전문가 수준으로 일일이 다 찾아보면서 공부했어. 팁을 주자면, 전자공시시스템에 자료가 거의 다 있어. 종목에 대해서 공부를 하지 않고 어떻게 알 수 있겠냐? 그건 천재도 못해. 공부도 하지 않고 안다면 천재가 아니라 신이겠지. 내가 정리한 이 종목의 매수 포인트를 보면 너도 동의할 거야. 매수 포인트 첫 번째, '듀오락7'이라는 제품으로 덴마크에서 프로바이오틱스 분야 1위에 올랐어.

선목   그게 대단한가요? 더 큰 나라에서 '1위'를 하는 것이 매출에 더 도움이 되지 않나요?

불곰   덴마크라고 하면 무엇이 생각나?

선목   레고, 바이킹, 추위 정도요.

불곰   사실상 덴마크는 유산균 종주국이라고 할 수 있어.

선목   종주국에서 우리나라 제품이 1위를 하는 건가요?

불곰   그러니 어느 정도 수준인 줄 알겠지? 이를테면 외국 회사가 우리나라 김치 시장에 진입해서 1위에 오른 격이야. 그것도 그저 대량으로 싸게 공급해서 1위를 한 것이 아니라, 고품질 명품 전략으로 1위를 했어.

선목   이건 진짜 대박이네요. 기술력이 확실히 좋다는 것은 알겠는데, 종주국에서 1위를 하는 것이 기술력 하나만 가지고 가능한 일인가요?

불곰 최고의 기술을 가지고 있더라도 그러지 못하는 경우도 많지. 쎌바이오텍 같은 경우에는 최고의 기술이다… 사장이 덴마크 왕립공대 박사 출신이야. 그 당시 쌓아 두었던 인맥이 무척 큰 도움이 됐다고 하더군.

선목 그렇다면 종주국인 덴마크를 잡았으니, 유럽으로 퍼져 나갈 날이 올까요?

불곰 그게 바로 쎌바이오텍의 목표야. 유럽 유산균 시장은 그 규모가 8조 원이야. 이 시장의 1퍼센트를 차지하는 것이 쎌바이오텍의 1차 목표지.

선목 8조의 1퍼센트면 800억 원?

불곰 응. 영업이익은 매출의 30퍼센트 정도니까 1퍼센트를 가지게 된다면 영업이익이 240억 원이겠지. 매수 포인트 두 번째는 '이중코팅'. 일반 유산균은 사람 몸속에 들어가면 위산 때문에 대부분 사멸해. 하지만 이중코팅이 된 쎌바이오텍의 듀오락 제품은 위에서는 유산균을 지키고 장에서 풀어 주지. 이게 얼마나 대단한 것인가 하면, 쎌바이오텍이 결국 이 '이중코팅'으로 세계 5대 유산균 생산업체가 됐어.

선목 위에서 사라지지 않고, 소장, 대장까지 살아남는다는 말이죠?

불곰 그렇지. 그래서 요구르트 회사들이 여기에 주문할 수밖에 없어. 대단하지. 2000년대 초반 스위스에서 열린 박람회에서 '이중코팅' 푯말 하나 가지고 엄청난 양의 주문을 받았대.

선목 돈도 많이 벌었겠네요.

불곰 그게 매수 포인트 세 번째야. 바로 '캐시 카우'가 있다는 것이지. 바이오벤처 1세대인데 아직까지 살아남았어. 다른 회사들은 다 죽었는데 이 회사만 남은 이유는 2000년대 초반부터 '캐시 카우'가 있었기 때문이야.

선목 혹시 초반에 말하신 암웨이 뉴트리라이트?

불곰 맞아, 안정적인 매출처가 있다는 것이 아주 중요하지. 그리고 중국, 인도 시장에도 진출했어. 이제 본격적인 성장기지. 매수 포인트 네 번째는 '다양한 제품 라인업'. 프로바이오틱스 제품들이 계속 다양화되고 있어. 그리고 이 회사는 연구, 생산, 판매를 모두 자체적으로 해낼 수 있는 '원스톱 시스템'을 갖추고 있기 때문에 다른 회사보다 더 유리한 위치에 있지.

선목 그 '라인업'에 어떤 제품들이 있나요?

불곰 핀란드에서 판매 중인 여드름 치료제 '락토패드'. 그 당시에 한국에서도 판매할 예정이라고 하더군.

선목 왜 핀란드죠?

불곰 유럽에서 여드름 환자가 많은 곳이래. 60퍼센트는 여드름이 있다더군. 한방발효 제품도 있고, 아토피나 피부 트러블용 제품도 있지.

선목 가능성이 무궁무진하네요.

불곰 그러니까 쎌바이오텍도 계속 '도전'하겠지. 다섯 번째 매수 포인트 기업의 꿈, 생물의약품.

선목 그 분야는 제약사들이 이미 다 장악하고 있지 않나요?

불곰 쎌바이오텍이 만들면 좀 다를 거야.

선목 아, 알 것 같아요. 제약사 약품은 주로 화학제품이지만, 쎌바이오텍이 만드는 것이니 '생물'의약품이군요?

불곰 맞아. 화학제품은 치료와 함께 부작용이 뒤따를 가능성이 있어. 하지만 생물의약품이라면 아무래도 덜하지. 몸에 이로운 균을 이용해서 치료하는 거니까.

선목 쎌바이오텍이 만들려는 치료제는 무엇인가요?

불곰 김치유산균을 이용한 대장암 치료제가 있어. 김치유산균에서 상업화된 종균만 55가지를 보유하고 있지. 2010년 9월에 김치유산균 관련 특허도 냈고, 그 당시에 이 대장암 치료제의 개발이 상당히 진척된 상태였어.

선목 이건 시작에 불과한 거죠?

불곰 응, 이게 완성되면 다른 제품들도 나올 수 있겠지? 위암이나 간암 치료제 같은 것 말이야.

선목 근데 연구비가 너무 많이 들지 않을까요?

불곰 실적이 좋으니까 계속 연구도 가능할 거야. 그리고 "직원 대부분이 석사, 박사"라고 하더라. 연구 자체를 좋아하는 사람들이 모였나 봐.

선목 네, 알겠습니다. 매도 포인트로 넘어가시죠.

불곰 목표했던 시가총액 1000억 원이 되어서 매도했지. 2010년 10월 19일 5,290원에 매수해서 2012년 9월 4일 9,840원에 매도했고, 배당이 418원이었으니 반올림해서 최종 수익률이 94퍼센트였어.

선목 또 성공이군요. 역시 주식은 형님만 믿으면 되는 건가요?

불곰 무슨 소리야. 이 종목은 나중에 73,300원까지 올랐어.

선목 헉, 그래도 성공은 성공이죠.

불곰 그럼! 후회할 필요도 없어. 최종 수익률 94퍼센트면 좋은 거지. 나는 제대로 분석해서 고른 좋은 주식을 불곰주식연구소 회원들에게 알려 줘서 더 기쁘고.

불곰의 쎌바이오텍 투자 포인트

매수

1. 재무제표: 꾸준한 성장세. 매출이 오를수록 이익률이 점점 오르는 구조이며, 매년 배당을 실시했다. 낮은 예상 PER.
2. 유산균 종주국 덴마크에서 '듀오락7'으로 고품질 명품 전략을 구사하여 프로바이오틱스 분야 1위에 올랐다. 유럽 시장을 공략할 계획이다.
3. 탄탄한 기술력: '이중코팅' 기술로 세계 5대 유산균 생산업체가 되었다.
4. 암웨이에 납품하는 유산균 같은 캐시 카우를 보유하고 있다.
5. '원스톱 시스템' 덕분에 다양한 제품 라인업을 갖추고 있다.
6. 생물의약품: 김치유산균을 이용한 대장암 치료제 등을 개발 중이다.

매도

1. 생각했던 시가총액에 도달했다.
2. 수익 확보.

15

매도 15호 빅솔론

종목코드 093190
매수일 2010년 8월 30일
매도일 2013년 1월 7일
최종 수익률 +90%

불곰 2호 4번째 추천 종목
매수가 3,774원
매도가 6,800원

선목   오늘 강의 자료를 슬쩍 보니 회사 이름이 '빅솔론'이던데 뭐하는 회사인가요?

회사 근처에서 불곰과 함께 점심 식사를 하던 중 궁금증을 참지 못하고 물어봤다.

불곰   밥 먹고 나서 알려 줄게.

짧은 대답만 돌아왔다. 다른 이야기를 나누며 밥을 다 먹고 계산대 앞에 서 있던 중 불곰이 신용카드 단말기를 가리켰다.

불곰   이거.

선목   예? 아, 네, 오늘은 제가 사겠습니다.

그는 계속 웃으면서 끄덕이기만 할 뿐이었다. 이윽고 계산을 하고 나오자 그가 말했다.

불곰   빅솔론의 아이템이 카드 단말기 같은 거라고, 하하.

선목   하하, 아니 그런 뜻이었어요? 저는 계산하라는 이야기인 줄 알았거든요.

불곰   나는 동생보고 밥을 사라고 하지는 않지만, 그래도 누가 돈 낸다고 하면 말리지는 않아, 하하하.

선목   하하하, 뭐 어쨌든 이제는 제가 한번 살 때도 됐으니까요.

우리는 곧 사무실에 도착했다.

불곰   우선 회사 제품을 하나씩 알려 줄게. 첫 번째 제품은 전 세계 POS 시장에서 이미 널리 인정받은 모델 SRP-350. 이건 POS 미니 프린터야.

선목   'POS'라면 'point of sale' 아닌가요? 'POSM'은 'point of sale material'이고요.

불곰   맞아, 역시 마케팅 경험자답네. 'POS 시스템'은 '판

출처: 빅솔론 홈페이지

출처: 빅솔론 홈페이지

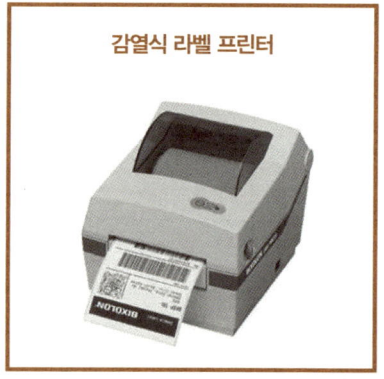

출처: 빅솔론 홈페이지

매 정보 관리 시스템'이라고 생각하면 돼. 예를 들어 음식점에서 신용카드를 긁으면 가격, 가게 정보, 카드 정보, 날짜 등이 적힌 영수증을 출력하는 제품이야. 두 번째는 염가형 모델. 카드 교체 없이 케이블 교체만으로 통신 변경이 가능한 제품이지.

선목 완전히 이해하지는 못했지만 대충 감은 잡힙니다.

불곰 '대충' 정도면 충분해. 세 번째는 감열식 라벨 프린터. 이건 열을 이용하여 인쇄하는 제품이야. '리벨 프린디'는 바코드가 찍히는 기능이 있다는 뜻이고.

선목 이것도 대충은 이해가 갑니다.

불곰 뒤에서 좀 더 자세히 설명할게. 네 번째는 모바일 프린터 SPP-R200. 경찰이 딱지 끊을 때 쓰는 거야.

선목 이건 바로 이해되네요.

불곰 마지막으로 '서멀 메커니즘(thermal mechanism)'. 이건 완제품이 아니라 반제품 형태로 파는 거야.

선목 어디에 사용하는 물건인가요?

불곰 영화관 티켓 박스에 설치되어 있는 프린터라든가

모바일 프린터 SPP-R200

출처: 빅솔론 홈페이지

서멀 메커니즘

출처: 빅솔론 홈페이지

	은행의 대기표 뽑는 기계에 들어가지.
선목	주식을 공부하다 보면 회사들이 취급하는 제품도 공부하게 되는데, 우리나라에는 제조업체가 많아서 그런지 자연스럽게 기계를 많이 접하게 되네요. 그런데 기계를 한 회사에서만 다 만드는 경우가 그리 많지 않더군요.
불곰	맞아, 기계가 크고 복잡할수록 많은 회사들이 엮여 있지. 제품을 알아봤으니 이제 회사를 살펴보자. 예전에는 이 회사가 '빅솔론'이 아니라 '삼성미니프린터'라는 이름으로 영업을 시작했어.
선목	여기도 삼성 계열사 중 하나였군요?
불곰	응, 2002년 종업원지주회사 형태로 삼성전기에서 분사했지. 분사 당시에는 30여 개국에 수출을 했고, 매출액은 380억 원이었어. 고유 브랜드인 빅솔론으로는 2009년에 80여 개국을 대상으로 657억 원의 매출액을 달성했어.
선목	성공했네요?
불곰	그렇지. 국내에서는 독보적인 1위고, POS 영수증프린터 분야에서 세계시장 지배력 2위권에 드는 회사야. 전체 매출의 70퍼센트 이상은 해외 80여 개국의 200여 디스트리뷰터(distributor)를 통해서 거둬들이지.
선목	그렇다면 세계시장에서 빅솔론의 경쟁업체로는 어떤 회사들이 있나요?
불곰	일본의 엡손(Epson)에 이어 시티즌(Citizen), 스타 마이크로닉스(Star Micronics)와 함께 2위권을 형성하고 있어. 이 4개 업체가 세계시장의 70퍼센트 이상을 차지하고 있지. 빅솔론의 당시 점유율은 5.3퍼

센트였어.

선목 회사 이름들을 들어 보니 진입장벽이 높은 분야겠네요.

불곰 왜?

선목 엡손이나 시티즌은 시계회사잖아요. 시계에는 당연히 높은 기술력이 필요할 텐데, 그런 회사들이 만드는 걸 보니 기술 진입장벽이 있겠네요.

불곰 포인트 잘 잡았어.

선목 근데 세계시장의 5.3퍼센트를 점유하고 있다는 점은 그렇게 대단해 보이지 않네요.

불곰 음… 5.3퍼센트라는 점유율도 결코 적은 게 아니고, 더구나 국내에서는 독보적인 1위잖아. 2002년 설립된 이후에 7년 연속으로 흑자 경영을 하는 곳이야. 무차입 경영을 원칙으로 하면서, 양호한 재무구조와 현금 창출력을 보유한 기업이야. 그러니 안정적이고 지속적으로 성장할 수 있는 강소기업이지. 미국과 유럽(독일)에 판매를 담당하는 해외법인을, 중국에는 생산과 판매를 담당하는 해외법인을 설립했어.

선목 음… 재무제표를 봐야 좀 안심이 될 것 같은데요.

불곰 오케이, 그런 자세 좋아. 재무제표는 항상 확인해야 해.
다음 페이지 표에서 6기, 7기, 8기를 봐. 좀 이상하지?

선목 8기가 7기보다 매출액이 낮은데 영업이익, 당기순이익은 훨씬 높네요.

불곰 왜냐하면 7기까지는 영업권이 삼성에 있었으니 당연히 돈을 지불해야 했거든.

(단위: 천 원)

	제10기 1분기	제9기	제8기	제7기	제6기
자산총계	52,838,383	52,057,817	41,945,627	34,695,729	20,922,628
부채총계	11,180,802	11,033,822	10,482,088	6,214,628	7,315,618
자본총계	41,657,581	41,023,995	31,463,539	28,481,101	13,607,010
매출액	16,433,453	65,762,103	45,856,311	49,972,465	11,098,735
영업이익	2,001,543	10,139,206	8,560,490	4,679,727	993,413
계속사업이익	1,920,353	10,961,711	6,296,864	4,545,862	877,713
당기순이익	1,920,353	10,961,711	6,296,864	4,545,862	877,713
배당금		200원	170원	120원	

출처: 전자공시시스템

선목 아, 그런 사정이 있었군요.

불곰 그럼 10기와 9기 1사분기 실적들을 비교해 보면서 10기 예상을 해 보자.

기간	실적	비고
9기 1사분기	매출액 165억 원 영업이익 32억 원 당기순이익 32억 원	
10기 1사분기	매출액 164억 원 영업이익 20억 원 당기순이익 19억 원	
10기 예상	매출액 730억 원 영업이익 110억 원 당기순이익 100억 원	환율 1,200원/달러 기준

출처: 전자공시시스템

선목 여기에도 이상한 부분이 있네요. 10기 1사분기에 전해보다 매출액, 영업이익, 당기순이익이 다 줄어들었잖아요. 왜 굳이 이런 회사를 추천하셨죠?

불곰 아, 이건 그 당시 환율의 영향을 받았기 때문이야. 실제로 물건은 더 팔았어. 수출량이 증가하는 추세였고, 10기 1사분기가 지나고 환율이 다시 안정을 찾았으니 괜찮아. 내가 10기 예상 실적에 적어 놓은 환율 보이지?

선목 아, 환율이 '1,200원/달러' 정도라면 매출액이 730억 원, 영업이익은 110억 원, 당기순이익은 100억 원이 될 것이라는 뜻이죠? 그럼 괜찮네요. 아까는 앞뒤가 좀 안 맞아서 놀랐네요. 숫자도 거짓말을 하는군요?

불곰 그러니까 숫자의 스토리도 공부해야 하는 거야. 대충 봤다면 나도 이 회사를 지나쳤겠지. 재무제표에서 또 이상한 점 없지?

선목 예.

불곰 그럼 매수 포인트를 한번 정리해 보자. 첫 번째, SSG. 빅솔론이 '스몰 삼성그룹(Small Samsung Group)' 중 하나야. 삼성의 핵심 인재들이 나와서 차린 회사야. 국내 최고 기술진이 있다는 뜻이지. 삼성이 세계로 뻗어 나가는 것처럼, 이 회사도 POS 프린터 업계에서는 강자가 될 수 있지 않을까 판단했어.

매수 포인트 두 번째, 환율 변동을 감안하면 성장세가 계속 유지되고 있어. 배당금도 증가하고 있고.

선목 그 무렵 환율이 정확히 얼마씩이었나요?

불곰 2009년 1사분기에 1,400원/달러, 2010년 1사분기에 1,160원/달러였어. 그러니 부수적인 이득이 생길 수 있겠지?

선목 예. 음… 형님이 추천하셨다면 이것이 저평가 종목이었다는 뜻인데,

매수 포인트를 들어 보면 왜 시장에서 저평가받았는지 모르겠네요. 이 정도면 사람들이 모르기도 힘들 것 같은데.

불곰 왜 저평가받은 것 같아?

선목 아까 이야기했던 대로 재무제표가 이상해 보여서 그런 건가요?

불곰 그런 점도 있을지 모르겠지만, 기관에서 계속 매도했어. 그래서 가격이 과도하게 하락했던 거야. 기관이 판다? 회사에는 전혀 문제없는데? 그럼 이때 가격 떨어지는 걸 보면서 사야지. 오히려 매수 기회인 거야.

선목 이게 그럼 세 번째 매수 포인트였겠군요?

불곰 맞아. 매수 포인트 네 번째는 '높은 진입장벽'. 아까도 기술력 좋은 시계회사들이 이 업계에 있다고 했지? 중국이나 대만제 저가품들이 시장에 진입했지만, 시장점유율은 1퍼센트 이하야. 이 자료를 한번 보자.

미국 내 POS 프린터 선호도

순위	회사	점수*
1	엡손(Epson)	4.49
2	빅솔론(Bixolon)	4.27
5	IBM	3.76
6	제브라(Zebra)	3.36
10	카시오(Casio)	2.79

* 사양, 혁신성, 신뢰성, 서비스, 가격을 종합한 점수.

출처: VSR Magazine(USA), 2007

선목 빅솔론이 미국 내 POS 프린터 선호도에서는 2위군요?

불곰 IBM, 제브라, 카시오보다도 높아. 빅솔론이 POS 프린터 하나는 잘 만든다는 것이 단박에 느껴지지? 마지막 다섯 번째 매수 포인트는⋯.

선목 기업의 꿈!

불곰 그렇지, 이 회사의 꿈은 '라벨 프린터'야. POS 프린터 시장 규모가 1조 원인데, 라벨 프린터 시장은 2조 원이야. 5퍼센트만 가져가도 1000억 원대 매출을 달성할 수 있지.

선목 라벨 프린터도 이미 만들고 있다고 하지 않으셨어요?

불곰 응, 2008년에도 나왔고, 추천한 2010년 당시에도 출시를 기획하던 중이었어. 하지만 아직 5퍼센트의 시장점유율까지는 달성하지 못한 상태였지.

선목 5퍼센트를 장악할 기술력은 있나요?

불곰 그럼, 빅솔론은 세계 최대 모바일 프린터 업체인 미국 제브라 사에 ODM(original development manufacturing, 제조업자 개발생산) 방식으로 프린터를 공급한 경험이 있어. 기술력은 충분해.

선목 POS 프린터 시장을 5퍼센트 이상 차지했던 것처럼 라벨 프린터 시장도 5퍼센트 점령하면 되겠네요.

그럼 매도 포인트로 넘어가시죠.

불곰 생각했던 시가총액 700억 원에 근접해서, 수익 확보 차원에서 매도 신호를 보냈지. 종목 가격이 3,774원에서 6,800원까지 올랐어.

선목 그럼 수익률이 80퍼센트가 넘네요.

불곰 게다가 3년간의 배당이 배당세율 16.5퍼센트 빼고 351원이었으니까 투자수익률을 반올림하면 90퍼센트 정도야.

선목 이것도 대박이네요.

불곰 하하, 그런 소리 마라.

선목 아, 혹시 이것도 파신 다음에 더 많이 올랐나요?

불곰 2013년 6월쯤에 16,000원 넘게 올랐어, 하하하.

불곰의 빅솔론 투자 포인트

매수
1. 국내 1위, POS 영수증프린터 분야 세계 2위권.
2. 재무제표: 영업권 획득 후 영업이익과 당기순이익이 늘었다. 환율 변동을 감안하면 계속적인 성장세가 유지되고 있으며, 배당금이 증가하고 있다.
3. 삼성의 핵심 인재들이 차린 스몰 삼성그룹 중 하나.
4. 기관에서 이 회사의 주식을 계속 매도하면서 주가가 과도하게 하락했다.
5. 높은 기술적 진입장벽.
6. 탄탄한 기술력으로 라벨 프린터 시장에 도전하고 있다.

매도
1. 생각했던 시가총액에 근접했다.
2. 수익 확보.

| 에필로그 |

가장 확실한 투자, 교육

"형님, 어쩌다가 따님들에게 주식을 가르쳐 주게 됐나요?"
초등학생 자녀에게 경제를 가르쳐 준다는 사람은 봤어도 주식투자를 가르친다는 사람은 처음 봤기 때문에, 궁금증이 이는 것은 당연한 일이었다.
"'어쩌다가'가 아니라 '당연히' 가르쳐야 하는 거야." 불곰의 대답은 확고했다.
"'무조건' 가르쳐야 한다는 뜻인가요?" 의문만이 커졌다.
"내 생각에는 그래. 네가 보기에는 자식들이 초등학생일 때부터 주식을 가르쳐 준 게 좀 이상하지?" 너무나 여러 번 받은 질문이어서 그런지 별로 놀랍지 않다는 반응이었다. "많은 사람들이 그 이유와 방법을 알기 전까지는 이런 교육을 조금 이상한 눈으로 바라보지. 네가 신기하게 생각하는 것도 충분히 이해해. 어디서부터 설명해 줄까?" 수백 번은 더 했을 대답인데도, 그는 처음인 것처럼 대답할 준비가 되어 있었다.
"괜찮으시다면 맨 처음부터요." 그의 '핵심'이 궁금했다.

"연세대학교 경영학과를 다니던 시절 나는 어느 연합동아리에서 활동했어. 50년이 조금 넘는 역사와 전통이 있는 동아리야."

"오래됐네요. 형님이 몇 기세요?"

"24기."

"그럼 거의 중간 정도네요."

"그런 셈이지. 동아리 행사 중에서 내가 꼭 가는 행사가 있어. 뭘 것 같아?"

"글쎄요."

"신입생 환영회에는 꼭 간다. 젊은 애들이랑 대화도 해 보고, 걔네를 통해 배우는 것도 많아. 재미있어. 그리고 갈 때마다 애들한테 꼭 던지는 질문이 있어. 뭘 것 같아?"

"꿈?"

"어? 알고 있네?"

"형님이 저를 처음 만났을 때도 했던 질문이 '넌 꿈이 뭐냐?'였어요."

"맞아, 기억하네. 신입생들에게 매번 물어보는데 대답은 언제나 비슷해. 올해에는 신입생이 9명 있었는데, 'CPA'라는 답이 5명, '행정고시 재경직'이라는 답이 4명이었어."

"그게 어떻게 꿈이죠? CPA나 행정고시가 인생의 목적일 수는 없잖아요?"

"내 말이 그거야! 내 꿈은 영어로 하면 'Enjoy my life'야. 네 꿈은 뭐였지?"

"그때 제 대답은 '행복'이었습니다."

"내가 죽는 날까지 신규사업을 하고 싶어 하는 이유가 뭐라고 했지?"

"그것이 바로 형님이 인생을 가장 즐기는 방법이어서요."

"정말 그래서 하는 것뿐이야. 어려운 '자격증'을 따서 기득권에 들어간다고 하더라도 그게 행복을 보장해 주지는 않아. 대기업도 결코 행복을 보장해 주지 않지. 금전적인 면만 보더라도 '기득권에 소속된다는 것'이 부를 보장해 주는 시대는 지났어. 여기서 내가 이야기하려는 것은 'CPA 공부 하면 안 된다'가 아니라 'CPA 같은 어떠한 자격증도 행복을 보장해 주지는 않는다'야. 내 후배들 생각이 틀렸다는 것이 아니라, 다른 면들도 고려해 보라는 말이지."

"맞습니다."

"하지만! 한번 그 신입생들의 마음도 헤아려 보자. 얘네들이 고등학교 시절에는 전교에서 몇 손가락 안에 들던 학생들이었어. 부모님들로서는 이렇게 경쟁에서 이긴 자식들이 '기득권'에 속하기를 바라는 것이 당연해. 그것이 성공이라고 믿는 것도 지극히 평범한 마음이야. 기득권에 속하면 거기서 열심히 경쟁하면서 살겠지. 소소한 재미들을 찾아가면서…."

"듣고 보니 그렇게 생각하는 것도 당연하겠네요. 근데 제 생각은 달라요. 경쟁이란 것 자체가 '패배'를 내포하고 있잖아요. 자신이 아니라 다른 사람에게 기준을 두고 계속 비교하다 보면 정신적인 면에서든 물질적인 면에서든 결국 반드시 지는 순간이 오겠죠."

"네가 외국에서 살다 왔으니 그런 점을 쉽게 아는 거지. 한국에서만 자랐다면 너도 사고방식 자체가 지금과 달랐을 거야. 네 후배들을 보면 너도 나와 비슷한 생각이 들 거야. 많은 사람들이 어떤 직업이나 직장을 자신의 꿈이라고 말하면서도 정작 그것을 얻고 나서는 어떠한 미래가 앞에 펼쳐져 있는지도 몰라. CPA? 변호사? 대기업 사원? 이런 직업에 어떤 장·단점이 있는지도 모르지. 그래서 내가 요즘 만들고 있는 것이 '불곰잡'이야. 여러 직종의 사람들을 인터뷰해 보면, 세상에는 여러 길이 있지만 그 어느 길도 행복을 보장해 주지 않더군. 아무리 좋은 직업을 얻더라도 행복은 스스로 찾아야 해."

"불곰잡이 그렇게 시작된 것이군요?"

"어, 많은 길이 있다는 것, 그리고 그런 길들의 장단점을 모두에게 알려 주고 싶다는 생각에서 출발했지. 모든 사업은 남들과 다른 생각에서 시작해야 해. 내가 하는 사업들의 공통점이 뭔 줄 알아?"

"형님이 하신 사업들이 뭐였죠?"

"특허, 캐릭터, 음원, 뮤지컬, TV 프로그램, 해외수출, 불곰주식연구소 등."

"이렇게만 들어서는 잘 모르겠네요."

"남들이 안 하는 것만 해. 경쟁이 없이 독점권이 있는 것만 해. 같은 일도 다르게 한다고. 이게 내 비즈니스의 핵심이야. 예를 들면, 내가 어떤 외국 뮤지컬을 한국에 들여오는 이유는 비슷한 뮤지컬이 한국에 없기 때문이야. 안 그러면 왜 굳이 가지고 오겠냐?"

"그렇죠. 형님의 이야기를 정리해 보면, 기득권에 속하는 것보다는 자신의 행복을 찾는 것이 더 중요하다는 말이잖아요. 근데… 이게 따님들한테 주식을 가르쳐 주는 것과 관계가 있나요?"

"지금 막 그 이야기로 넘어가려던 참이다. 그런 후배들을 매년 보면서 나도 얼마나 고민을 많이 했겠니? 지금 한 이야기를 걔네한테도 많이 해 주려고 항상 노력해. CPA 하겠다는 애를 내가 무작정 말릴 수는 없겠지만, 다른 길도 있다는 것, 그리고 'CPA를 할 거면 남들과 다르게 해라' 하고 꼭 이야기해 주지. 근데 그러다가 보니 내 딸들도 걱정이 되더군. '혹시 애네도 그저 휩쓸려 가는 인생을 살면 어떡하나?' 아빠로서 고민이 되더라니까."

"초등학생이면 꿈도 무척 다양하지 않나요?"

"당연하지. 동화작가부터 시작해서 외교관, 심리학자까지… 그리고 이제는 동물행동심리학자와 초콜릿 사업가를 하고 싶어 해. 자식들만 행복하다면 나는 다 좋아. 근데 미래가 걱정돼. 얘들도 꿈을 잃어버리고 막연하게 기득권에 속한 고급 노동자가 되는 것이 인생의 목적이 되면 어쩌나 하는…. 남들 사는 방식이 틀렸다는 뜻은 결코 아니야. 다만 여러 방향을 고려해 보고 정했으면 좋겠어."

"자식들이 주식을 하는 것과 자신의 꿈을 찾는 게 어떤 관련이 있죠?"

"자본주의 사회에서 자본으로부터 해방되면 꿈을 지키는 건 어려운 일이 아니야. 너 평생 네가 쓰고 싶은 글만 쓰며 살고 싶지?"

"예."

"못하는 이유는?"

"돈이 안 되니까요."

"바로 그거야. 뜬구름 잡는 이야기 안 해. 현실적인 사람이지. 남들의 시선과 기대를 하나의 조언으로만 여기고 자신이 원하는 것을 선택할 수 있다면, 대부분의 경우에 남은 문제는 금전적인 것 하나야. 자본으로부터 해방되면 돈에 구애받지 않고 자신이 하고 싶은 일을 마음껏 할 수 있지. 그래서 자식들한테 건강한 주식투자를 가르쳐 주는 거야. 교육이야말로 사라지지 않는 유산이야. 네가 네 모든 재산을 배에 싣고 가던 중 배가 침몰했다고 하자. 그러면 너한테 남은 자산은 오직 네 지식과 지혜뿐이야. 지식과 지혜는 누가 훔쳐 갈 수도 없어. 부모라면 자식한테 남겨 줘야 할 게 그런 것 아닐까? 이런 마음으로 자식들한테 주식을 가르쳐 주다가 다른 사람들한테도 동영상으로 강의하면서 시작한 일이 불곰주식연구소야. 그래서 불곰주식연구소 회원들은 내 고객이기도 하지만 내 딸과 함께 공부하는 급우들이기도 하지."

 고개를 끄덕일 수밖에 없었다. "자식이 자본으로부터 해방되면, 꿈을 이룰 수 있다는 것 말고도 큰 장점이 또 하나 있겠네요."

 "뭔데?"

 "돈을 안 물려줘도 되잖아요."

 "돈은 자식이 자본으로부터 해방되든 말든 물려주면 안 돼. 돈은 상속하는 순간 독이 되든가 똥이 돼. 자식이 능력을 키울 기회를 없애고, 똥파리, 즉 사기꾼들만 꼬이게 만들어."

 "그럼 저는 자식한테 빚을 물려주겠습니다."

 "허허허! 너무 멀리 가는 것 같다. 어쨌든 주식투자를 가르쳐 주면 장점이 정말 많아. 자본이득은 표면상 가장 먼저 보이는 것일 뿐이야. 자본 관리, 위기관리, 거시경제를 보는 눈, 사업 아이템을 보는 방법 등을 자연스럽게 배울 수 있어. 딸들이 주식을 사니까 아주 작은 것부터 자연스럽게 알게 되더군. 주주총회에 참석하라는 편지를 받더니 애들이 자연스럽게 관심을 계속 갖더라. 주식배당, 현금배당 같은 걸 자기들이 언제부터 알게 됐는지도 모르게 배우더라니까."

 "형님 이야기를 듣고 보니, 저도 어서 열심히 배워서 주식투자를 하고 태어날 자식들한테 가르쳐 주고 싶네요. 몇 살 때부터 가르쳐 주는 게 좋을까요? 초등학교 때부터 가르친 이유가 있나요?"

 "어릴수록 좋아. 쉽게만 가르쳐 주면 되니까. 나이는 상관없어."

 "어릴 때 가르쳐 주면, 너무 애답지 않게 자랄까 봐 좀 걱정이 되는데요."

 "오히려 학원을 너무 많이 보내는 게 그런 결과를 초래해. 주식을 가르쳐 준다고 해서 애들이 갑자기 돈에 미치지 않아. 오히려 돈을 더 객관적으로 보게 돼. 그리고 어차피 주식을 하게 된다면 일찍 공부할수록 훨씬 더 유리하지."

"그러네요. 하지만 나중에 주식을 하지 않을 가능성도 있지 않나요?"

"그럴 수도 있지. 네가 보기에 우리나라에 주식하는 사람들이 몇 명이나 있을 것 같아?"

"글쎄요, 우선 경제활동인구를 알아야겠는데요."

"최근 기준으로 2500만 명이야. 우리나라 인구의 절반 정도지."

"그럼 한 10퍼센트인 250만 명 정도 아닐까요?"

"약 20퍼센트인 500만 명이 넘어. 5명 중 1명꼴이라고. 이게 무슨 뜻인 줄 알아? 여유가 있는 사람들은 적게든 많게든 99퍼센트 주식투자한다는 소리야. 결국 내 자식들한테 주식을 안 가르쳐 주더라도, 애들이 금전적 여유만 있다면 알아서 하게 될 가능성이 크다는 말이야. 그렇다면 나쁜 습관을 가지기 전에 내가 올바르게 가르쳐 줘야지."

"그러네요."

"또 재미있는 사실이 있는데, 아까 이야기한 공부 잘해서 좋은 대학에 입학한 애들 있잖아. 그러니까 기득권에 들어가려고 하는 그런 애들이 주식할 때는 대부분 단타매매를 해."

"그 이유가 뭐죠?"

"경쟁이 습관이 된 사람들이야. 그러니 주식할 때도 남들보다 돈을 빨리, 많이 벌려고 하지. 이런 대한민국 투자 문화를 바꾸고 싶어. 이 책도 그런 의미에서 내고 싶은 거고. 딸들한테 가르쳐 주던 것을 불곰주식연구소 회원들에게 알려 줬고, 이제는 모두에게 공개하고 싶은 거지. 오늘의 요점은 최고의 투자는 자식 교육이고, 주식투자는 최고의 재테크라는 거야. 고로 자식에게 주식투자를 교육하는 것은 당연한 일!"

　탈무드의 유명한 격언이 떠오른다. "물고기를 잡아 주면 하루치 양식을 주는 것이요, 물고기 잡는 법을 가르쳐 주면 평생의 양식을 주는 것이다." 그러기 전에 바다를 한번 보여 주는 것도 좋을 것이다. 바다를 알고 있으면 물고기 잡기가 훨씬 쉬워지니까.